Hagen, Mai 2015

Birgitt Borkopp-Restle / Barbara Welzel (Hg.)

»Eines der wichtigsten Monumente unserer Zeit überhaupt«

KLARTEXT

Dem Andenken an Manfred Osthaus
(1933–2012)

Birgitt Borkopp-Restle / Barbara Welzel (Hg.)

»Eines der wichtigsten Monumente unserer Zeit überhaupt«

Das Krematorium von Peter Behrens in Hagen

Titelabbildung: Peter Behrens, Krematorium in Hagen-Delstern,
Außenaufnahme aus dem Fotoarchiv von Karl Ernst Osthaus
sowie Ornamentfliesen im Innenraum (© Bildarchiv Foto Marburg).

tu technische universität dortmund

u^b UNIVERSITÄT BERN

Karl Ernst Osthaus-Bund
Hagener Kunstverein e.V.

OSTHAUS MUSEUM HAGEN

Deutsches Dokumentationszentrum für Kunstgeschichte
Bildarchiv Foto Marburg

Henry van de Velde-Gesellschaft e.V.

Wir danken der Stiftung der Sparkasse Hagen für die Förderung dieser Publikation.

Stiftung der
Sparkasse Hagen

Bildnachweis:
Alle Fotografien in diesem Band, soweit nicht anders angegeben:
© Bildarchiv Foto Marburg
Van de Velde, Henry, Maschinensaal (Innenaufnahme), © VG Bild-Kunst, Bonn 2014
© Frank Georgy für die Illustration auf S. 36
Bildrechte, deren Inhaber nicht ermittelt werden konnten,
werden im Rahmen des rechtlich Üblichen abgegolten.

1. Auflage Oktober 2014
Satz und Gestaltung: Klartext Medienwerkstatt GmbH, Essen
Umschlaggestaltung: Frank Münschke dwb, Essen
Druck und Bindung: Appel & Klinger Druck und Medien GmbH, Schneckenlohe
ISBN 978-3-8375-1322-6

www.klartext-verlag.de

Inhalt

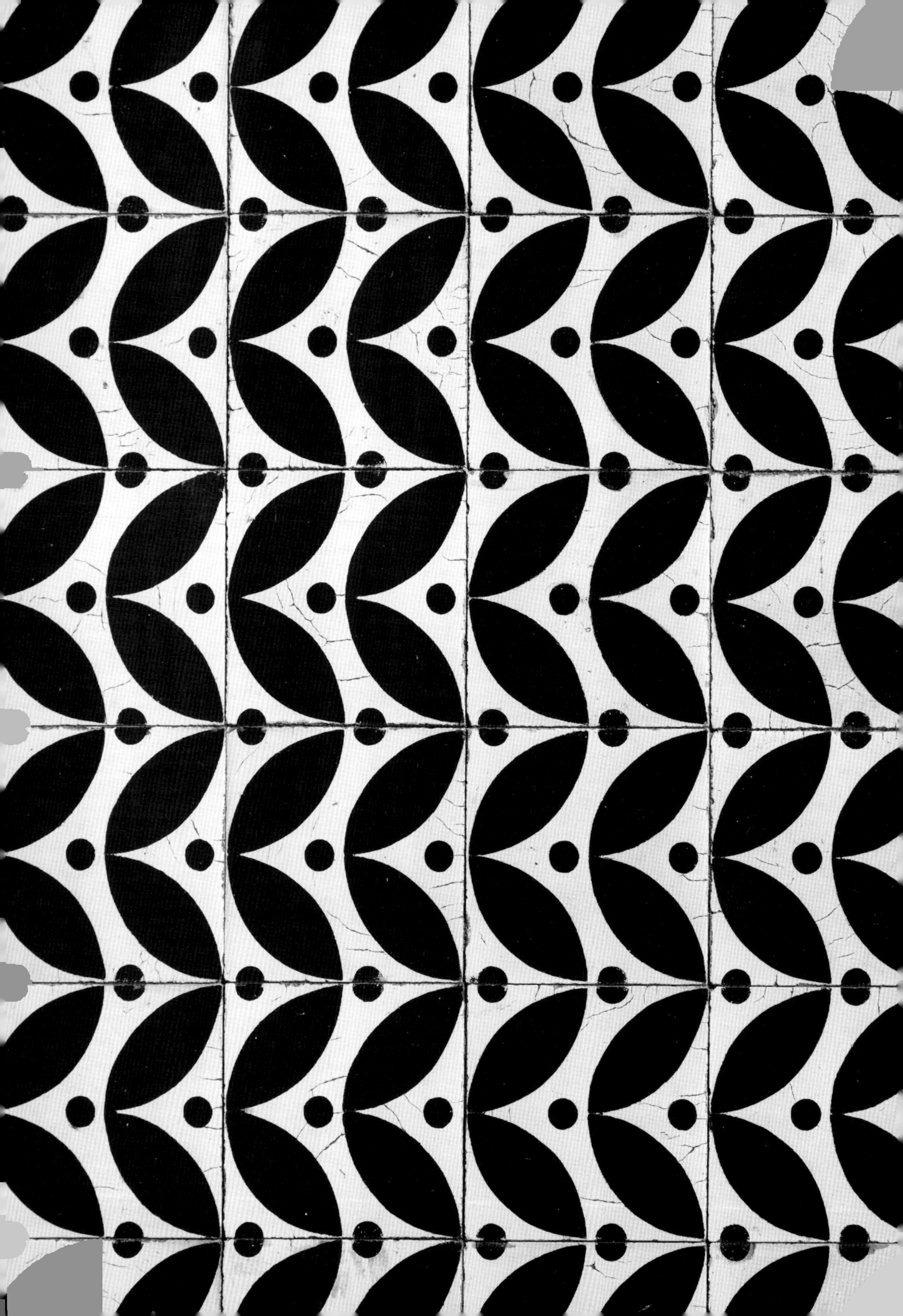

Vorwort

Bildung und Teilhabe sind in den Schriften von Karl Ernst Osthaus immer wiederkehrende Begriffe: Visionen zu entwickeln und Lösungen zu finden für die drängenden Fragen der sich verändernden Gesellschaft waren die Triebfeder seines Handelns, oder in Osthaus' Worten: *Ohne die Mitwirkung der Kunst sind die wichtigsten Fragen des Lebens unlösbar.* Berühmt sind sein Museum Folkwang, sein Wohnhaus »Hohenhof«, sein »Deutsches Museum für Kunst in Handel und Gewerbe«, seine Schriften, sein Engagement im Werkbund. Was aber ist der Grund dafür, dass Osthaus das Krematorium in Hagen-Delstern, als dessen Architekten er Peter Behrens durchsetzen konnte, als *eines der wichtigsten Monumente unserer Zeit überhaupt* bezeichnete?

Dieser Frage widmete sich 2011 das interdisziplinäre und internationale Kolloquium, das vom Lehrstuhl für Kunstgeschichte der Technischen Universität Dortmund und der Abteilung Geschichte der textilen Künste des Instituts für Kunstgeschichte der Universität Bern zusammen mit dem Karl Ernst Osthaus-Bund – Hagener Kunstverein e. V., dem Osthaus Museum Hagen, dem Bildarchiv Foto Marburg und der Henry van de Velde-Gesellschaft e. V. veranstaltet wurde und im Krematorium stattfand. Professor Barbara Welzel von der TU Dortmund gilt großer Dank für die Initiative zu einer neuen Erkundung des Krematoriums. Allzu oft wird dieser Bau in der Wahrnehmung der Stadtgesellschaft allein unter dem Blickwinkel des Trauerortes gelesen, der Ähnlichkeiten mit einer Kirche hat, vor allem aber funktioniert und irgendwie schon immer da war. Auch Feuerbestattungen sind nichts Ungewöhnliches mehr. Die Tagungspublikation stellt das Krematorium mit der Bedeutung seiner Entstehungszeit vor: Es war das erste Krematorium in Preußen, Ausdruck sich verändernder Lebens- und Sterbensrealitäten, ein Bestandteil der neuen Industriegesellschaft. Unter eben diesen Vorzeichen war es für Karl Ernst Osthaus von zentraler Bedeutung.

Bislang galt das Krematorium in Hagen-Delstern in der Behrens-Forschung als eher randständiges Frühwerk. Man kann diesen Bau aber auch lesen als frühes Zeugnis eines weltoffenen Kulturverständnisses, wie es Karl Ernst Osthaus verkörperte. Peter Behrens überführte hier die Rezeption islamischer Kunst, wie sie im 19. Jahrhundert etabliert worden war, in ein Bauwerk der Moderne.

Der von Birgitt Borkopp-Restle und Barbara Welzel herausgegebene Band vermag eine Grundlage zu bilden, die Rezeption unterschiedlicher kultureller Traditionen und ihre Wirkung zu Beginn des 20. Jahrhunderts in den Fokus zu rücken. Der Dialog der Kulturen ist eine lebenswichtige Anforderung an unsere moderne Gesellschaft. Mit seiner Geschichte und seiner heutigen Lebensrealität als Stadt mit 34 % Migrationsanteil, bei den unter 18-Jährigen sogar über 55 %, ist Hagen der ideale Ort auch als Laboratorium des 21. Jahrhunderts. Der Name »Osthaus« sollte Programm sein für Hagen. Heute ist die Frage des Miteinanders der Kulturen drängender denn je, der Blick in unsere Geschichte eröffnet überraschende Perspektiven.

Der Stiftung der Sparkasse Hagen danken wir an dieser Stelle ganz herzlich: Sie ermöglichte den Druck dieses Tagungsbandes und damit die Fortsetzung des wissenschaftlichen Diskurses.

Eva Pieper-Rapp-Frick, Birgit Schulte, Helmut Waterstradt
Karl Ernst Osthaus-Bund Hagen
Hagen, im Sommer 2014

Geleitwort

In einem Brief vom 18. Juli 1910 schreibt der Kunstsammler und Mäzen Karl Ernst Osthaus an den Kunsthistoriker, Fotografen und Verleger Franz Stoedtner, dass dessen Fotograf, der namentlich ungenannt bleibt, *in der nächsten Zeit in Hagen anfangen* könne. Der Auftrag wurde über das »Institut für wissenschaftliche Projection Dr. Franz Stoedtner« in Berlin abgewickelt, eine 1895 gegründete Bildagentur, die über Jahrzehnte kunsthistorische Dokumentarfotografien zu Lehrzwecken auf dem internationalen Markt anbot und vertrieb. Große Bestandsmengen von Repro-Negativen oder Positiven dieser wissenschaftsgeschichtlich bedeutsamen Bildagentur finden sich noch heute an zahlreichen kunsthistorischen Instituten. In diesen Vermarktungsbetrieb Stoedtners wiederum war die »Photographien- und Diapositivzentrale« eingegliedert, die im selben Jahr 1910 als eine Einrichtung des im Vorjahr von Osthaus aus der Taufe gehobenen »Deutschen Museums für Kunst in Handel und Gewerbe« in Hagen gegründet worden war: Als einer Agentur im Hagener Museum und, medial reproduziert, als Agentur in der Berliner Agentur Stoedtners, kam dieser Bildmaschine der Moderne die Aufgabe zu, jene künstlerischen Avantgarden zu popularisieren, die Osthaus als Kulturreformer mit allen seinen Kräften zu etablieren half.

Der heute im Bildarchiv Foto Marburg aufbewahrte Bestand des Berliner Lichtbildverlags Stoedtners enthält im frühen Kern zwei Innenaufnahmen des Hagener Krematoriums als Glasnegative, also Originalaufnahmen, und zwei Außenansichten als Glasdias, also Reproduktionen. So finden sich in Verkaufskatalogen Stoedtners immer dieselben drei oder vier Fotografien des 1907 fertiggestellten Krematoriums von Peter Behrens. Auch der genuine Bestand der Hagener »Photographien- und Diapositivzentrale« kam über verschiedene Provenienzen nach Marburg. Hier finden sich ebenfalls Aufnahmen des Krematoriums, die mit denjenigen aus dem Bestand Stoedtners zwar verwandt, jedoch offenbar nicht identisch sind. Zumindest Teile dieser frühen Aufnahmen lassen sich wohl auf den eingangs zitierten Brief von 1910 und somit auf einen Auftrag von Osthaus zurückführen. Und mindestens zwei, höchstens vier der heute in Marburg aufbewahrten Fotografien des Krematoriums, sofern sie in Stoedtners Betrieb im Format 60 × 70 Zentimeter abgezogen worden waren, präsentierte Osthaus in der von ihm ausgehenden Wanderausstellung »Moderne Baukunst« von 1911–1913 auf etlichen Stationen im In- und Ausland. Die genannten Institutionen, Bildbestände, Vertriebskanäle und Ausstellungsaktivitäten dienten Osthaus somit einer klug gesteuerten Veranstaltung zur Durchsetzung einer Moderne, deren konstitutiver Teil das Medium Fotografie war. Dabei wurde nichts dem Zufall überlassen, wie überhaupt jede kunsthistorische Dokumentarfotografie immer schon eine absichtsvolle, keineswegs neutrale oder gar »objektive« Abbildung der Wirklichkeit ist.

Um die forschende Nachzeichnung genau dieser historischen Bildpraxis und Bildpolitik entlang der Kanonisierung der Moderne ging es mir und den Fotografen Thomas Scheidt und Christian Stein, als wir von Barbara Welzel angesprochen wurden, das Hagener Krematorium als einen der Gründungsbauten der Moderne in einer neuen Fotokampagne zu dokumentieren. Die tiefe Einsicht in die Geschichtlichkeit des Dokumentarischen ist eines der wichtigsten Ergebnisse dieser Kampagne von 2011 in Hagen, die uns und den Autorinnen und Autoren des Bandes nicht nur die Augen für den Bau von Peter Behrens neu geöffnet hat, sondern auch für die von bisweilen nur wenigen Akteuren bestimmte Institutionengeschichte der Moderne, die sich bis in die Bildsprache einer einzelnen Fotografie einschreibt.

Dr. Christian Bracht
Direktor
Deutsches Dokumentationszentrum für Kunstgeschichte – Bildarchiv Foto Marburg
Marburg, im August 2014

Einleitung

Zwei Erfahrungen standen am Anfang einer erneuten Beschäftigung mit dem Krematorium in Hagen-Delstern, das Peter Behrens als Architekt sowie Karl Ernst Osthaus als Förderer und Anreger 1906–1908 bauten: zuerst die berührende Schönheit der Trauerhalle, die – intim und monumental zugleich – dem Abschiednehmen von einem Verstorbenen einen würdevollen und behütenden Raum bietet, dann der Widerspruch zwischen der marginalen Aufmerksamkeit, die das Bauwerk heute in der kunsthistorischen Forschung wie der öffentlichen Wahrnehmung erfährt, und seiner Inanspruchnahme als Epochensignet zu seiner Entstehungszeit. Karl Ernst Osthaus selbst hatte den Bau als *eines der wichtigsten Monumente unserer Zeit überhaupt* bezeichnet – eine Herausforderung an die Forschung, neu und grundsätzlich zu erschließen, was den Rang dieses Monuments für seine Zeitgenossen ausgemacht hatte. Zu einem Schlüsseldokument wurde bereits in ersten Gesprächen der Herausgeberinnen eine Besprechung von Max Creutz aus dem Jahr 1909, die wir deshalb in diesem Band wieder abdrucken. Creutz preist den Bau mit großer Emphase und verweist zu seinem Verständnis auf orientalische Teppiche. Er setzt bei seinen Ausführungen offenbar auf Leser, die den Bau vor der Folie eines gänzlich anders vorgeprägten Bildgedächtnisses wahrnahmen als seine späteren Rezipienten. Die Kenntnis orientalischer Teppiche ist deshalb, wie Birgitt Borkopp-Restle deutlich macht, eine wesentliche Referenz zum Verständnis des Hagener Krematoriums. Diese Erkenntnis bildet den Ausgangspunkt einer Re-Lektüre des Hagener Krematoriums, die bewusst andere Pfade sucht, als sie von der bisherigen architekturgeschichtlichen Forschung beschritten wurden. In vielen vorbereitenden Gesprächen haben wir versucht, einen Kreis von Mitdenkerinnen und Mitdenkern für dieses Unterfangen zusammenzubringen: Wir danken allen, die sich an diesen Gesprächen beteiligt sowie ihre Überlegungen und Ideen beigesteuert haben – und insbesondere allen, die mit ihren Texten zu dem Band beitragen.

Das Hagener Krematorium erweist sich als ein bedeutender Erinnerungsort für die Neuformation des Umgangs der Lebenden mit den Toten am Beginn der Moderne. Wir danken Otto Gerhard Oexle dafür, dass er aus seinen langjährigen Forschungen heraus dem Hagener Bau einen Ort in der »langen Geschichte der Toten« zuweist. Dabei gilt es, sich in aller Deutlichkeit zu vergegenwärtigen, dass die Einäscherung erst durch die technischen Möglichkeiten des Industriezeitalters überhaupt möglich wurde. Kaum hoch genug kann man die Dynamik der Jahre um 1900 einschätzen, die Umbrüche in allen Lebensbereichen, die zu einer Veränderung – man kann durchaus von Neugestaltung sprechen – der Städte gerade des Ruhrgebietes geführt haben. Thomas Schilp stellt in seinem Beitrag daher typische (Bau)Aufgaben vor – nicht im Sinne eines Porträts der Stadt Hagen, sondern als Strukturaufgaben für das Revier um 1900. Mit Peter Behrens konnte Karl Ernst Osthaus einen Architekten gewinnen, der im kollektiven Gedächtnis eher mit seinem Wirken in Darmstadt und Berlin verknüpft wird. Birgit Schulte, die seit vielen Jahren vielleicht beste Kennerin des Hagener Impulses, seiner Bauten, Kunstwerke und vor allem auch der archivischen Überlieferung, ruft nun noch einmal Erinnerung, dass Behrens über zwanzig Jahre hinweg mit Karl Ernst Osthaus im Austausch stand und zahlreiche Projekte in Hagen realisiert, weitere für diese Stadt geplant hatte. Man übertreibt daher wohl nicht, wenn man Hagen als einen wichtigen Ort in der Arbeitsbiographie dieses Architekten und Gestalters bewertet. Es war daher nach den Gründen für die – so eine These dieses Bandes – irrtümliche Marginalisierung zu fragen. Lothar Schmitt ist es gelungen, die Rezeptionsgeschichte von Peter Behrens in einer Weise gegen den Strich zu lesen, die den Blick auf den lange negierten Rang des Krematoriums wieder freigibt. Den Bau als Epochensignet zu würdigen, setzt ein Verständnis von Moderne voraus, welches nicht die Bewertungen der Zeit nach dem Ersten Weltkrieg, zuweilen sogar noch späterer Jahrzehnte auf die Jahre um 1900 zurückprojiziert. Barbara Schellewald vermag es in ihrem Beitrag – ebenfalls von Max Creutz ausgehend und mit neuem Archivmaterial – zu zeigen, wie sehr das Mosaik im Krematorium mit seiner Neuaneignung byzantinischer Traditionen als Medium und programmatischer Ausdruck der Moderne zu bewerten ist.

Osthaus hatte das Krematorium nicht nur in Texten als programmatisches Bauwerk etikettiert, sondern arbeitete dieser Rangzuweisung auch mit einer gezielten Fotokampagne und Ausstellungen dieser Fotografien zu. Diese Bildgeschichte analysiert nun erstmals Jörg Probst. Offenbar war Karl Ernst Osthaus bemüht, sein Krematorium als künftiges Denkmal zu inszenieren. Eine wichtige Rolle kommt dabei – wie Barbara Welzel zeigt – den Debatten der Denkmalpflege um 1900 zu, namentlich der Denkmaltheorie von Alois Riegl. Aufgefächert werden verschiedene Facetten des Krematoriums als »Erinnerungsort«: von seiner historischen Bewertung als *eines der wichtigsten Monumente unserer Zeit überhaupt* bis hin zu Bildungsprojekten der letzten Jahre. Gerade in diesem Kontext erweist sich in der Re-Lektüre des Bauwerks, die auch die wertschätzende Auseinandersetzung mit den Künsten des christlichen und islamischen Orients wieder zur Sprache bringt, ein besonderes Potential.

Osthaus hatte erfolgreich dahin gewirkt, dass beinah alle Beiträge über das Hagener Krematorium mit den Aufnahmen aus seinem Fotoarchiv bebildert wurden. Andere folgten diesen Fotos in ihrer Blickweise auf das Bauwerk. Das Fotoarchiv von Osthaus ist seit den 1930er Jahren im Besitz von Foto Marburg. Parallel zur Erarbeitung der Publikation »Hagen erforschen. Eine Stadt als Laboratorium«, die 2010 erschien, und während der vorbereitenden Gespräche zu diesem Band wurde bei Foto Marburg die Digitalisierung des Osthaus-Bestandes vorangetrieben; seit Sommer 2010 ist er online verfügbar. Es schien folgerichtig, dass Foto Marburg eine neue Fotokampagne in Hagen durchführte, um neben die historischen Schwarz-Weiß-Fotos neue Farbaufnahmen zu stellen. Ein großer Glücksfall ist es, dass diese Fotokampagne sich für unsere Überlegungen zum Krematorium geöffnet hat. Auf diese Weise sind nun beispielsweise erstmals alle Ornamentflächen des Bauwerks – eben jene Elemente, auf die sich Max Creutz in seiner Besprechung bezieht – systematisch aufgenommen worden. Auch dieser Bestand ist online zugänglich. In unserer Publikation können wir ihn für die Bilddokumentation des Krematoriums nutzen, in der wir versuchen, die neue Sichtweise auf das Bauwerk auch visuell zu dokumentieren. Für die großzügige Zusammenarbeit gilt unser Dank namentlich Christian Bracht und Hubert Locher.

Die Beiträge gehen zurück auf eine Tagung, die am 1. und 2. Juli 2011 im Krematorium in Hagen stattfand. Sie wurde vom Lehrstuhl für Kunstgeschichte der Technischen Universität Dortmund und der Abteilung Geschichte der textilen Künste des Instituts für Kunstgeschichte der Universität Bern zusammen mit dem Karl Ernst Osthaus-Bund – Hagener Kunstverein e.V., dem Osthaus Museum Hagen, dem Bildarchiv Foto Marburg und der Henry van de Velde-Gesellschaft e.V. veranstaltet. Wir danken allen, die uns bei der Durchführung unterstützt haben, namentlich Joanna Barck, Tayfun Belgin, Rouven Lotz, Elisabeth May, Franziska Neumann und Eva Rapp-Frick. Für inhaltliche Anregungen danken wir allen Diskussionsteilnehmerinnen und -teilnehmern während der Tagung sowie weiterhin Nils Büttner, Klaus-Peter

Busse, Birgit Franke, Bettina van Haaren, Ann-Kristin Malik, Wolfgang Sonne, Lioba Theis und Angela Völker.

Wichtiger Gesprächsteilnehmer während der Tagung war Manfred Osthaus, der sich in vielfältiger Weise um das Werk seines Großvaters und das bedeutende Kulturerbe des Hagener Impulses verdient gemacht hat. Er hat uns in unserer Re-Lektüre des Bauwerks sehr bestärkt. Seine Worte, dass Karl Ernst Osthaus dieser in diesem Buch entfalteten Sichtweise zugestimmt hätte, haben wir als Ansporn verstanden.

Zu danken haben wir der steten Gastfreundschaft von Andreas Sahling, dem Leiter des Hagener Krematoriums. Dank gebührt weiterhin zahlreichen Dortmunder Studierenden, Hagener Schülerinnen und Schülern sowie ihren Lehrerinnen und Lehrern für viele Stunden mit Gesprächen und Beobachtungen vor Ort.

Für seine Unterstützung bei der Redaktion dieses Bandes danken wir Christopher Kreutchen, für die graphische Gestaltung dem Team der Klartext Medienwerkstatt GmbH, für die Aufnahme in das Verlagsprogramm von Klartext Ludger Classen.

Ohne die finanzielle Unterstützung der Stiftung der Sparkasse Hagen hätte dieser Band nicht erscheinen können. Dafür gilt unser besonderer Dank.

Birgitt Borkopp-Restle und Barbara Welzel
Bern und Dortmund, im August 2014

Barbara Welzel

Das Krematorium in Hagen als Erinnerungsort

I. »Das wichtigste Bauwerk«

Das größte architektonische Ereignis des letzten Jahres – schreibt Karl Ernst Osthaus in seinen »Kritischen Betrachtungen über das Hagener Baujahr 1907« im Westfälischen Tageblatt im Januar 1908 – *war unstreitig das* Krematorium. *Es ist nicht nur das erste künstlerisch erhebliche Gesamtbauwerk, das in unserer Stadt entstanden ist, sondern, seiner Kleinheit ungeachtet, eines der wichtigsten Monumente unserer Zeit überhaupt. Und nicht etwa deshalb, weil es, dank der künstlerischen Ökonomie seines Schöpfers* (Peter Behrens – Vf.), *mit unverhältnismäßig geringen Mitteln in den edelsten Materialien erbaut werden konnte, sondern weil es durch die wirkliche Durchdringung von Zweck und Form der hehrste und vollkommenste Ausdruck seiner Bestimmung geworden ist.*[1]

In dieser Einschätzung von Karl Ernst Osthaus, der auf die Realisierung dieses Bauwerks entscheidenden Einfluss genommen hatte, sind die wichtigsten Themen aufgefächert, die noch heute eine wissenschaftliche Bearbeitung des Krematoriums in Hagen-Delstern zu behandeln hat:

- Die Einbettung in die Architekturgeschichte und die Architekturdebatten der ersten Jahre des 20. Jahrhunderts, um herauszuarbeiten, warum das Bauwerk als *das größte architektonische Ereignis des letzten Jahres* bezeichnet werden konnte.
- Eine detailgenaue Analyse des Baus und seiner Ausstattung, um zu verstehen, warum das Krematorium *das erste künstlerisch erhebliche Gesamtbauwerk, das in unserer Stadt entstanden ist*, darstellt.
- Dabei ist das Augenmerk auch zu richten auf: die *künstlerische Ökonomie seines Schöpfers* (Peter Behrens – Vf.), und auf die Tatsache, dass der Bau *mit unverhältnismäßig geringen Mitteln in den edelsten Materialien erbaut werden konnte.*
- Und schließlich ist zu klären, inwiefern *es durch die wirkliche Durchdringung von Zweck und Form der hehrste und vollkommenste Ausdruck seiner Bestimmung geworden ist.* Hier sind die Bauaufgabe »Krematorium« und ihre Lösung in Hagen in den Blick zu nehmen.

Das sind – etwas verkürzt gesagt – die klassischen (und für jede Beschäftigung unverzichtbaren) Felder einer kunsthistorischen Analyse von »Bau und Ausstattung«. Doch stellt Osthaus in seinem Text das Licht heller und gewissermaßen für den Auftritt auf einer größeren Bühne ein, wenn er das Bauwerk als *eines der wichtigsten Monumente unserer Zeit überhaupt* bewertet. Es gilt also zu verstehen, in welcher Zeit Osthaus spricht und welches seine Kriterien für diese Bewertung sind. Reklamiert er einen Rang für das Bauwerk, den er zugleich erst inszeniert

1 Karl Ernst Osthaus, Kritische Betrachtungen über das Hagener Baujahr 1907 (1908), in: Westfälisches Tageblatt 44, Nr. 13–16, 16.–18.1.1908, hier zitiert nach Karl Ernst Osthaus. Reden und Schriften. Folkwang – Werkbund – Arbeitsrat, hg. und kommentiert von Rainer Stamm, mit einem Beitrag von Rainer K. Wick (Kontexte 3), Köln 2002, S. 116–123, hier S. 117.

und propagiert? Hierfür spricht sein publizistisches Engagement, in dessen Kontext auch das Eingangszitat entstand. Hierher gehören ebenfalls die absichtsvoll erstellten und verbreiteten Fotografien des Monumentes (Tafel A, D, F–H). Osthaus fordert für den Bau mehr als lokales Interesse; er beansprucht für das Krematorium in Hagen – und auch das ist ein wichtiger historischer Befund – eine epochale Bedeutung. Hierin stimmt er mit Peter Behrens überein. Dieser konstatiert 1909 in seinem publizierten Vortrag »Was ist monumentale Kunst?« gleich eingangs: *Die monumentale Kunst ist der höchste und eigentliche Ausdruck der Kultur einer Zeit.* Das Krematorium ist im Text zwar nicht genannt, aber Behrens bebildert diesen Beitrag ausschließlich mit Fotografien und Zeichnungen des Hagener Krematoriums. Dieses Bauwerk ist – so die Aussage, sobald man Text und Bild zusammennimmt – Behrens' Beitrag zur monumentalen Kunst und damit *höchster und eigentlicher Ausdruck der Kultur* [s]*einer Zeit.*[2] Zu klären ist also in sorgfältiger Analyse und im interdisziplinären Gespräch – und dies hat sich die vorliegende Publikation vorgenommen –, ob und inwiefern dieses Monument einen solchen Rang als Epochensignet für das beginnende 20. Jahrhundert in der Tat beanspruchen kann.

Die Frage nach der epochalen Bedeutung ist – so darf man eine Grundüberzeugung der aktuellen kulturwissenschaftlichen Forschung referieren – nicht aus dem Wissen über den weiteren Verlauf des 20. Jahrhunderts heraus zu beantworten, sondern aus einer Rekonstruktion der Dynamik der Jahre um 1900 mit ihren Hoffnungen, Turbulenzen, Zerreißproben, Experimenten und Risiken.[3] Immer wieder sind es im Laufe der nachfolgenden Geschichte in Vergessenheit geratene Positionen, die einerseits zum historischen Verständnis Grundlegendes beisteuern und die andererseits Potentiale für eine aktuelle Diskussion bereit halten können. Das gilt gerade für die Jahre vor dem Ersten Weltkrieg, in denen die Traumatisierungen durch diesen Krieg noch nicht einmal ahnbar waren.[4]

Das lange 19. Jahrhundert zwischen Französischer Revolution und Erstem Weltkrieg ist – wie man gerade im Ruhrgebiet sehr gut weiß – das Jahrhundert der Industrialisierung. Dabei ist die Vorstellung dieser Epoche zu einem erheblichem Teil geprägt durch veränderte Produktionsformen – für das kulturelle Gedächtnis prägnant in dem Erinnerungsort der Unesco-Welterbestätte Zollverein verkörpert. Wir wissen um Beschleunigung und Raumerschließung, um Bevölkerungsexplosion in den Ballungsgebieten sowie soziale Spannungen und anderes mehr.[5] Doch nur selten öffnen wir den Blick dafür, dass sich im Laufe des 19. Jahrhunderts die grundstürzende Infragestellung wohl wirklich aller Lebensgewohnheiten und Handlungsreper-

2 Peter Behrens, Was ist monumentale Kunst?, in: Kunstgewerbeblatt NF 20 (1909), S. 46–48. Dieser Beitrag folgt unmittelbar auf die Besprechung des Krematoriums durch Max Creutz, Das Krematorium von Peter Behrens in Hagen in Westfalen, in: Kunstgewerbeblatt NF 20 (1909), S. 41–45, vgl. den Wiederabdruck dieses Textes im vorliegenden Band (S. 230–232). Creutz bebildert mit Fotografien zum Außenbau, bei Behrens folgen dann Aufnahmen von Innenraum. Beide Beiträge bringen weiterhin Zeichnungen von Behrens.

3 Besonders engagiert vorgetragen von Karl Schlögel, Im Raume lesen wir die Zeit. Über Zivilisation und Geopolitik, München 2003.

4 Zum Gedenkjahr 2014 sind zahlreiche Publikationen erschienen – und erscheinen noch – die unser Wissen über den »Weltenbrand« (so der Titel der in Hagen stattfindenden Ausstellung: Weltenbrand – Hagen 1914, Ausstellungskatalog Hagen 2014, hg. von Tayfun Belgin/Ralf Blank/Birgit Schulte, Essen 2014) auf ein neues Fundament stellen (werden); vgl. auch Philipp Blom, Der Taumelnde Kontinent. Europa 1900–1914, München 2009.

5 Vgl. den Beitrag von Thomas Schilp in diesem Band.

toires auch für existentielle Lebenssituationen sowie aller kulturellen Deutungsmuster ereignete. Soeben hat Jürgen Kaube dies einprägsam für den zehn Jahre früher als Karl Ernst Osthaus geborenen Max Weber (1864–1920) herausgearbeitet.[6] Er charakterisiert Weber als »Bürger zweier Welten«. *Bürger zweier Welten kann man* [...] *historisch sein. Zum Beispiel, wenn man in einer Welt aufwächst, in der dem Bürgertum die Zukunft zu gehören scheint, und als Erwachsener in eine Welt eintritt, in der es dem vermeintlichen Untergang entgegensieht.* [...] *Eine andere Möglichkeit, sich als Bürger zweier Welten zu fühlen, ergibt sich, wenn man in einer Gesellschaft aufwächst, die sich als Nationalstaat definiert und als christliche Kultur versteht, und zwanzig Jahre später der Nationalstaat sozialen Kräften ausgesetzt wird, die keine Rücksicht auf ihn nehmen, und die christliche Kultur bloß noch eine schwache Erinnerung ist.*[7] Max Weber – und gleiches lässt sich von Karl Ernst Osthaus sagen – *lebte im Zeitalter des Nationalstaats und in dem seiner Krise, in der Welt des historischen Gelehrtentums und in der Welt der ästhetischen Avantgarden, in der Welt der Gründerzeit und in der Welt der politischen Extreme.*[8] Auch Harry Graf Kessler (1868–1937), einer der sensibelsten Chronisten des ausgehenden 19. und beginnenden 20. Jahrhunderts, charakterisiert in seinem Tagebuch immer wieder die Spannungen seiner Zeit, die bis in die elementaren Bereiche der privaten Existenz und hin zu Konflikten mit tradierten Normen reichen, etwa am 7. April 1903 (mithin ziemlich genau zwei Jahre vor Beginn der Entwurfsarbeiten für das Hagener Krematorium durch Peter Behrens): *Viele Vorschriften jeder Gesellschaft sind* [...] *radikal widermoralisch. Nichts ist weniger ethisch als die sog. sexuelle »Moral«; sie beruht durchweg blos auf sozialer Konvenienz und widerstreitet dem wahrhaft Ethischen ebenso oft wie es sie fördert. Vielleicht ist die wichtigste psychologische Thatsache unserer Zeit die allmählich immer wachsende und immer deutlicher empfundene Spannung zwischen der Ethik und der Sozialvorschrift. Auf diesem Prokrustesbett* (also jenem Bett, in das der griechische Riese Prokrustes seine Gäste gewaltsam zwängt oder zerrt – Vf.) *wird die moderne Seele so geweitet, so in ihren innersten Fibern auseinandergezerrt und empfindlich gemacht, daß es schwer hält Etwas Ähnliches in der ganzen Geistesgeschichte wiederzufinden.* [...] *Zweites Problem: das der Modernität, der enorm gewachsenen Masse des Neuen an die Seele. Das Besondere heute, dass keine andre Zeit eine solche Fülle des Neuen zu bewältigen hatte.*[9]

Auch der Umgang mit und das Verständnis von Sterben, Tod, Abschiednehmen und Bestattung wurden im Laufe des 19. Jahrhunderts neu verhandelt.[10] Am Anfang stand einerseits die Veränderung der Bestattungstopographie weg von den Kirchhöfen inmitten der Städte hin zu Friedhöfen am Rande der Städte – wie dem Zentralfriedhof in Wien oder dem Friedhof hier in Hagen-Delstern. Andererseits zerbrach die abendländische, seit den Gesetzen Karls des Großen

6 Jürgen Kaube, Max Weber. Ein Leben zwischen den Epochen, Berlin 2014.

7 Vgl. ebenda die Einleitung »Warum uns Max Weber interessieren sollte« S. 11–18, hier S. 11.

8 Ebenda, S. 12.

9 Harry Graf Kessler, Das Tagebuch 1880–1937, Dritter Band 1897–1905, hg. von Carina Schäfer und Gabriele Biedermann unter Mitarbeit von Elea Rüstig und Tina Schumacher, Stuttgart 2004, S. 551 ff. Vgl. zur Rolle Kesslers als Epochen-Seismograph stellvertretend Karl Schlögel, Das Jahrhundertprotokoll. Harry Graf Kesslers Tagebuch 1880–1937, in: ders., Marjampole oder Europas Wiederkehr aus dem Geist der Städte, München 2005, S. 203–216.

10 Vgl. den Beitrag von Otto Gerhard Oexle in diesem Band; für die Entwicklung der Krematorien das grundlegende Buch von Henning Winter, Die Architektur der Krematorien im Deutschen Reich 1878–1918 (Kasseler Studien zur Sepulkralkultur 10), Dettelbach 2001.

allgemein gültige Verpflichtung auf Erdbestattung. Sie war – in der katholischen Kirche bis zum Zweiten Vatikanischen Konzil in den 1960er Jahren – mit dem Glauben an die »Auferstehung des Fleisches« zusammengesehen worden. Doch verschoben sich nicht zuletzt mit Debatten über Hygiene, die mit dem Bevölkerungswachstum der Industrialisierung auf den Friedhöfen zu einem drängenden Problem wurde, die Argumentationslinien. Unter Rückgriff auf antike Überlieferungen – etwa die Verbrennung Hektors von Troia – wurde seit der zweiten Hälfte des 18. Jahrhunderts zunehmend über Leichenverbrennungen diskutiert. Doch waren diese lediglich auf Scheiterhaufen möglich. Erst mit der Erfindung eines praktikablen Verbrennungsofens durch Friedrich Siemens im Jahre 1873 wurden Krematorien technisch realisierbar. Diese technische Erfindung ermöglichte nun den zuvor über mehrere Generationen bereits diskutierten, in der Realisierung aber neuartigen, und tief verankerte Gewohnheiten – *soziale Konvenienzen*, wie Kessler es nennt – brechenden Umgang mit der existentiellen Situation Tod und Bestattung.

Die Debatte um die Feuerbestattung, zu deren Durchsetzung sich an zahlreichen Orten – auch in Hagen – Feuerbestattungsvereine gegründet hatten, wurde in großer Breite und auf vielen Ebenen geführt (so machte etwa die neue Praxis auch entsprechende Gesetzesänderungen notwendig). In der Feuerbestattungszeitschrift »Die Flamme« formuliert im Jahre 1908 (dem Jahr der Fertigstellung des Hagener Bauwerks) ein Leserbriefschreiber: [...] *Die Bestrebungen der Vereine für Feuerbestattung gehen dahin, einen Wandel in den Sitten und Gebräuchen zu veranlassen. Sie wollen die menschliche Gesellschaft, d. h. die Familien dazu bestimmen, die vergänglichen Ueberreste ihrer Dahingeschiedenen nicht mehr der Verwesung, der Verfaulung und eklen Würmern als Speise zu überlassen, sondern denselben eine menschenwürdigere Zerstörung vermittels Verbrennung angedeihen zu lassen. Die Propaganda richtet sich hierbei nicht an eine Konfession oder Sekte, sondern an die ganze Menschheit ohne Unterschied und Bekenntnis; Alle sollen an »des Helden heiligster Ehre«, wie es in der »Götterdämmerung« heisst, teilnehmen, Katholiken, Protestanten mit ihren zahllosen Untersekten, Israeliten, Mohammedaner, Buddhisten und wie sie alle heißen mögen. Alle diese Leute haben ein volles Anrecht darauf, zu verlangen, dass ihren religiösen Gefühlen Rechnung getragen werde, umsomehr als die religiösen Regungen bei traurigen Anlässen bedeutend mehr in den Vordergrund zu treten pflegen als bei freudigen Ereignissen. Da es nun schlechterdings nicht möglich ist, jeder Sekte oder Konfession eine entsprechende Kapelle, Synagoge, Moschee u. dergl. zu bauen, um ihre Trauerfeierlichkeiten abzuhalten, so muss ein Gebäude, eine Halle geschaffen werden, welche von aussen wie von innen zwar würdig, aber völlig konfessionslos gehalten ist* [...].[11]

Krematorium war eine neue, vorher nicht gekannte und daher vehement diskutierte Bauaufgabe; nun galt es nach einer angemessenen Gestaltung zu suchen, welche existentielle Würde und technische Anlage überzeugend verband: *Wer, ohne andere Krematorien zu kennen, den Bau betrachtet* – fährt Osthaus in seiner bereits zitierten Besprechung des Hagener Bauwerks fort – *wird kaum auf den Gedanken kommen, daß man Krematorien jemals anders hat bauen können. Er wird kaum glauben, daß man sich über die Stellung des Schornsteins zwei Jahrzehnte den Kopf hat zerbrechen können.*[12]

11 Hier zitiert nach: Winter, Die Architektur der Krematorien (wie Anm. 10), S. 99f.
12 Osthaus, Kritische Betrachtungen (wie Anm. 1), S. 117.

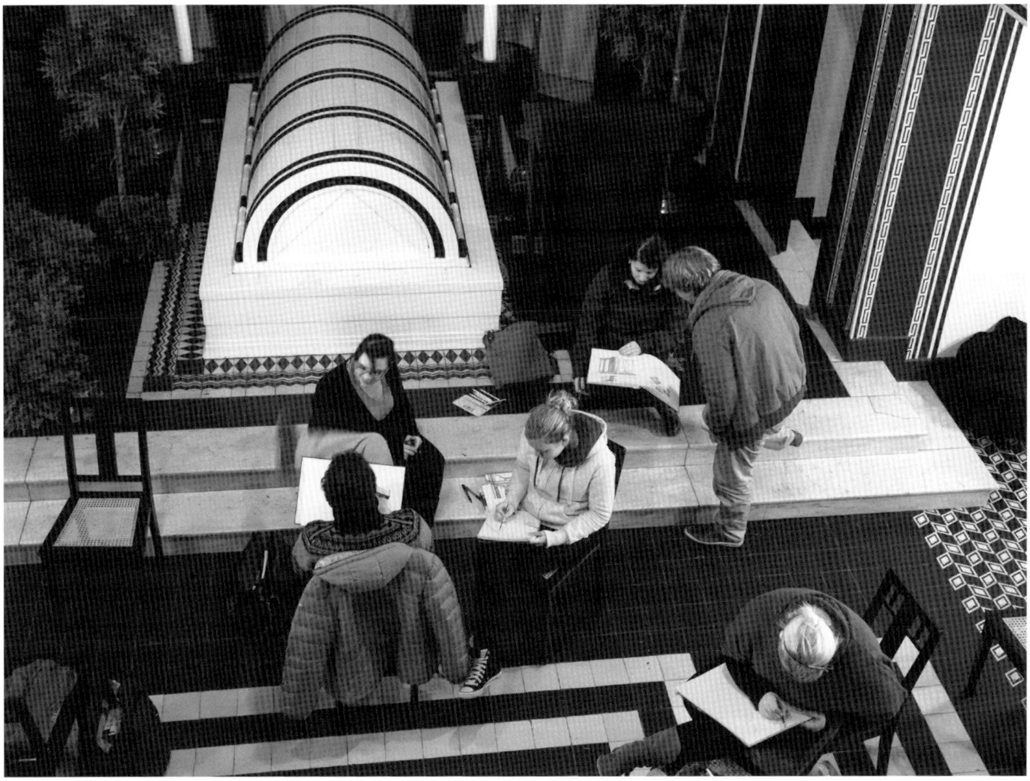

Abb. 1: »*Stadtspäher*« *im Krematorium (Foto: Stadtspäher/TU Dortmund).*

Schon jetzt – nach diesen knappen Andeutungen – dürfte deutlich werden, wie sehr das Hagener Krematorium ein Kristallisationspunkt seiner Epoche ist. Vielleicht gelingt es durch die Beiträge in diesem Band die Einschätzung von Osthaus zu bestätigen, es sei *eines der wichtigsten Monumente seiner Zeit überhaupt*. Dann allerdings sollte es der kulturellen Topographie des Industriezeitalters, wie sie in der Welterbestätte »Zollverein« verkörpert ist und auch in dem Welterbe-Ergänzungsantrag »Weltweit einzigartig. Zollverein und die industrielle Kulturlandschaft Ruhrgebiet« für den Hohenhof reklamiert wird,[13] als bedeutender und für das kulturelle Gedächtnis unverzichtbarer Erinnerungsort gleichberechtigt eingeschrieben werden.[14]

13 Stiftung Industriedenkmalpflege und Geschichtskultur (Hg.), Weltweit einzigartig. Zollverein und die industrielle Kulturlandschaft Ruhrgebiet. Ein Vorschlag für das Welterbe der Unesco, Essen 2012.

14 Das Konzept der Erinnerungsorte wird an dieser Stelle nicht eigens diskutiert; als Verweis mit weiteren Belegen kann – gerade auch für das Ruhrgebiet – stellvertretend genannt werden: Barbara Welzel, St. Urbanus als Erinnerungsort: Annäherung 1, in: Thomas Schilp und dies. (Hg.), Mittelalter und Industrialisierung. St. Urbanus in Huckarde (Dortmunder Mittelalter-Forschungen 12), Bielefeld 2009, S. 39–49; dies., Exkursionen nach Brechten und Huckarde, in: Hedwig Röckelein (Hg.), Frauenstifte, Frauenklöster und ihre Pfarreien (Essener Forschungen zum Frauenstift 7), Essen 2009, S. 117–134, hier S. 117–120; Otto Gerhard Oexle, »Erinnerungsorte« –

II. »Denkmalkultus«

Einer unserer besten deutschen Radierer, Herr Heinrich Reifferscheid aus München, weilt seit einigen Tagen in Hagen, um eine Reihe alter interessanter Bauwerke zeichnerisch aufzunehmen. Die Museumsverwaltung beabsichtigt, ein nach diesen Zeichnungen von Herrn Reifferscheid hergestelltes Radierwerk herauszugeben und so noch in letzter Stunde ein Stück altes Hagen der Nachwelt zu erhalten.[15] Mit einem Eintrag in der Hagener Zeitung vom 15. Juli 1904 kündigt Karl Ernst Osthaus das Mappenwerk »Alte Bauten der Stadt Hagen i. W. und ihrer näheren Umgebung« an. Die graphischen Arbeiten hatte Heinrich Reifferscheid (1872–1945) geschaffen. Diese noch auf die traditionsreiche Reproduktionstechnik der Radierung setzende Bildersammlung bildete die erste Publikation des im Juli 1902 eröffneten Museum Folkwang. Erst in den folgenden Jahren entstanden dann die Fotosammlung und die reich mit Fotografien ausgestatteten Publikationen des Folkwang-Verlages.[16] Seine Einleitung eröffnet Osthaus mit den Worten:

Die Blätter, die wir hiermit der Oeffentlichkeit vorlegen, wenden sich nicht an den Forscher, wenn sie auch einiges bringen mögen, was die Kunstgeschichte bisher mit Unrecht übersehen hat. Wir hätten zu diesem Zwecke weder die vorliegende Auswahl getroffen, noch die Radierung als Form der Mitteilung gewählt.

Wir gedachten vielmehr, das Bedürfnis des Publikums nach Erinnerungsblättern aus unserer Stadt in künstlerischer Weise zu befriedigen, indem wir Bauwerke aus alter und neuer Zeit zu einer Mappe vereinigen wollten. Aber es zeigte sich bald, daß die neueren Bauwerke, allzubar der künstlerischen Reize, sich zur künstlerischen Wiedergabe nicht schicken wollten. So wurde aus der Mappe ein Erinnerungswerk an Hagens Vorzeit.

Daß auf diese Weise alte Häuser und Straßenbilder, die vielleicht allzubald dem Untergang geweiht sind, im Bilde erhalten bleiben, wird manchem willkommen und lieb sein. Aber wertvoller erscheint uns die Anregung zu neuem Schaffen, die sich aus diesen Blättern ergeben kann. Unsre neuen deutschen Städte, angefüllt mit Zerrbildern alter und fremder Bauwerke, unsre Wohnungen schematisch hergerichtet, tragen nirgends den Stempel einer Persönlichkeit. Unwahr sind die Formen, unwahr ist meistens auch der Stoff.[17]

eine historische Fragestellung und was sie uns sehen lässt, in: Schilp/Welzel, Mittelalter und Industrialisierung a. a. O., S. 17–37.

15 Karl Ernst Osthaus, Folkwang, in: Hagener Zeitung 15.7.1904, hier zitiert nach: Osthaus, Reden und Schriften (wie Anm. 1), S. 47.

16 Zum Folkwang-Verlag grundlegend: Rainer Stamm, Der Folkwang-Verlag – Auf dem Weg zu einem imaginären Museum, Frankfurt am Main 1999. Zum Konzept des imaginären Museums jetzt auch Walter Grasskamp, André Malraux und das imaginäre Museum. Die Weltkunst im Salon, München 2014, der Osthaus und den Folkwang-Verlag selbstverständlich nennt (im Kapitel »Das Layout der Weltkunst«, S. 98–130, hier S. 101), dessen epochale Bedeutung aber nicht würdigt.

17 Karl Ernst Osthaus, Einleitung, in: Alte Bauten der Stadt Hagen i. W. und ihrer näheren Umgebung. Radiert von Heinrich Reifferscheid, herausgegeben und eingeleitet von Karl Ernst Osthaus, Hagen 1904, S. 1–13, hier S. 1; Erweiterter Nachdruck der Originalausgabe Hagen 2004, hg. von Dirk Hobein, Hagen 1993; die Einleitung auch in: Karl Ernst Osthaus, Reden und Schriften (wie Anm. 1), S. 48–53.

Es folgt ein Text, der die Bauten beschreibt sowie Material, Formen, Details, Konstruktion, Farbigkeit, städtebauliche Dispositionen und Gartenanlagen charakterisiert. Am Ende richtet Osthaus den Blick wieder auf die Anforderungen an die aktuelle Baukunst:

Nichts möchten wir uns weniger von diesem Werke [der Radierungsmappe – Vf.] *wünschen, als daß es zur Nachahmung der hier gebotenen Bauten anregte. Nach einem Renaissance-Gymnasium und einem gotischen Rathaus ein Theater mit grünen Läden und Schieferschirm zu bauen, hieße in dem Faschingstanz zu verharren, in dem wir uns seit einem halben Jahrhundert gedreht haben. Auch in der Architektur gibt es einen Buchstabenglauben, der aller freien Regung tötlich ist. Er hält sich an die Formen der Alten und führt zu Zerrbildern, da die Zwecke der Alten nicht unsern Zwecken gleichen. Die Gesinnung ist es, worauf es ankommt. Man baue für sich und nicht für die Straße, wähle dauerhaftes Material und die beste Ausführung. Auf den Nachbarn nehme man Rücksicht und überschreie ihn nicht. Dem Fremden zeige man bescheidene Fronten von guten Verhältnissen. Will man schmücken, so beschränke man sich auf eine Haustür, eine Vorhalle, aber mit Geschmack und echter Kunst. Weniges gut ist besser als Vieles schlecht. Unnützes vermeide man, vermindere die Erker und entsage allemal überhängenden Türmen; wir leben nicht mehr im Zeitalter der Burgen.* [...][18]

Und Osthaus schließt mit den Worten: *Ein großer Plan, der das Künftige übersieht, walte in allem, sondere das Weite vom Engen, das Bedeutende vom Nebensächlichen, nehme aber nichts für zu gering, um es mit Liebe durchzubilden. Jeder vertiefe seine Einsicht, aber große Aufgaben vertraue man dem besten Künstler, der sich finden läßt, an. Es ist eine alte Wahrheit, daß der Meister mit Wenigem mehr schafft als der Stümper mit Vielem. So wird man nicht schlecht dabei fahren. Möchte jeder, der in Baufragen mit zu raten hat, Goethes unsterbliche Worte stets im Sinn halten: »Der Bauende soll nicht herumtasten und versuchen; was stehen bleiben soll, muß recht stehen und, wo nicht für die Ewigkeit, doch für geraume Zeit genügen. Mag man doch immer Fehler begehen, bauen darf man keine.«*[19]

Die Schriften und das Engagement von Osthaus – wie vieler seiner Zeitgenossen – prägt eine tiefe Ablehnung historistischer Architektur, auch der Wohnungseinrichtungen, der Ornamentik et cetera. Man bewertete diese Architektur als durchweg »geliehen« und forderte gestalterische Eigenständigkeit und konsequent zeitgemäße Entwürfe – was nicht als Verzicht auf den Dialog mit der Geschichte missverstanden werden darf. Das Hagener Krematorium ist nicht zuletzt in seiner Auseinandersetzung mit San Miniato al Monte bei Florenz ein sprechender Beleg für eine Moderne, die sich nicht über den Geschichtsbruch definiert.[20]

In Hagen und im Lebenswerk von Karl Ernst Osthaus vollzieht sich die Abkehr von den Neo-Stilen paradigmatisch im Architektenwechsel beim Bau des Museum Folkwang im Jahre 1900. Hier befand sich auch die erste von van de Velde konzipierte Wohnung des Ehepaares, bevor die Familie dann 1908 in den Hohenhof umzog. Osthaus hatte für sein Museum zunächst denjenigen Architekten beauftragt, der sein Elternhaus Elfriedenhöhe errichtet hatte: Carl Gérard (1843–1913). Den Innenausbau und die Ausstattung übertrug er dann weitestgehend Henry

18 Osthaus, Einleitung (wie Anm. 17), S. 11 f.
19 Ebenda, S. 13.
20 Vgl. die Beiträge von Birgit Schulte und Barbara Schellewald in diesem Band.

van de Velde.[21] Für den Vortragssaal, sicherlich ein programmatisches Kernstück des Museums, gewann Osthaus erstmals Peter Behrens für Hagen.[22] Beim Bau des Krematoriums engagierte sich Osthaus noch vor Baubeginn gegen einen Entwurf, der den Kamin und das Wärterhaus in einer künstlichen Ruine unterbringen wollte, die Trauerhalle hingegen als Neo-Renaissancebau mit Kuppel vorschlug. Der Verein für Feuerbestattung in Hagen hatte am 2. November 1904 diese ersten Pläne für ein Krematorium bei der Polizeiverwaltung vorgelegt. Sie stammten von einem Architekten, der selbst Mitglied im Vorstand des Feuerbestattungsvereins war: F. Sander.[23]

1912 dann fasst Osthaus seine Überlegungen zur Baukunst in seinem Begleittext zu einer Wanderausstellung des Deutschen Museums für Kunst in Handel und Gewerbe i. W. unter Mitwirkung des Österreichischen Museums für Kunst und Industrie folgendermaßen zusammen:

Der wirtschaftliche Aufschwung im neuen Deutschen Reiche rief eine so plötzliche Komplizierung der Bauaufgaben hervor, wie sie auf europäischem Boden kaum dagewesen sein dürfte. Nicht nur, daß das Anwachsen der Verwaltungen und industriellen Werke den Umfang der Bauten im allgemeinen steigerte; es traten auch ganz neuartige Probleme an den Architekten heran. Bahnhöfe, Postgebäude, Warenhäuser [und ergänzen möchte man: Krematorien – Vf.] *hatten in keiner vergangenen Epoche ihr Vorbild.* […]

Lange aber dauerte es, ehe der neue Inhalt seine neue Form fand. Die länderdurchquerende Eisenbahn wetteiferte mit der Kamera des Kunstforschers, die Phantasie des Architekten wie des reisenden Publikums mit den Stilformen entlegener Epochen zu füllen. Den Einen reizte es, nie gesehenen Konstruktionen und Proportionen nachzuspüren, den anderen, zu wohnen wie die Strozzi, Colonna oder Doria. So trafen sich Bauherr und Baumeister in dem gleichen Wunsche, die Nüchternheit moderner Zweckgestaltung mit der Maske alter Stilpracht zuzudecken. Das Mißverhältnis zwischen Form und Inhalt führte aber mit Notwendigkeit zu tiefgreifenden Veränderungen. Wohnsitten, Baupolizei und klimatische Verhältnisse zerrten an Profilen und schoben an Proportionen; ein protzender Parvenügeschmack ließ Zementputz als Rustikaquadern, Tapete als Seidenbrokat und Linoleum als Teppich oder Parkettboden erscheinen. So wurde, was einst, organisch gewachsen, die Welt entzückt hatte, zur häßlichen verzerrten Larve.

Erst um die Jahrhundertwende gelangte die ganze Hoffnungslosigkeit dieser Entwicklung den führenden Geistern zu Bewußtsein. Man fand die Heimat, die man einst geliebt und besungen hatte, durch unerhörte Geschmacklosigkeiten geschändet, die Städte, die einst der

21 Vgl. stellvertretend Birgit Schulte, Henry van den Velde in Hagen, Hagen 1992; Henry van de Velde, Ein europäischer Künstler in seiner Zeit, hg. von Klaus-Jürgen Sembach und Birgit Schulte, Ausstellungskatalog Köln 1992; Birgit Schulte (Hg.), … *für den neuen Stil kämpfen* … Henry van de Veldes Beitrag zum Start der Moderne vor 100 Jahren, Hagen 2003; Rouven Lotz, Der Hagener Hohenhof. Das Landhaus für Karl Ernst Osthaus von Henry van de Velde, Hagen 2009. Als eine Re-Lektüre, die den Hohenhof wiederum zum Gegenstand künstlerischer Annäherung macht und zugleich wissenschaftlich in den Blick nimmt: Bettina van Haaren und Barbara Welzel (Hg.), Kunst und Wissenschaft vor Ort. Der Hohenhof in Hagen (Dortmunder Schriften zur Kunst/Kataloge und Essays 10), Norderstedt 2011; zuletzt auch: Der Folkwang Impuls. Das Museum von 1902 bis heute. Ausstellungskatalog Hagen 2012/13, hg. von Tayfun Belgin und Christoph Dorsz, Hagen 2012.

22 Vgl. den Beitrag von Birgit Schulte in diesem Band.

23 Vgl. den Beitrag von Birgit Schulte in diesem Band.

Abb. 2: *»Stadtspäher« im Krematorium (Foto: Stadtspäher/TU Dortmund).*

Stolz deutscher Fürsten und Bürger gewesen waren, von Grund auf verwüstet vor. Wo einst Kultur und Sinn für Ebenmaß das Richtscheit geführt hatten, da drängten sich jetzt, für Jahrhunderte gegründet, die jämmerlichen Resultate verbildeten Ungeschmacks, dreister Gewinnsucht und einer vom Genius nimmer geküßten Baupolizei.

Einsehn aber hieß handeln. Auf Sempers grundlegendes Buch vom Stil gestützt, nahm Alois Riegl den Kampf für die gereinigte Kunstauffassung auf. Bildende Künstler, die [wie Henry van de Velde und Peter Behrens – Vf.] *als Maler begonnen hatten, griffen zu Lineal und Winkelmaß, entwarfen Möbel und bauten Häuser.*[24]

1903 war die epochale Studie »Wesen und Entstehung des modernen Denkmalkultus« von Alois Riegl erschienen.[25] Karl Ernst Osthaus hatte nach Stationen in Kiel, München, Berlin und

24 Karl Ernst Osthaus, Baukunst, in: Wanderausstellung des Deutschen Museums in Handel und Gewerbe i. W. unter Mitwirkung des Österreichischen Museums für Kunst und Industrie in Wien. Newark, Chicago, Indianapolis, Pittsburgh, Cincinnati, St. Louis 1912–1913, Dortmund o. J., S. 8–13; zitiert nach: Karl Ernst Osthaus, Reden und Schriften (wie Anm. 1), S. 74–76, hier S. 74. Zu den neuen Bauaufgaben vgl. auch den Beitrag von Thomas Schilp in diesem Band.

25 Vgl. Alois Riegl, Wesen und Entstehung des modernen Denkmalkultus, im Folgenden zitiert nach der Ausgabe: Ernst Bacher (Hg.), Kunstwerk oder Denkmal?, S. 53–9; der Text ist auch abgedruckt in: Georg Dehio – Alois Riegl, Konservieren, nicht restaurieren. Streitschriften zur Denkmalpflege um 1900. Mit einem Kommentar von Marion Wohlleben und einem

Straßburg 1895/96 zwei Studiensemester in Wien verbracht. Hier besuchte er unter anderem Vorlesungen von Riegl.[26] Alois Riegl zählt zu den »Altmeistern« der Kunstgeschichte,[27] seine Studie über den Denkmalkultus, die als Erläuterungstext für das österreichische Denkmalschutzgesetz verfasst wurde, gehört zu den Gründungsschriften der modernen Denkmalpflege.[28]

Hier findet sich paradigmatisch, was Osthaus in seinem Begleitwort zu den Radierungen von Reifferscheid formuliert: dass nämlich die genaue Bestandsaufnahme der ererbten Monumente und die Erkenntnis ihrer Historizität zu einer Wahrnehmung der Bauten als Zeitgenossen ihrer Entstehungszeit führt. Es ist dieselbe klare Absage an die Neo-Stile, die zum neuen Bauen wie zu einer auf Authentizität der historischen Überlieferung zielenden Denkmalpflege führt. Moderner Denkmalkultus und modernes Bauen sind zwei Seiten derselben Medaille.

Riegl systematisiert verschiedene Bewertungen eines Denkmals: die Erinnerungswerte und die Gegenwartswerte. Dabei macht der Autor deutlich, dass es zwischen den verschiedenen Sinnzuweisungen an ein Denkmal durchaus Konflikte geben kann, dass – in der Sprache unserer Zeit – hier Aushandlungsprozesse, Abwägungen und Entscheidungen notwendig werden können. Von den Erinnerungswerten interessieren in unserem Kontext der Alterswert und der historische Wert. *Der Alterswert eines Denkmals verrät sich auf den ersten Blick durch dessen unmodernes Aussehen. Und zwar beruht dieses unmoderne Aussehen nicht so sehr auf der unmodernen Stilform, denn diese ließe sich ja auch imitieren, und ihre richtige Erkenntnis und Beurteilung wäre fast ausschließlich dem verhältnismäßig engen Kreise gelernter Kunsthistoriker vorbehalten, während der Alterswert den Anspruch erhebt, auf die großen Massen zu wirken. Der Gegensatz zur Gegenwart, auf dem der Alterswert beruht, verrät sich vielmehr*

Nachwort von Georg Mörsch (Bauwelt fundamente 80), Braunschweig/Wiesbaden 1988, S. 43–87, sowie im Nachdruck des von Karl M. Swoboda mit einem Vorwort von Hans Sedlmayr herausgegebenen Bandes: Alois Riegl, Gesammelte Aufsätze. Mit einem Nachwort zur Neuausgabe von Wolfgang Kemp, Berlin 1995, S. 144–193. Zu Riegl und seiner Bedeutung für Osthaus vgl. auch den Beitrag von Birgitt Borkopp-Restle in diesem Band.

26 Karl Ernst Osthaus, Lebenslauf (1918), in: ders., Reden und Schriften (wie Anm. 1), S. 23–26, hier S. 23. Es handelt sich um den Lebenslauf, den Osthaus seiner 1918 eingereichten Würzburger Dissertation »Grundzüge der Stilentwicklung« beifügt; als Buch erschienen Hagen 1918, hier S. I-VI. Zur Studienzeit von Osthaus noch immer (mit etwas abweichenden Angaben) Walter Erben, Karl Ernst Osthaus, Lebensweg und Gedankengut, in: Herta Hesse-Frielinghaus u. a. (Hg.), Karl Ernst Osthaus. Leben und Werk, Recklinghausen 1971, S. 15–115, hier S. 24–35.

27 Wolfgang Kemp, Alois Riegl, in: Heinrich Dilly (Hg.), Altmeister der Kunstgeschichte, Berlin 1990, S. 37–60.

28 Die Denkmalpflege hat sich intensiv – und durchaus auch kontrovers – mit Riegls Text auseinandergesetzt; die Spanne reicht von der Bewertung des Textes und seiner Begrifflichkeit bei Norbert Huse, in: Denkmalwerte: Alois Riegl und Georg Dehio, in: ders. (Hg.), Deutsche Texte aus drei Jahrhunderten, München ^{2}1996, S. 125–131, bis zu der kritischen Auseinandersetzung von Georg Mörsch, Wozu Denkmale? Über Vertrautheit, Fremdheit, Identität, in: Marion Wohlleben (Hg.), Fremd, vertraut oder anders? Beiträge zu einem denkmaltheoretischen Diskurs, München/Berlin 2009, S. 185–192, hier S. 190f. oder der die Argumente produktiv weiterdenkenden Studie von Gabi Dolff-Bonekämper, Gegenwartswerte. Für eine Erneuerung von Alois Riegls Denkmalwerttheorie, in: Hans-Rudolf Meier/Ingrid Scheurmann (Hg.), DENKmalWERTE. Beiträge zur Theorie und Aktualität der Denkmalpflege. Georg Mörsch zum 70. Geburtstag, Berlin/München 2010, S. 27–40.

in einer Unvollkommenheit, einem Mangel an Geschlossenheit, einer Tendenz auf Auflösung der Form und Farbe, welche Eigenschaften denjenigen moderner, das heißt neuentstandener Gebilde schlankweg entgegengesetzt sind.[29] Es lohnt in diesem Zusammenhang, Riegl ausführlicher zu zitieren. In seinen Formulierungen scheinen die Bewertungsmaßstäbe und Begrifflichkeiten auf, die auch für Karl Ernst Osthaus Geltung besaßen. *Mangel an Geschlossenheit würde uns* [...] *an modernen Werken nur mißfallen: wir bauen darum keine Ruinen (außer um sie zu fälschen), und ein neugebautes Haus, dessen Verputz abbröckelt oder verrußt ist, wirkt auf die Beschauer störend, da dieser von einem neuen Hause lückenlose Aufschließung in der Form und in der Polychromie verlangt. Am soeben Gewordenen wirken die Symptome des Vergehens nicht stimmungsvoll, sondern verstimmend.*[30] – *Das auf dem Alterswert beruhende ästhetische Grundgesetz unserer Zeit läßt sich sonach folgendermaßen formulieren: von der Menschenhand verlangen wir die Herstellung geschlossener Werke als Sinnbilder des notwendigen und gesetzlichen Werdens, von der in der Zeit wirkenden Natur hingegen die Auflösung des Geschlossenen als Sinnbild des ebenso notwendigen und gesetzlichen Vergehens. Am frischen Menschenwerk stören uns die Erscheinungen des Vergehens (vorzeitigen Verfalls) ebenso, wie am alten Menschenwerk Erscheinungen frischen Werdens (auffallende Restaurierungen). Es ist vielmehr der reine, gesetzliche Kreislauf des naturgesetzlichen Werdens und Vergehens, dessen ungetrübte Wahrnehmung den modernen Menschen vom Anfang des XX. Jh. erfreut. Jedes Menschenwerk wird hierbei aufgefaßt gleich einem natürlichen Organismus, in dessen Entwicklung niemand eingreifen darf; der Organismus soll sich frei ausleben und der Mensch darf ihn höchstens vor vorzeitigem Absterben bewahren. So erblickt der moderne Mensch im Denkmal ein Stück seines eigenen Lebens. Und jeden Eingriff in dasselbe empfindet er ebenso störend, wie einen Eingriff in seinen Organismus.*[31]

Es ist das Altern, das Werden und Vergehen, was – so Riegl, aber in anderen Worten auch Osthaus in seiner Radierungsmappe – den Lauf der Geschichte, mithin auch die Einbindung des eigenen Lebens in diesen großen Zeitrahmen, erfahrbar macht. Hier wird ein Selbstverständnis einer Moderne greifbar, die sich selbst in die Zeitläufte einschreibt und die Geschichte bewusst beerbt, aber als fremde Epochen mit ihrer je eigenen Zeitgemäßheit verstehen will.[32]

Die zweite Denkmalwert-Kategorie bei Riegl ist der »historische Wert«. *Der historische Wert eines Denkmals ruht darin, daß es uns eine ganz bestimmte, gleichsam individuelle Stufe der Entwicklung irgend eines Schaffensgebietes der Menschheit repräsentiert. Von diesem*

29 Riegl, Denkmalkultus (wie Anm. 25), S. 69.
30 Ebenda, S. 70.
31 Ebenda, S. 70f.
32 Das Verhältnis zwischen den historiographischen Positionen zu Historismus und Moderne einerseits und andererseits den Diskussionen zum Kulturellen Gedächtnis in der Kunstgeschichte ausgehend von Aby Warburg und vor allem zu Denkmalpflege und modernem Bauen ist noch längst nicht ausgelotet. Für zahlreiche Anregungen ist Otto Gerhard Oexle zu danken; vgl. stellvertretend: Kulturelles Gedächtnis im Zeichen des Historismus, in: Hans-Rudolf Meier und Marion Wohlleben (Hg.), Bauten und Orte als Träger von Erinnerung: Die Erinnerungsdebatte und die Denkmalpflege (Veröffentlichungen des Instituts für Denkmalpflege an der ETH Zürich 21), Zürich 2000, S. 59–75; ders., Krise des Historismus – Krise der Wirklichkeit. Eine Problemgeschichte der Moderne, in: ders. (Hg.), Krise des Historismus – Krise der Moderne. Wissenschaft, Kunst und Literatur 1880–1932, Göttingen 2000, S. 11–116.

Abb. 3: *»Stadtspäher« im Krematorium (Foto: Stadtspäher/TU Dortmund).*

Standpunkte interessieren uns am Denkmal nicht die Spuren der auflösenden Natureinflüsse, die sich in der seit seiner Entstehung verflossenen Zeit geltend gemacht haben, sondern sein einstiges Werden als Menschenwerk. Der historische Wert ist ein um so höherer, in je ungetrübterem Maße sich der ursprüngliche geschlossene Zustand des Denkmals, den es unmittelbar nach seinem Werden besessen hat, offenbart; die Entstellungen und teilweisen Auflösungen sind für den historischen Wert eine störende, eine unwillkommene Zutat.[33]

Es war die Denkmalpflege, die das Bewusstsein der Zeitgenossen um 1900 dafür schärfte, dass ein Bauwerk aus der Masse der gebauten Werke herausgelöst und als stellvertretender Repräsentant einer Epoche bewertet werden kann. Das aber dürfte – einhergehend mit einem generellen Bewusstsein dafür, dass man nicht nur für die Gegenwart baute, sondern etwas errichtete, *was stehen bleiben soll* (wie Osthaus Goethe zitiert) – den Anspruch entscheidend geprägt haben, den Osthaus und Behrens mit dem Krematorium verbanden. Immerhin bezeichnete Osthaus das Werk als *eines der wichtigsten Monumente unserer Zeit überhaupt*.

In seiner Entstehungszeit unternahmen Karl Ernst Osthaus und Peter Behrens zahlreiche Anstrengungen, um das Krematorium als Vorbild und programmatisches Monument zu inszenieren. Die Disposition des Baus und das Apsismosaik waren 1906 auf der Deutschen Kunstausstellung in Köln einem breiteren Publikum vorgestellt worden.[34] Im April 1906 hatte Behrens ein Gipsmodell (Tafel E) anfertigen lassen, mit dem er sich in London an der Ausstellung moderner deutscher Kunst beteiligte. Anschließend wurde es im Museum Folkwang in Hagen der Öffentlichkeit zugänglich gemacht.[35] Auch auf weiteren Ausstellungen wurde das Modell gezeigt. Erhalten geblieben ist dieses Modell nicht, wohl aber Fotos im Fotoarchiv von Karl Ernst Osthaus.[36] Ebenfalls ausgestellt wurden die Pläne, so 1909 auf der Ausstellung für christliche Kunst in Düsseldorf und 1910 auf der ebenfalls in Düsseldorf gezeigten Städtebau-Ausstellung.

Karl Ernst Osthaus hat das Krematorium systematisch fotografieren lassen (Tafel A, D, F–H).[37] Diese Fotos fanden Aufnahme in die Publikationen nicht nur der Entstehungszeit, sondern prägen das Bild des Krematoriums bis heute. Auch das Deutsche Museum für Kunst in Handel und Gewerbe, ein mobiles Kunstgewerbemuseum, das Muster und Vorbilder gerade auch von Künstlern des Werkbundes in Wanderausstellungen bekannt machen wollte, nahm das Krematorium in seine Mustersammlung auf. In die bereits eingangs genannte Wanderausstellung, die in einer ganzen Reihe von US-amerikanischen Städten zu sehen war, wurde – wie etwa das Foto eines Ausstellungsraumes in Indianapolis 1912 dokumentiert – auch das Krematorium integriert.[38]

33 Ebenda, S. 74.
34 Vgl. die Beiträge von Birgit Schulte und Barbara Schellewald in diesem Band.
35 Gisela Moeller, Peter Behrens in Düsseldorf. Die Jahre von 1903 bis 1907, Weinheim 1991, Werkverzeichnis 22, 1, S. 448–463, hier S. 459.
36 Das Fotoarchiv von Karl Ernst Osthaus befindet sich heute im Bildarchiv Foto Marburg und ist inzwischen auch digital zugänglich: www.fotomarburg.de, weiter zu »Galerie der Archive« und zu »Osthaus«; vgl. auch den Beitrag von Jörg Probst in diesem Band.
37 Vgl. die Ausführungen von Jörg Probst in diesem Band sowie das Geleitwort von Christian Bracht.
38 Moderne Baukunst 1900–1914. Die Photosammlung des Deutschen Museums für Kunst in Handel und Gewerbe. Ausstellungskatalog Krefeld/Hagen/Berlin 1993–1995 (Ausstellung und Katalog Sabine Röder), S. 9.

Kehren wir noch einmal zum »historischen Wert« bei Alois Riegl zurück: *Aufgabe des Historikers ist es, die Lücken, welche die Natureinflüsse im Laufe der Zeit in das ursprüngliche Gebilde geschlagen, mit allen erreichbaren Hilfsmitteln wieder auszufüllen. Die Symptome der Auflösung, die dem Alterswerte Hauptsache sind, müssen vom Standpunkte des historischen Wertes mit allen Mitteln beseitigt werden. Nun darf dies nicht am Denkmal selbst geschehen, sondern an einer Kopie oder bloß in Gedanken und Worten. Also auch der historische Wert betrachtet das Originaldenkmal grundsätzlich für unantastbar, aber aus einem anderen Grunde als der Alterswert. Dem historischen Werte handelt es sich nicht darum, die Spuren des Alters, die in der seit der Entstehung verflossenen Zeit durch Natureinflüsse bewirkten Veränderungen zu konservieren, die ihm mindestens gleichgültig, wo nicht unbequem sind; es handelt sich ihm vielmehr nur darum, eine möglichst unverfälschte Urkunde für eine künftige Ergänzungstätigkeit der kunstgeschichtlichen Forschung aufzubewahren. Alles menschliche Kalkulieren und Ergänzen weiß er dem subjektiven Irrtum ausgesetzt; daher muß die Urkunde als das einzige fest gegebene Objekt möglichst unberührt erhalten bleiben, damit Spätere unsere Ergänzungsversuche kontrollieren und eventuell durch bessere und begründetere ersetzen können.*[39]

Der Abschnitt endet mit einer Überlegung zur Fotografie: *Endlich muß festgestellt werden, daß der Kultus des historischen Wertes, wenngleich er bloß dem Originalzustande eines Denkmals vollen urkundlichen Wert einräumt, doch auch der Kopie einen beschränkten Wert zugesteht, falls das Original (die »Urkunde«) selbst unrettbar verloren ist.* [... Man darf] *aus der stetig zunehmenden Ausbildung der kunsttechnischen Reproduktionsmittel die Zuversicht schöpfen, daß in absehbarer Zukunft (namentlich nach Erfindung einer absolut stichhältigen Farbenphotographie und einer Verbindung derselben mit faksimilemäßigen Formkopien) möglichst vollkommene Ersatzmittel für urkundliche Originale gefunden werden dürften und damit derjenigen Forderung der wissenschaftlichen Geschichtsforschung, die die einzige Quelle eines möglichen Konfliktes mit dem Alterswerte darstellt, wenigstens annähernd Genüge geleistet würde, ohne das Original durch menschliche Eingriffe für den Alterskultus zu entwerten.*[40]

Mit den Fotos steuerte Osthaus den Blick, den die Zeitgenossen auf das Werk haben sollten – und, wie sich zeigen lässt, auch den Blick der Nachkommen auf das Werk. Bereits im Winter 1911/12 war die erste große Restaurierungsmaßnahme am Krematorium nötig geworden.[41] Die Mamorverkleidung erwies sich nämlich als nicht haltbar, einzelne Platten fielen ab. Diese – wie Riegl es formuliert hätte – vorzeitige Alterung aber war nicht hinnehmbar. Bei der Behebung der Schäden, die mit der Inbetriebnahme der Einäscherungsanlage 1911 (die erste Feuerbestattung erfolgte dann am 16. September 1912; siehe den Eintrag im »Einäscherungsregister«, Tafel 42) dringend geboten war, wurde das Erscheinungsbild des Bauwerks sehr weitgehend verändert. Nun wurde ein – heute sichtbarer – Putz aufgetragen, der durch Eintiefungen gegliedert ist (Tafel 8–9). Auch diese zweite Version des Außenbaus (Tafel 1–4) verdankt sich Peter Behrens. In diesem Sinn ist sie ein authentischer Zustand, den es zu erhalten gilt. Die erste Version aber mit den Marmorinkrustationen besitzt in der Formulierung Riegls durchaus

39 Ebenda, S. 74.

40 Ebenda, S. 79.

41 Vgl. hierzu Konrad Rückbrod, Die Außenhaut des Krematoriums von Peter Behrens in Hagen. Die Geschichte der Restaurierung, in: Westfalen. Hefte für Geschichte, Kunst und Volkskunde 72 (1994), S. 662–671.

Abb. 4: *»Stadtspäher« im Krematorium (Foto: Stadtspäher/TU Dortmund).*

historischen Wert. Erhalten ist sie in den Fotografien, die Osthaus von dem Monument erstellen ließ (Tafel A und D). Soweit ich sehe, hat Karl Ernst Osthaus keine Fotografien des zweiten Zustandes veranlasst, in seinem Nachlass befinden sich keine solchen Aufnahmen, und auch die späteren Publikationen zu Peter Behrens wie die frühe Werkmonographie von Paul Joseph Cremers aus dem Jahr 1928 benutzen die Fotos, mit denen Karl Ernst Osthaus offenbar wirkungsvoll den ersten Bauzustand für das Gedächtnis der Nachwelt sicherte.[42] Geht man fehl mit der Vermutung, dass es die Auseinandersetzung mit der modernen Denkmaltheorie war, die Osthaus motivierte, »sein« Krematorium als Signet seiner Epoche zu inszenieren und ihm einen historischen Wert schon in der Entstehungszeit zukommen zu lassen? Modernes Bauen wäre dann erst unter Hinzunahme der Perspektive des »modernen Denkmalkultus« umfassend zu verstehen. Zugespitzt lässt sich sagen: Karl Ernst Osthaus und Peter Behrens errichteten mit dem Krematorium ein zukünftiges Denkmal.

Die Überlegungen Riegls, die Osthaus offensichtlich teilte, haben in manchen Bereichen nichts von ihrer Aktualität eingebüßt:

Die meisten Denkmale besitzen die Fähigkeit, auch solche sinnliche oder geistige Bedürfnisse von Menschen zu befriedigen, für deren Stillung sich ebenso gut (wo nicht noch besser) neue moderne Gebilde eignen würden, und in jener Fähigkeit, bei welcher offenbar die

42 Paul Joseph Cremers, Peter Behrens. Sein Werk von 1900 bis zur Gegenwart, Essen 1928.

Entstehung in der Vergangenheit und der darauf basierte Erinnerungswert gar nicht in Frage kommt, beruht der Gegenwartswert eines Denkmals.[43]

Der Gebrauch von historischen Monumenten, die für die Gegenwart (und zur Tradierung für künftige Generationen) ererbt wurden, stellt – das können wir auch hier im Krematorium beobachten – spezifische Anforderungen: Das Bauwerk muss gewissermaßen störungsfrei funktionieren. Dazu gehört hier sicherlich die Erneuerung der Technik, die aktuellen Emissionsrichtlinien und Geboten der Wirtschaftlichkeit genügen muss. Weiterhin ist Barrierrefreiheit eine neue Nutzungsanforderung (Tafel 3 zeigt die Baustelle für die Rollstuhlrampe im Frühsommer 2011). Auch dürfen sich die Altersspuren – das führt Riegl deutlich aus – nicht in den Vordergrund drängen. Gebäude, die in Gebrauch sind, müssen – so die Kurzformel, die bis heute Gültigkeit hat – instand gehalten werden. Doch müssen sie aus (jeweils) heutiger Sicht auch »schön« sein? Riegl beschließt seine Kategorisierung der Denkmalwerte mit dem »Kunstwert«, den er radikal historisiert. Wenn wir heute Werken vergangener Epochen einen Kunstwert zuschreiben, dann weil sie – wenigstens in Teilen – unseren eigenen Kunstbegriffen entsprechen, mit ihnen harmonieren. Ein solches Werk wird als aktuell erlebt, unabhängig von seinem tatsächlichen Alter – auch unabhängig davon, was sich historisch darüber in Erfahrung bringen lässt:

Auf dem relativen Kunstwert beruht die Möglichkeit, daß Werke früherer Generationen nicht allein als Zeugnisse der Überwindung der Natur durch die schöpferische Menschenkraft, sondern auch hinsichtlich der ihnen spezifisch eigentümlichen Auffassung, Form und Farbe gewürdigt werden können. Wenn es nämlich vom Standpunkte der modernen Auffassung, wonach es keinen objektiv-gültigen Kunstkanon gibt, das Normale scheint, daß ein Denkmal für den jeweils modernen Menschen keinen Kunstwert besitzen könne, und zwar um so weniger, je älter es ist, ein je größerer Zeit- und Entwicklungsabstand es vom Modernen trennt, so lehrt die Erfahrung, daß wir Kunstwerke, die vor vielen Jahrhunderten entstanden sind, öfter höher bewerten als moderne – ja, daß uns mitundert gerade solche Denkmale, die zu ihrer Zeit wenig Gefallen und sogar lebhaften Widerspruch erfahren haben […], *uns Modernen als die höchste Offenbarung der bildenden Kunst erscheinen.*[44]

Riegl endet mit einem Appell, gleichwohl den Blick der Gegenwart nicht über den Alterswert des Denkmals zu stellen: ein Appell, der von kaum zu überschätzender Aktualität ist. Auch für das Krematorium gilt nach den inzwischen kodifizierten Standards der Denkmalpflege: Es ist ein Geschenk, in diesem ererbten Bau heutige und künftige Trauerfeiern zu begehen, der Bau ist für seinen Gebrauch instand zu halten, dies aber mit Respekt vor der Substanz und seinem Alter. Er muss selbstredend intakt sein, nicht aber muss er aussehen wie neu, nicht muss er in jedem Moment heutigen Schönheitsvorstellungen entsprechen. Seinen Wert hat er gerade auch aufgrund seines Alters und seines historischen Wertes.

Ein Nachsatz: Die oben zitierte Wunschvorstellung der Feuerbestattungsvereine, dass alle Religionen und Konfessionen mit der Feuerbestattung zu einer gemeinsamen Kultur des Umgangs mit ihren Toten finden mögen, die zugleich alle Anforderungen moderner Hygiene erfüllt und technischen Fortschritt mit ererbten Mythen (die Feuerbestattung des Hektor) verknüpft, ist nicht in Erfüllung gegangen. Und doch: Die Trauerhalle des Hagener Krematoriums wird seit ihrer Erbauung für alle Bestattungen auf dem Friedhof in Delstern benutzt, nur in

43 Riegl, Denkmalkultus (wie Anm. 25), S. 81.
44 Ebenda, S. 92 f.

einer weit geringeren Zahl werden die Toten eingeäschert. Inzwischen wird sie – während die jüdische Gemeinde einen eigenen Friedhof in Hagen unterhält – auch für muslimische Trauerfeiern genutzt.[45]

III. Ein Laboratorium der Moderne wiederentdecken

Karl Ernst Osthaus hat in Hagen ein Laboratorium der Moderne betrieben. Für die verschiedensten Anforderungen seiner sich so überstürzend verändernden Welt entwarf und/oder finanzierte er Modellprojekte: vom Museum über die Ausgestaltung der Empfangshalle des Bahnhofes mit einem programmatischen Fenster bis zu systematischen Fotokampagnen und Publikationsprojekten, von seinem eigenen Wohnhaus über eine Arbeitersiedlung bis zum Städtebau und vielem mehr. Osthaus hat nichts Geringeres versucht, denn als bürgerliche Einzelperson und in einer modernen Industriestadt landesväterliche Patronage, aber eben unter strukturell grundsätzlich anderen Bedingungen, zu übernehmen. Während in den beiden bis heute im kulturellen Gedächtnis verankerten Reformprojekten der Moderne in Darmstadt (Mathildenhöhe) und Weimar (Kunstgewerbeschule) die Landesfürsten traditionell die Träger waren, ist der Hagener Impuls strenggenommen mit seiner bürgerlichen Prägung das modernere Unterfangen.[46] Zudem stellte sich Osthaus in der knappen Zeit, die ihm nach dem Ende des Ersten Weltkriegs noch verblieb, offenbar der Veränderung des Deutschen Reiches in eine Demokratie.[47]

Die in diesem Band vorgetragenen Überlegungen können nur erste Bausteine für eine neuerliche Beschäftigung mit dem Reformer Karl Ernst Osthaus sein. Es zeichnet sich ab, dass sie sich – nicht zuletzt angetrieben durch die gesellschaftlichen Veränderungen unserer eigenen Gegenwart – der Auseinandersetzung mit der nicht-europäischen Kunst mit besonderer Aufmerksamkeit zuwenden wird. Nur wenige Bemerkungen mögen einige Linien aufzeigen.

Osthaus' Hinwendung zum modernen Bauen, die sich mit dem Architektenwechsel beim Museum vollzog, wird regelmäßig als »Erweckungserlebnis« beschrieben. Dabei gilt die Lektüre eines Aufsatzes über van de Velde von Julius Meier-Graefe in der Zeitschrift »Dekorative Kunst« als Schlüsselerlebnis.[48] Bekanntlich nahm Osthaus unmittelbar nach der Lektüre dieses Textes Kontakt mit van de Velde auf. Unstrittig ist, dass es der mit zahlreichen Fotografien von Arbeiten van den Veldes bebilderte Aufsatz von Meier-Graefe war, der Osthaus mit seinem künftigen Architekten bekannt machte. Und doch: Osthaus selbst gab seiner Neuorientierung einen größeren Kontext. Dieser wurde allerdings von der Forschung bisher nicht in ausreichender

45 Ich danke Andreas Sahling, dem Leiter des Krematoriums in Hagen-Delstern für seine Gastfreundschaft und eine Reihe von sehr informativen Gesprächen.
46 Walter Grasskamp, Museumsgründer und Museumsstürmer. Zur Sozialgeschichte des Kunstmuseums, S. 101–104; Barbara Welzel, Karl Ernst Osthaus. Zur Archäologie einer Utopie, in: Joseph Imorde und Andreas Zeising (Hg.), Teilhabe am Schönen. Kunstgeschichte und Volksbildung zwischen Kaiserreich und Diktatur, Weimar 2013, S. 225–244.
47 Welzel, Karl Ernst Osthaus (wie Anm. 46), S. 235–239.
48 Julius Meier-Graefe, Henry van de Velde, in: Dekorative Kunst 2 (1989/99), Bd. 3, H. 1, S. 2–43, H. 3, S. 139–142 (Abb.), H. 5, S. 223–225 (Abb.). Stellvertretend Erben, Karl Ernst Osthaus (wie Anm. 26), S. 37. Vor allem Rainer Stamm, Karl Ernst Osthaus und Henry van de Velde, in: Schulte, … für den neuen Stil kämpfen… (wie Anm. 22), S. 81–90.

Weise wahrgenommen. In dem Lebenslauf, den Karl Ernst Osthaus 1918 seiner in Würzburg eingereichten Dissertation beigab, führt er aus:

Die Osterferien [des Jahres 1898] *benutzte ich in Gesellschaft des obgenannten Entomologen* [Osthaus reist mit dem Hagener Insektenforscher J.H.H. Schmidt – Vf.] *zu einer wissenschaftlichen Exkursion in den Atlas und in die Sahara. Hier führte die lebendige Berührung mit der islamischen Kultur zwar nicht zu einer Aufgabe meiner nächsten Pläne* [eines naturwissenschaftlichen Studiums – Vf.], *doch zu einer lebhaften Wiederaufnahme meiner kunstgeschichtlichen Studien, die nunmehr in selbständigere Bahnen einlenkten. Die Vorbereitungen zum Hagener Museumsbau* [für ein naturkundliches Museum – Vf.] *hielten mich zunächst noch in Deutschland fest. Im Herbst (98) löste ich mich endgültig aus dem akademischen Leben, um auf einer großen Reise nach dem Orient ein tieferes Verständnis zu den großen Kulturen des Ostens zu gewinnen. Ich besuchte Ungarn, Rumänien, die Türkei, Griechenland, Kleinasien, Syrien und Ägypten. Die Reise machte mich zum Sammler von Kunstwerken, und als ich im Frühjahr 1899 nach Hagen zurückkehrte, war das Problem der Aufstellung meiner Kunstsammlung bereits dringend geworden. Dazu trat ein weiterer, unvorhergesehener Umstand. Der Orient hatte mein Urteil über Architektur geschärft, und meinem empfindlich gewordenen Auge hielt weder das deutsche Bauwesen im ganzen noch mein eigenes, im Bau befindliches Museum stand. Ich faßte sehr bestimmte Begriffe von einem modernen Stil und war überrascht genug, dasselbe Bestreben bei einigen Künstlern lebendig zu finden, die in diesen Tagen von sich reden machten. Mich berührte besonders das Schaffen des Vlamen Henry van de Velde. Ein kurzer Entschluß machte ihn am 1. Mai 1900 zum Nachfolger meines Museumsarchitekten; leider stand der Rohbau damals fertig, und die Gestaltung des Künstlers, der alsbald seinen Wohnsitz von Brüssel nach Deutschland verlegte, konnte sich nur noch auf die Innenausstattung beziehen. So kam es, daß der als naturwissenschaftliche Anstalt projektierte Bau ein Programmwerk des modernen Stils in Deutschland wurde.*[49]

In seiner 1920 publizierten Monographie über Henry van de Velde gewichtete Osthaus diese Erzählung ihrem Kontext nach etwas anders, behielt aber den Hinweis auf die Studienreisen in die »Länder alter Kultur« als prägende Erfahrung bei.[50]

Verlorengegangen scheint in weiten Teilen der jüngeren kunsthistorischen Forschung, dass gerade die islamischen Länder als »Länder alter Kultur« galten. Der Folkwang-Ausstellung in Essen (»Das schönste Museum der Welt«) während des Kulturhauptstadt-Jahres Ruhr.2010 kommt das wichtige Verdienst zu, Teile dieser Objektgruppen wieder präsentiert zu haben. Man hat aber hier diese Werke an die Peripherie der Moderne gerückt: in den Katalogtexten, die zwar die Objekte erläutern, ihre Bedeutung für die Moderne jedoch marginalisieren; in der Sprache, wenn etwa nachgerade reflexartig Kunst von Kunsthandwerk geschieden wird; wenn in den Beschriftungen Objekte in signifikanter Entgegensetzung zu ihrer Rezeption bei Osthaus nur als Kultobjekte beschrieben werden oder schließlich in der Präsentation, in der entlang eines hell beleuchteten Parcours von Meisterwerken der Malerei in einer abgestuften Präsentation

49 Osthaus, Lebenslauf (wie Anm. 26), S. 23.

50 Karl Ernst Osthaus, Van de Velde. Leben und Schaffen des Künstlers, Hagen 1920; Nachdruck Berlin 1984, S. 21.

Objekte, die explizit nicht als modern und explizit nicht als Kunst bezeichnet wurden, zurückstehen mussten.[51]

Erinnert sei in diesem Kontext daran, dass Karl Ernst Osthaus sich mit Leihgaben seiner Sammlung an der Ausstellung »Meisterwerke muhammedanischer Kunst« 1910 in München beteiligte.[52]

Die Auseinandersetzung mit dem Krematorium kann nur ein Anfang einer neuerlichen Beschäftigung mit Karl Ernst Osthaus als Protagonisten der Moderne sein. Auch für den Hohenhof – doch das ist ein neues Thema – bezieht sich Osthaus in seinen Texten auf die Erfahrungen im islamischen Orient. In seinem Dissertationslebenslauf hebt er unter seinen Forschungen und geplanten Projekten diejenigen zur islamischen und ostasiatischen Kunst hervor:

Meiner Fortbildung dienten von nun ab [seit 1899] *zahlreiche Reisen, die mich 1907 nach Spanien, 1909 nach England, 1911 wiederholt nach Griechenland, 1913 nach Russland und zwischendurch sehr häufig nach Italien, Frankreich, London, den Niederlanden und Skandinavien führten. Ich suchte dabei meine kunstgeschichtlichen Kenntnisse zu erweitern, Probleme, die mich beschäftigten, zur Klarheit zu bringen und überall für die Vermehrung meiner Sammlungen tätig zu sein. Von wissenschaftlichen Ergebnissen haben meine Feststellungen über Spanische Fliesenkeramik im Orientalischen Archiv (1910/11* [S.] *74* [ff.]) *einen Niederschlag*

51 »Das schönste Museum der Welt«. Museum Folkwang bis 1933. Mit dieser Ausstellung eröffnete das Essener Museum Folkwang seinen Neubau während des Kulturhauptstadtjahres Ruhr.2010. (Ausstellungskatalog Essen 2010, Göttingen 2010). Der Aufsatz zur islamischen Kunst von Annette Hagedorn (S. 273 f.) trägt den Titel »Ornament als Bild. Islamische Schalen, Töpfe und Fliesen, 9.–16. Jahrhundert« und bringt diese Objekte damit begrifflich in die größte mögliche Distanz zu den unter dem Begriff »Kunst« kategorisierten Gemälden der Moderne. Auch Uwe Fleckner verkennt den Rang der islamischen Kunst für die Jahre um und nach 1900, wenn er schreibt: »Die Sammlung […] sollte dem Besucher […] eine ebenso ideelle wie körperlich nachvollziehbare Aufstiegserfahrung vermitteln: Im Untergeschoss trafen naturkundliche Exponate auf islamische Kunst, das Erdgeschoss erhielt internationales Kunstgewerbe von der Antike bis zum 18. Jahrhundert und im Obergeschoss standen europäische Malerei und Skulptur im Dialog mit Werken ostasiatischer, ozeanischer, afrikanischer und sonstiger Weltkunst.« Uwe Fleckner, Karl Ernst Osthaus und die französische Moderne. Über das widersprüchliche Selbstverständnis eines Sammlers, in: Museum Folkwang (Hg.), »Das schönste Museum der Welt«. Museum Folkwang bis 1933. Essays zur Geschichte des Museum Folkwang (Folkwang Texte 1), Göttingen 2010, S. 47–69, hier S. 50 f.

52 Nachträglich erschien im Jahr 1912 der Katalog »Die Ausstellung von Meisterwerken muhammedanischer Kunst in München 1910«, hg. von Friedrich Sarre und F. R. Martin; Nachdruck London 1984; vgl. auch: Zukunft der Tradition – Tradition der Zukunft. 100 Jahre nach der Ausstellung »Meisterwerke Muhammedanischer Kunst« in München. Ausstellungskatalog München 2010, hg. von Chris Dercon/Léon Krempel/Avinoam Shalem, München 2010; Andrea Lermer und Avinoam Shalem (Hg.), After One Hundred Years. The 1910 Exhibition »Meisterwerke muhammedanischer Kunst« Reconsidered (Islamic History and Civilization 82), Leiden 2010, hier v. a. der Beitrag von Annette Hagedorn, Der Einfluss der Ausstellung »Meisterwerke Muhammedanischer Kunst« auf die zeitgenössische Kunst, S. 286–315, zu Osthaus S. 291–293; vgl. den wichtigen Beitrag von Rainer Stamm, Weltkunst und Moderne, in: Essays zur Geschichte des Museum Folkwang (wie Anm. 51), S. 27–46. Siehe vor allem auch den Beitrag von Birgitt Borkopp-Restle in diesem Band.

gefunden. Andere, die besonders das Gebiet der islamischen und ostasiatischen Kunst betreffen, sind in die Sammlungen verarbeitet und harren noch der Darstellung.[53]

Dieser Horizont der islamischen Kunst ist – so wird man konstatieren dürfen – für unser Bild der Moderne noch einmal zu vermessen. Der Beschäftigung mit Karl Ernst Osthaus gebührt hier ein zentrales Kapitel. Die Foto-Sammlung, die zu den Schätzen von Foto Marburg gehört, harrt noch ihrer Hebung, ebenso gilt es, die Publikationen des Folkwang-Verlages noch einmal systematisch zu untersuchen. Hier lässt sich ein ganzes Forschungsprogramm entwerfen: wenn Osthaus für den Hohenhof und die Gartenstadt auf orientalische Städte verwies, wenn Walter Gropius für ihn in Spanien eine Fliesensammlung zusammenstellte, die im Übrigen zumindest in weiten Teilen noch immer existiert und einer neuerlichen Erschließung bedarf,[54] wenn er in seiner Dissertation der Alhambra ein zentrales Kapitel widmete usw. usf. Die Rolle der islamischen Kunst für den Bau und die Rezeption des Krematoriums ist denn auch ein zentrales Thema. Es sind wichtige Befunde im Krematorium, die erst vor dieser Folie lesbar werden: die Ornamentfelder im Boden des Krematoriums etwa (Tafel 23–29). Jedes dieser Felder – die erst im Kontext dieses Tagungs- und Publikationsprojektes erstmals systematisch fotografisch dokumentiert wurden[55] – zeigt ein anderes Ornament: wie orientalische Teppiche auf dem Boden eines Sakralraumes.[56] In seiner Besprechung des Krematoriums ruft Max Creutz, Direktor des Kölner Kunstgewerbemuseums diese Teppiche, die Birgitt Borkopp-Restle jetzt in ihrer herausragenden Bedeutung für die Jahre um 1900 noch einmal in Erinnerung ruft, als Referenz für den historischen Blick auf das Krematorium und die Deutungsparameter der Zeitgenossen auf:

Behrens geht über den abgeschlossenen Raum hinaus, er fügt ihn als einen Teil dem großen Unendlichen ein. Im Aufbau seiner Werke entsteht bis in alle Einzelheiten der aneinandergereihten Ornamente eine Anweisung auf die Unendlichkeit. Daher auch das Flächenartige seiner Kunst, die allem plastisch Schwerfälligen, für sich und nicht in Beziehung zum Räumlichen Existierenden abhold ist. Wie auf persischen Teppichen, wo wir einen Teil des Musters mit dem Augen erfassen und die Phantasie sich hineinspinnt in den Rhythmus der Blüten und Ranken, die einer fremden Abstraktheit die Seele gefangen halten wie in einer seltsam geheimnisvollen Welt, so folgen wir Behrens in die neue Welt seiner Tektonik und Ornamentik, die den Geist unwillkürlich fortzieht in den Raum und die Weite.[57] Und er fährt fort – den Blick nach Byzanz in den christlichen Orient wendend: *Wir stehen an der Schwelle des dunklen Reiches, wo alles Sinnliche, Irdische, Diesseitige schwindet. In ewiger Ruhe steigt die Apsis empor, von dunklen Säulen getragen, auf goldenem Grunde symbolische Gestalten in wunderbarer Farbenpracht, das Mosaik von E. R. Weiß. Hier wird der Blick gefangen. Hier findet alle Bewegung Erlösung und letzte Ruhe. Hier lebt in allem Unwirklichen Erfüllung und sinnenfrohe Farbigkeit. Und*

53 Osthaus, Lebenslauf (wie Anm. 26), S. 24; der Aufsatz »Spanische Fliesenkeramik« aus dem Jahr 1911 ebenda, S. 191–196.

54 Annette Hagedorn, Walter Gropius, Karl Ernst Osthaus und Hans Wendland. Die Ankäufe maurischer Keramik für das Deutsche Folkwang Museum Hagen im Jahr 1908, in: Heimatbuch Hagen + Mark 43 (2002), S. 103–115.

55 Im Vorfeld der Tagung am 1.–2. Juli 2011 wurde eine systematische Fotokampagne vom Bildarchiv Foto Marburg durchgeführt. Dank gebührt namentlich Hubert Locher und Christian Bracht, Susanne Dörler sowie Almut Berchtold und den Fotografen Christian Stein und Thomas Scheidt.

56 Vgl. den Beitrag von Birgitt Borkopp-Restle in diesem Band.

57 Creutz, Das Krematorium (wie Anm. 2), S. 44f.

Abb. 5: *»Stadtspäher« im Krematorium (Foto: Stadtspäher/TU Dortmund).*

aus dem Goldgrunde lösen sich die Worte, die den Sinn verdeutlichen: »Alles Vergängliche ist nur ein Gleichnis.«[58]

Zu entdecken ist in solcher Neuvermessung eine Moderne, die den christlichen und islamischen Orient kannte, erforschte und als Inspiration begriff sowie Geschichte und Erbe produktiv und wertschätzend in ihrem Horizont sah.

IV. Teilhabe: Stadtspäher im Krematorium

Karl Ernst Osthaus hat seine Aktivitäten – auch hier haben künftige Forschungen ein weites Feld zu kartieren – wohl durchgängig mit Bildungsanstrengungen verbunden: Sie reichen von der Zusammenstellung einer Diasammlung für Vorträge[59] über das Handfertigkeitsseminar[60] bis hin zu Schulprojekten,[61] von den Ausstellungen im Museum Folkwang bis zu den

58 Ebenda, S. 45. Zum Mosaik vgl. den Beitrag von Barbara Schellewald in diesem Band.

59 Kathrin Renken, Von der Diapositivzentrale zum Bildarchiv des Folkwang-Verlags: Zu den Fotosammlungen von Karl Ernst Osthaus, in: Deutsches Museum für Kunst in Handel und Gewerbe 1909–1919. Ausstellungskatalog Krefeld und Hagen 1997, Gent 1997, S. 66–73.

60 Anke Troschke, Die Kunstgewerbeschule im Kleinen: Das Staatliche Seminar für Handfertigkeitsunterricht in Hagen, in: Deutsches Museum (wie Anm. 59), S. 343–351.

61 Karl Ernst Osthaus, Zur Schulreform (1919), in: Reden und Schriften (wie Anm. 1), S. 255f.; ders., Die Folkwang-Schule von Bruno Taut (1920), in: ebenda, S. 261–264; Birgit Schulte (Hg.), Auf dem Weg zu einer handgreiflichen Utopie: Die Folkwang-Projekte von Bruno Taut und Karl Ernst Osthaus, Hagen 1994.

Abb. 6:
Philipp Valentin, Zeichnung von Frank Georgy, kopfsprung.

Wanderausstellungen des Deutschen Museums für Kunst in Handel und Gewerbe.[62] Überhaupt lassen sich weder das Museum Folkwang, noch die anderen Projekte von Osthaus unabhängig von den Bildungsvorstellungen ihres Gründers und Protektors sehen. Der Vortragssaal von Peter Behrens ist dafür ein beredtes Zeugnis gewesen.[63] So können denn die Erinnerungsorte dieses Laboratoriums der Moderne – insbesondere auch das Krematorium – als besonderer Ansporn für heutige Bildungsprojekte verstanden werden, die ihre schiere Schönheit, Sorgfalt in der Gestaltung, ihr Potential einer wiederzuentdeckenden Utopie, ihren Denkmalwert und die lebendige Aneignung für die eigene Gegenwart mit ihren Zukunftsentwürfen zu erschließen suchen: für heterogene Gruppen der Gesellschaft, für Menschen unterschiedlicher Religionen und Konfessionen, für Menschen unterschiedlicher sozialer und kultureller Herkunft, unterschiedlichen Alters et cetera.

2010 ist Philipp Valentin nach Hagen gekommen (Abb. 6).[64] Dieser (fiktive) Professor für Kunstgeschichte erforscht den Hagener Impuls. Er zeigt jungen und nicht mehr so jungen Leserinnen und Lesern – erste Zielgruppe sind Kinder und Jugendliche, die das 5. und 6. Schuljahr besuchen – ihre Stadt und stiftet sie an, sie als »Laboratorium der Moderne« zu erforschen. Dabei führt er in die Kunstwissenschaft ein; das Buch bietet durchaus auch eine Wissenschaftspropädeutik. Philipp Valentin ist ein begeisterter Stadtwanderer und Spazierengucker:

62 Vgl. die Aufstellung: Ausstellungen des Folkwang-Museums und des Deutschen Museums für Kunst in Handel und Gewerbe in Hagen 1902–1922 von Herta Hesse-Frielinghaus, in: dies., Karl Ernst Osthaus (wie Anm. 26), S. 511–516.

63 Vgl. den Beitrag von Birgit Schulte in diesem Band.

64 Barbara Welzel (Hg.), mit Texten von Birgitt Borkopp-Restle, Birgit Franke, Rouven Lotz und Barbara Welzel sowie Illustrationen von Frank Georgy, Hagen erforschen. Eine Stadt als Laboratorium, Essen 2010.
Als Vorgängerprojekt ist zu nennen: Birgit Franke und Barbara Welzel mit Illustrationen von Frank Georgy, Dortmund entdecken. Schätze und Geschichten aus dem Mittelalter (Dortmunder Mittelalter-Forschungen 10), Bielefeld 2008, 4. Auflage Bielefeld 2014. Vgl. die Begleitpublikation: Barbara Welzel (Hg.), Weltwissen Kunstgeschichte. Kinder entdecken das Mittelalter in Dortmund (Dortmunder Schriften zur Kunst/Studien zur Kunstdidaktik 10), Norderstedt 2009; dies., »Warum hat uns das bisher noch niemand gezeigt?« – Einige Anmerkungen zu kulturellem Erbe und Teilhabe, in: Eva Dietrich/Magdalena Leyser-Droste/Walter Ollenik/Christa Reicher/Yasemin Utku (Hg.), Zukunft braucht Herkunft (Beiträge zur städtebaulichen Denkmalpflege 3), Essen 2011, S. 142–154; jetzt auch dies., Stadtwandern und Spazierengucken, in: Sidonie Engels/Rudolf Preuss/Ansgar Schnurr (Hg.), Feldvermessung Kunstdidaktik. Positionsbestimmungen zum Fachverständnis. Festschrift für Klaus-Peter Busse, München 2013, S. 159–170.

Eine meiner Lieblingsbeschäftigungen ist Spazierengucken. Kannst Du Dir vorstellen, wie das geht? Wenn ich irgendwo entlang gehe und es nicht eilig habe, lasse ich meinen Blick spazieren gehen. Dafür hebe ich die Augen, schaue mir Fenster und ihre Rahmen an. Oder eine besondere Form eines Daches. Oder eine Türklinke. Manchmal stehen Haustüren offen. Vielleicht erspähe ich dann ein schönes Treppengeländer oder einen sorgfältig gestalteten Fußboden. Natürlich sehe ich nicht nur schöne und interessante Dinge. Aber über die schönen Entdeckungen freue ich mich besonders [...]. *Manchmal fertige ich auch einen Plan von einem meiner Wege an.* [...] *Ich trage dann zum Beispiel Häuser, die mir unterwegs auffallen, in den Plan ein. Oder nur meine Fundstücke: die besonderen Fenster, Türklinken, Bodenfliesen – oder was ich sonst noch beim Spazierengucken gesammelt habe. Hast Du einmal versucht, einen Weg anhand von solchen Fundstücken zu beschreiben? Man kann die Karten zeichnen und malen oder kleben.*[65]

Neben den Sachinformationen, zu denen auch eine Einführung in das, was Denkmalpflege ist, gehört – auch dem Krematorium ist ein eigenes Kapitel gewidmet –, nimmt diese Hinführung zur »Augenarbeit«[66] breiten Raum ein. Sie weiß sich im Einklang mit den Bemühungen von Karl Ernst Osthaus, wenn dieser zum Beispiel in der bereits zitierten Einleitung zu »Alte Bauten der Stadt Hagen i. W. und ihrer näheren Umgebung« seine Leserinnen und Leser an seiner feinfühligen Augenarbeit teilhaben lässt und zu solchem Spazierengucken einlädt:

Von besonderer Mannigfaltigkeit sind die Türen. Oben in der Oeffnung, doch unbeweglich, pflegt ein niedriges Fenster Licht in den Flur einzulassen. Fast immer ist es durch ein wohlgebildetes, aus Holz geschnitztes Ornament eingeteilt, in dessen Mitte wohl eine vortretende Laterne nach außen und innen Licht spendete. Die Türflügel selbst sind schwer, aus Eichenholz gefügt und mit einfachen Ornamenten beschnitzt. [...] *Nur hin und wieder ist in alten Orten der Umgebung ein Türklopfer erhalten. Häufig aber beleben Klinken und Zugknopf aus blankem Messing die dunkle Fläche. An städtischen Häusern erhielt die Tür überdies eine erhöhte Bedeutung durch die vorgelegte Freitreppe* [...].[67]

Zivilgesellschaftliches Engagement ermöglichte es, das Buch »Hagen erforschen« in den Kontext einer breit angelegten Bildungsaktion zu stellen: Es konnte an alle Kinder und Jugendlichen verschenkt werden, die die Orientierungsstufe, also das 5. oder 6. Schuljahr besuchten.[68] Damit richtete es sich an diese jungen Menschen – in allen Bezirken der Stadt, in allen Schulformen – unabhängig von ihrer sozialen und kulturellen Herkunft.

Seit 2011 sind »Stadtspäher« in Hagen unterwegs. In einem Modellprojekt wurde das Mustercurriculum »Baukultur – gebaute Umwelt« in verschiedenen Schulformen und Jahrgängen sowie in der Lehrerbildung erprobt.[69] Am Stadtspäher-Projekt 2011/12 waren etwa

65 Welzel, Hagen erforschen (wie Anm. 63), S. 14 f. Für Gespräche über das »Spazierengucken« danke ich namentlich Annemarie Jaeggi, Berlin.

66 Zum historiographischen Konzept der »Augenarbeit« vgl. Schlögel, Im Raume lesen wir die Zeit (wie Anm. 3), S. 13 und passim. Für eine Übertragung dieses Konzepts auf baukulturelle Bildung vgl. auch Barbara Welzel, »Stadtschlenderer« im Museum – Die Kunsthalle Karlsruhe als Laboratorium baukultureller Bildung, in: Bauen und Zeigen. Ausstellungskatalog Karlsruhe 2014, Bielefeld 2014, S. 295–301.

67 Osthaus, Einleitung (wie Anm. 17), S. 3.

68 Die Hagener Serviceclubs haben den Erlös aus ihrem Frühjahrsfest 2010 diesem Projekt zugewendet; weitere Spender und Förderer haben sich großzügig beteiligt.

69 Wüstenrot Stiftung (Hg.), Baukultur. Gebaute Umwelt. Curriculare Bausteine für den Unterricht. Ludwigsburg 2010; Klaus-Peter Busse und Barbara Welzel mit Beiträgen von Felix Dobbert,

300 Menschen beteiligt: mehr als 170 Schülerinnen und Schüler verschiedener Schultypen und Altersstufen, eine Kerngruppe von sieben Lehrerinnen und Lehrern, etwa 120 Lehramtsstudierende des Faches Kunst sowie fünf Lehrende der TU Dortmund, schließlich Mitarbeiterinnen und Mitarbeiter vom Kunstquartier Hagen und von der Wüstenrot Stiftung. Seither erkunden immer wieder »Stadtspäher« in kleineren Gruppen die Stadt, oft erforschen sie ihre Stadt in Begleitung von Philipp Valentin.

Wichtig waren Ortstermine, etwa im Krematorium. Hier eröffnet die Raumgestaltung einhergehend mit Informationen zur Kultur der Bestattung, zur konfessionsübergreifenden Ausgestaltung, zu den reichen Ornamenten und anderem mehr zahlreiche Anknüpfungspunkte für eine Aneignung dieses Bauwerks als Erinnerungsort. Die Ortstermine brachten absichtsvoll heterogene Gruppen zusammen: Studierende, Hochschullehrende, Lehrerinnen sowie Schülerinnen und Schüler, Menschen verschiedener kultureller Herkunft in diesen Gruppierungen, Gruppen von einer Hauptschule, von einer Gesamtschule und von einer Universität, verschiedene Altersstufen, Jungen und Mädchen et cetera (Abb. 1–5). Auf diese Weise wurde unmittelbar erfahrbar, dass ein Erinnerungsort wie das Krematorium ein gemeinschaftliches Erbe darstellt, dass es um gesamtgesellschaftliche Teilhabe geht.

Karl Ernst Osthaus – *Bürger zweier Welten* – stellte sich Bildung und besonders auch baukulturelle und künstlerische Bildung im nationalen und das hieß deutschen Rahmen vor. Seit der »Allgemeinen Erklärung der Menschenrechte« aus dem Jahr 1948, die ihre universalen Werte der – wie es heißt – »Barbarei« der vorangegangenen Jahre emphatisch entgegensetzt, löst sich der Teilhabediskurs zunehmend aus nationalen Begründungen.[70] Einwanderungsgesellschaften wie die heutige Bundesrepublik hatte Osthaus weder erlebt noch vermutlich sich vorstellen können. Gleichwohl bietet gerade das Krematorium ein noch längst nicht ausgelotetes Potential im Dialog verschiedener Kulturen und gesellschaftlicher Gruppen – auch das gehört zu seinem Rang als *eines der wichtigsten Monumente unserer Zeit überhaupt*.

Gerhard Dohmann, Gabriele Fischer, Bettina van Haaren, Barbara Joswig, Christopher Kreutchen, Christine Laprell, Sebastian Lingstädt, Ann Malik, Anna Renfordt, Sabine Vonnahme, Stadtspäher in Hagen. Baukultur in Schule und Universität, hg. von der Wüstenrot Stiftung, Ludwigsburg 2013; Klaus-Peter Busse und Barbara Welzel mit Beiträgen von Anna Lena Borringo, Heinz Udo Brenk, Leander Büsing, Felix Dobbert, Niklas Gliesmann, Bettina van Haaren, Christopher Kreutchen, Martin Lippok, Bodo Schmidt, Eva Willenbrink, Marina Zwetzschler, Stadtspäher im Dortmunder U. Baukultur in Schule und Universität, hg. von der Wüstenrot Stiftung, Ludwigsburg 2014 (alle drei Titel auch als Download unter www.wuestenrot-stiftung.de/download); vgl. auch Barbara Welzel, Spazierengucken und Kartieren: Denkmalvermittlung an Kinder und Jugendliche, in: Denkmalpflege: Kontinuität und Avantgarde: Arbeitsheft des Thüringischen Landesamtes für Denkmalpflege und Archäologie, N. F. 43 (2014), S. 176–180.

70 Eine paradigmatische Verschiebung vom Konzept der Erinnerungsorte hin zu einem Teilhabediskurs diagnostiziert jetzt Aleida Assmann, Das neue Unbehagen an der Erinnerungskultur. Eine Intervention, München 2013; vgl. auch Barbara Welzel, Kunstgeschichte, Bildung und kulturelle Menschenrechte, in: Claudia Hattendorff/Ludwig Tavernier/Barbara Welzel (Hg.), Kunstgeschichte und Bildung (Dortmunder Schriften zur Kunst/Studien zur Kunstgeschichte 5), Norderstedt 2013, S. 63–84, sowie dies., Living together in dignity in culturally diverse societies, in: Shared histories for a Europe without dividing lines, http://shared-histories.coe.int, hg. vom Europarat 2014, S. 458–473.

Otto Gerhard Oexle

Das Krematorium als Monument der Moderne und die lange Geschichte der Toten

Für Thomas Schilp

I. »Für Tilly ist genug gebetet«

Unter dieser Überschrift berichtete die »Süddeutsche Zeitung« am 2. Januar 2012 von einem *fait divers* aus unseren Tagen, das bei näherer Betrachtung tief in die europäische Sozialgeschichte zurückführt und auf wesentliche Momente dieser Vergangenheit verweist.[1] Der Bischof von Passau, so wurde berichtet, habe kraft seines Amtes als zuständiger Diözesanbischof eine für die Ewigkeit gemachte Stiftung abgeschafft, die Johann Tserclaes von Tilly, der berühmte Feldherr des Kaisers im Dreißigjährigen Krieg, im Jahr 1630 zugunsten des Klosters Altötting getätigt hatte. Mit der Stiftung der ansehnlichen Summe von 6.300 Gulden hatte Tilly einen Vertrag mit dem Kloster geschlossen; er wollte damit sichern, dass nach seinem Tod – er starb 1632 – an jedem Tag für seine Seele gebetet werde: Deshalb finanzierte er »für ewige Zeiten« die Stelle eines Kaplans, damit »alle Tage durch das ganze Jahr« eine Messe für ihn gelesen werde. Dieses »Tilly-Benefizium« wurde bis zum heutigen Tag jeden Morgen um 7 Uhr gefeiert, bis in die 1970er Jahre hinein sogar mit geistlicher Musik. Jetzt aber erklärte der Bischof »in dieser Angelegenheit das Ende aller Tage«. Er hatte errechnen lassen, dass Tillys Gulden längst aufgebraucht seien – was aber, so der Verfasser des Artikels, in Wahrheit gar nicht zutreffe. Denn selbst wenn man davon ausgehe, dass auch nur die Hälfte des Betrags mit Zinsen angelegt worden sei, so sei das Kapital nach 381 Jahren auf viele Milliarden Gulden angewachsen. Wenn eine solche Summe nicht die Ewigkeit garantieren könne – was dann?

Es geht in dieser seltsamen Begebenheit jedoch nicht nur um Geld. Es ist noch anderes im Spiel, und vor allem hat dieser Streitfall historische Dimensionen, über die sich die Beteiligten, weder die Akteure noch die Beobachter, offensichtlich nicht im Klaren sind. Ist der Wille eines Toten unverletzlich? Ist der um die Mitte des 17. Jahrhunderts geäußerte und in einem Vertrag festgelegte Wille eines Toten heute gültig? Sind Rechtshandlungen des 17. Jahrhunderts noch heute wirksam? Und: Welchen gesellschaftlichen Status hatten Tote im 17. Jahrhundert und welchen Status haben sie in den Gesellschaften der Moderne? Solche Fragen verweisen auf eine Geschichte der Toten, die ein zentrales Moment der allgemeinen Sozialgeschichte darstellt.

Ein bedeutender Einschnitt in dieser Geschichte der Toten findet im 18. Jahrhundert, also am Beginn der Moderne statt. Ja, der Beginn der Moderne manifestiert sich geradezu in diesen Vorgängen, auf die, in den Grundzügen zumindest, jedes Handbuch des heutigen Friedhofs-

1 Rudolf Neumaier, Für Tilly ist genug gebetet. Was kostet Ewigkeit? Ein Bischof meint: 6.300 Gulden reichen nicht, in: Süddeutsche Zeitung Nr. 1 vom 2. Januar 2012, S. 13.

und Bestattungsrechts verweist.[2] Von diesen Vorgängen und ihren Konsequenzen soll im Folgenden die Rede sein.[3]

Zunächst geht es (Abschnitt II) um den Status der Toten in den vormodernen Gesellschaften des okzidentalen Europa und um die grundsätzliche Veränderung dieses Status, die im 18. Jahrhundert eintrat (Abschnitt III) und die wir uns von prominenten Zeugen der Zeit um 1800 erläutern lassen (Abschnitt IV). Aus diesem Wandel ergeben sich zwei Problemgeschichten der Moderne seit 1800, mit deren Betrachtung wir uns dem Problem des Baus von Krematorien seit der zweiten Hälfte des 19. Jahrhunderts nähern (Abschnitte V und VI). Der Blick auf die Krematoriumsbauten des ausgehenden 19. und frühen 20. Jahrhunderts wird uns schließlich die Möglichkeit geben, den Bau von Peter Behrens in Hagen zu würdigen und in seiner architekturgeschichtlichen und sozialgeschichtlichen Bedeutung zu erkennen (Abschnitt VII).

II. Memoria in den Gesellschaften der Antike, des Mittelalters und der Frühen Neuzeit

Die Bedeutung der Memoria als eines grundlegenden Phänomens aller vormodernen Gesellschaften ist wesentlich eine Entdeckung der Mittelalterforschung.[4] Sie hat »Memoria« als »totales soziales Phänomen« (Marcel Mauss) erkannt, das viele Lebensbereiche: Religion, Politik, Gesellschaft, Recht und Wirtschaft umgreift[5] und das eine erstaunliche kulturelle Produktivität

2 Jürgen Gaedke (Hg.), Handbuch des Friedhofs- und Bestattungsrechts. Mit ausführlicher Quellensammlung des geltenden staatlichen und kirchlichen Rechts. Stand: 1. August 2009, bearbeitet von Joachim Diefenbach, Köln [10]2010.

3 Dazu bereits Otto Gerhard Oexle, Die Gegenwart der Toten (1983), wieder in: ders., Die Wirklichkeit und das Wissen. Mittelalterforschung – Historische Kulturwissenschaft – Geschichte und Theorie der Historischen Erkenntnis, Göttingen 2011, S. 99–155. Vgl. auch die Beiträge in: Norbert Stefenelli (Hg.), Körper ohne Leben. Begegnung und Umgang mit Toten, Wien u. a. 1998.

4 Karl Schmid und Joachim Wollasch (Hg.), Memoria. Der geschichtliche Zeugniswert des liturgischen Gedenkens im Mittelalter (Münstersche Mittelalter-Schriften 48), München 1984; Dieter Geuenich und Otto Gerhard Oexle (Hg.), Memoria in der Gesellschaft des Mittelalters (Veröffentlichungen des Max-Planck-Instituts für Geschichte 111), Göttingen 1994; Otto Gerhard Oexle (Hg.), Memoria als Kultur (Veröffentlichungen des Max-Planck-Instituts für Geschichte 121), Göttingen 1995, mit der Einleitung von dems., Memoria als Kultur, ebenda S. 9–78; Hanno Brand/Pierre Monnet/Martial Staub (Hg.), Memoria, Communitas, Civitas. Mémoire et conscience urbaines en Occident à la fin du moyen âge (Beihefte der Francia 55), Ostfildern 2007; Michael Borgolte/Cosimo Damiano Fonseca/Hubert Houben (Hg.), Memoria. Ricordare e dimenticare nella cultura del medioevo (Annali dell'Istituto storico italo-germanico in Trento. Contributi 15), Bologna/Berlin 2005. Vgl. Michael Borgolte, Memoria. Zwischenbilanz eines Mittelalterprojekts, in: Zeitschrift für Geschichtswissenschaft 46 (1998), S. 197–210. Historisch übergreifend: Jan Assmann, Das kulturelle Gedächtnis. Schrift, Erinnerung und politische Identität in frühen Hochkulturen, München 1992, S. 60 ff. Von französischer Seite: Michel Lauwers, La mémoire des ancêtres, le souci des morts. Morts, rites et société au moyen âge (Diocèse de Liège, XIe–XIIIe siècles) (Théologie historique 103), Paris 1997.

5 Otto Gerhard Oexle, Memoria und Memorialüberlieferung im früheren Mittelalter (1976), wieder in: ders., Die Wirklichkeit und das Wissen (wie Anm. 3), S. 156–186.

in Literatur, Kunst und Architektur hervorgerufen hat.[6] Dies zeigen gerade jüngste lokal und regional vertiefende Arbeiten, in denen Historiker, Kunsthistoriker und Musikwissenschaftler zusammen wirkten,[7] ebenso die Ergebnisse überregionaler Forschungsprojekte.[8] Die Kunstgeschichte hat in jüngsten Arbeiten über die »Memorialkultur« des Mittelalters und der Frühen Neuzeit anhand von Grabmälern des 13. bis 18. Jahrhunderts die außerordentliche Bedeutung der »Memoria« exemplarisch sichtbar werden lassen.[9] Von Seiten der allgemeinen Geschichte lassen sich diesen Arbeiten kulturvergleichende Forschungen über Stiftungen im Christentum, Judentum und Islam und vom Mittelalter bis zur Gegenwart an die Seite stellen.[10]

6 Zur Memoria in der Literatur: Friedrich Ohly, Bemerkungen eines Philologen zur Memoria, in: Schmid und Wollasch, Memoria (wie Anm. 4), S. 9–68. Über Bilder, Skulpturen und Architektur als Zeugnisse der Memoria: Otto Gerhard Oexle, Memoria und Memorialbild, in: Schmid und Wollasch, Memoria (wie Anm. 4), S. 384–440; ders., Kulturelles Gedächtnis in der Renaissance. Die Fuggerkapelle bei St. Anna in Augsburg. Vierte Sigurd Greven-Vorlesung, gehalten am 11. Mai 2000 im Schnütgen-Museum Köln, Köln 2000; ders., Die Memoria der Reformation. Das Dessauer Altarbild Lucas Cranachs des Jüngeren, in: Hans-Joachim Krause und Andreas Ranft (Hg.), Studien zur mittelalterlichen und frühneuzeitlichen Kunstgeschichte und Geschichte (Abhandlungen der Sächsischen Akademie der Wissenschaften zu Leipzig, Phil.-Hist. Klasse, Bd. 81, Heft 3), Stuttgart/Leipzig 2009, S. 53–59 und 157–177, und in: ders., Die Wirklichkeit und das Wissen (wie Anm. 4), S. 187–242. Über Memoria und Musik: Birgit Lodes und Laurenz Lütteken (Hg.), Institutionalisierung als Prozess. Organisationsformen musikalischer Eliten im Europa des 15. und 16. Jahrhunderts (Analecta Musicologica 43), Regensburg 2009.

7 Dazu die von dem Historiker Thomas Schilp und der Kunsthistorikerin Barbara Welzel herausgegebene Reihe der Dortmunder Mittelalter-Forschungen, zuletzt unter anderem Bd. 12: Mittelalter und Industrialisierung. St. Urbanus in Huckarde (2009), und Bd. 14: St. Johannes in Brechten als Erinnerungsort des Ruhrgebiets (2011). Außerdem: Jens Lieven/Michael Schlagheck/Barbara Welzel (Hg.), Netzwerke der Memoria, Essen 2013.

8 Truus van Bueren, Leven na de dood. Gedenken in de late Middeleeuwen, Turnhout 1999; dies., Care for the Here and the Hereafter: *Memoria*, Art and Ritual in the Middle Ages, Turnhout 2005; Rolf de Weijert u. a. (Hg.), Living Memoria. Studies in Medieval and Early Modern Memorial Culture in Honour of Truus van Bueren, Hilversum 2011.

9 Dazu Christine Sauer, Fundatio und Memoria. Stifter und Klostergründer im Bild. 1000 bis 1350 (Veröffentlichungen des Max-Planck-Instituts für Geschichte 109), Göttingen 1993; Tanja Michalsky, Memoria und Repräsentation. Die Grabmäler des Königshauses Anjou in Italien (Veröffentlichungen des Max-Planck-Instituts für Geschichte 157), Göttingen 2000; Caroline Horch, Der Memorialgedanke und das Spektrum seiner Funktionen in der Bildenden Kunst des Mittelalters, Königstein i. T. 2001; dies., »Nach dem Bild des Kaisers«. Funktionen und Bedeutungen des Cappenberger Barbarossakopfes, Köln/Weimar/Wien 2013; Mark Hengerer (Hg.), Macht und Memoria. Begräbniskultur europäischer Oberschichten in der Frühen Neuzeit, Köln u. a. 2005; Carolin Behrmann/Arne Karsten/Philipp Zitzlsperger (Hg.), Grab – Kult – Memoria. Studien zur gesellschaftlichen Funktion von Erinnerung, Köln u. a. 2007; Arne Karsten (Hg.), Das Grabmal des Günstlings. Studien zur Memorialkultur frühneuzeitlicher Favoriten (Humboldt-Schriften zur Kunst und Bildgeschichte 15), Berlin 2011.

10 Michael Borgolte (Hg.), Stiftungen und Stiftungswirklichkeiten. Vom Mittelalter bis zur Gegenwart (Stiftungsgeschichten 1), Berlin 2000; ders. (Hg.), Stiftungen in Christentum, Judentum und Islam vor der Moderne. Auf der Suche nach Gemeinsamkeiten und Unterschieden in religiösen Grundlagen, praktischen Zwecken und historischen Transformationen (Stiftungsgeschichten 4), Berlin 2005; ders., Stiftung und Memoria (Stiftungsgeschichten 10), Berlin 2012.

Der sozialhistorische Kern der Memoria ist die Auffassung von der »Gegenwart der Toten«, womit ein Überlieferungsbegriff und ein Forschungsbegriff gemeint sind.[11] Hier wird der Gegensatz zu den modernen Auffassungen vom Toten überaus deutlich. Im Gegensatz zu den älteren, den vormodernen Vorstellungen vom Status des Toten und der davon ausgehenden Praxis des Verhaltens der Lebenden gegenüber den Toten in den Gesellschaften der Antike, des Mittelalters und der Frühen Neuzeit steht die Tatsache, dass den Toten in der modernen Gesellschaft dieser Status nicht mehr zugeschrieben wird. Dies ist ein Teil des modernen Rechts, wie jede Darstellung des Bürgerlichen Rechts (Allgemeiner Teil) anführt: Die Person ist mit dem Tod erloschen; die Rechtsfähigkeit des Menschen, durch die er Subjekt von Rechtsverhältnissen und Adressat von Pflichten war, ist beendet; die Handlungsfähigkeit, die Vermögensfähigkeit und die prozessrechtlichen Verhältnisse des Menschen sind erloschen. Was von der Person bleibt, ist ein »Ding, die Leiche«.[12] Und die Leiche ist nach dem heutigen Recht eine »Sache«, wiewohl sie nicht »Objekt dinglicher Rechte, insbesondere des Eigentums« sein kann und somit dem »Rechtsverkehr« entzogen ist. Deshalb ist »die Rechtslage des menschlichen Leichnams streitig«.[13] Das kann man historisch erklären, denn darin spricht sich der Sachverhalt aus, dass sich in dieser Frage moderne Auffassungen vom Toten grundsätzlich von älteren Auffassungen unterscheiden, die in der europäischen Geschichte seit der Antike begegnen. Denn dort ist der Status des Toten nicht bestimmt vom »subjektiven Andenken«, das im Belieben der Lebenden steht, sondern er ist gewissermaßen eine objektive Gegebenheit: Die Toten sind Personen im rechtlichen Sinn, sie sind Rechtssubjekte und also auch Subjekte von Beziehungen der menschlichen Gesellschaft. In der Auffassung der Lebenden sind sie – durch die Memoria – unter den Lebenden gegenwärtig. Dies zeigt die Geschichte des Totenmahls in der antiken Mittelmeerwelt, es zeigt sich in der Auffassung des Abendmahls und seiner Bedeutung für das Christentum.[14] Es zeigt sich nicht weniger deutlich in der Intensivierung des Gedankens von der Gegenwart der Toten in der sozialen Praxis, die in dem Wandel der Graborte seit dem 4. Jahrhundert in Erscheinung tritt, dadurch nämlich, dass die Toten in die Siedlungen der Lebenden aufgenommen werden. Dies bedeutete einen Tabubruch gegenüber den Normen der antiken Gesellschaften:[15] sei es dadurch, dass Tote in Gestalt der Märtyrer in die Städte transferiert wurden, sei es, dass die Christen den Wunsch hatten, in der Nähe der Märtyrer beigesetzt zu werden, so dass die großen Cömeterialbasiliken, die in den Vorstädten lagen, alsbald mit Gräbern besetzt wurden. Der Translation von Märtyrergebeinen in städtische Kirchen seit der Mitte des 4. Jahrhunderts entsprachen die seit dem Ende des 4. und aus dem 5. Jahrhundert bekannten frühen Beispiele für Beisetzungen *ad sanctos* (bei den Heiligen) außerhalb der Städte und in

11 Dazu Oexle, Die Gegenwart der Toten (wie Anm. 3); den dort aufgeführten Textzeugnissen ist hinzuzufügen: Cicero »Laelius, De amicitia«, VII, 23 (zitiert nach Brandt, Philosophie in Bildern, wie unten Anm. 16, S. 242): *Verum enim amicum qui intuetur, tamquam exemplar aliquod intuetur sui; quocirca et absentes adsunt et* [...] *quod difficilius dictu est, mortui vivunt; tantus eos honos, memoria, desiderium prosequitur amicorum.*

12 Oexle, Die Gegenwart der Toten (wie Anm. 3), S. 100ff. Über die Rechtsfähigkeit der Toten die Beiträge in: Stefenelli (Hg.), Körper ohne Leben (wie Anm. 3), S. 841ff., 852ff., und 862ff.

13 Gaedke, Handbuch (wie Anm. 2), S. 117f.

14 Dazu Oexle, Die Gegenwart der Toten (wie Anm. 3), S. 127ff., und ders., Memoria und Memorialüberlieferung (wie Anm. 5), S. 167ff.

15 Oexle, Die Gegenwart der Toten (wie Anm. 3), S. 133ff.; Michel Lauwers, Naissance du cimetière. Lieux sacrés et terre des morts dans l'Occident médiéval, Paris 2005.

Abb. 1: *Peter Paul Rubens, Justus Lipsius und seine Schüler, Florenz, Galleria Palatina, Palazzo Pitti (Foto: Archiv).*

den Städten selbst. Und schon im 6. Jahrhundert fand der Brauch, in innerstädtischen Kirchen Gräber anzulegen, allgemeine Verbreitung, wie wir aus Verboten wissen. Gleichzeitig ging man mehr und mehr dazu über, Tote überhaupt innerhalb der Stadtmauern beizusetzen. Und die Cömeterialbasiliken in den *suburbia* wurden ihrerseits Zentren von Siedlungen der Lebenden und bildeten hinfort ein wichtiges Moment in der städtischen Topographie. Der Gedanke von der Gegenwart der Toten war also in doppelter Hinsicht räumlich anschaulich geworden. Die ersten Anordnungen, welche die Gebeine der Toten in einer Kirche geradezu vorschreiben, begegnen um 900. Und so wurde schließlich die Bestattung im Kirchengebäude im Mittelalter etwas ganz Alltägliches, obwohl das ganze Mittelalter hindurch immer wieder zugleich auch die alten Verbote und Einschränkungen des Brauchs wiederholt wurden. Der Kirchhof war damit zu einem Kernbezirk städtischer wie ländlicher Siedlungen geworden.

Vor dem Hintergrund dieses Verlaufs eines tiefgreifenden sozialgeschichtlichen Vorgangs ist die Fülle von »Memorialbildern« zu sehen, in denen die Gegenwart der Toten visuell anschaulich geworden ist. Es sei hier nur ein Beispiel für diese Visualisierung der Gegenwart der Toten genannt. Es stammt aus dem frühen 17. Jahrhundert, wurde von Peter Paul Rubens gemalt und ist in der Kunstgeschichte unter dem Titel »Justus Lipsius und seine Schüler« oder »Justus Lipsius und seine Freunde« bekannt (Abb. 1).[16]

16 Dazu Reinhard Brandt, Philosophie in Bildern. Von Giorgione bis Magritte, Köln 2001, S. 240 ff.; Martin Warnke, Rubens. Leben und Werk, Köln 2011, S. 69 ff.; Willibald Sauerländer, Der

Es handelt sich um ein Memorialbild, ein Epitaph für Justus Lipsius (1547–1606) und zugleich für Philipp Rubens, den Bruder des Malers, einen Schüler von Lipsius, der im Sommer 1611 gestorben war. Das Bild dürfte also 1611/12 entstanden sein. Es zeigt Lebende und Tote, die in Freundschaft verbunden waren, mit einem hohen Maß von künstlerischer Vollendung und von philosophischer und sozialer Reflexion. Lipsius war Philologe und kritischer Editor der Schriften von Tacitus und von Seneca, er war Schöpfer der Philosophie des Neu-Stoizismus und einer neu-stoizistischen »Politik«, die im Zeitalter konfessioneller Kontroversen eine Politik des friedlichen Zusammenlebens unterschiedlicher Konfessionen in einem Staat formulierte.[17] Das Bild zeigt Lipsius im Professorentalar, er lehrt und legt die Schriften Senecas aus, dessen Büste in einer Nische über ihm zu sehen ist. Zu seiner Rechten sehen wir Philipp Rubens, zu seiner Linken Jan Woverius, einen anderen Schüler und Freund der beiden Rubens. Auf der linken Bildseite, vor einem roten Vorhang, hat sich Peter Paul Rubens selbst dargestellt. Er ist der einzige, der den Blick aus dem Bild heraus auf den Betrachter richtet und damit »das Bild zum Raum vor der Leinwand« hin öffnet und dessen reale Beengung »sprengt«: »Das Außen gehört durch den Blick zum Bildganzen, das sich somit als bloße Darstellung dessen, was es selbst nicht ist, negiert: der wirkliche Zuschauer wird zum Teil des Bildes und leiht ihm damit seine eigene Wirklichkeit.«[18] Faszinierend ist das Spiel der Hände der am Tisch Sitzenden: Lipsius zeigt und erörtert einen Text, die beiden Schüler folgen der Auslegung Senecas durch Lipsius, das Spiel der Hände demonstriert die verschiedenen Stadien des Zeigens, des Auslegens und des Hörens. Auch der Hintergrund des Bildes ist bedeutsam:[19] Wir sehen durch das Fenster eine städtische Landschaft, wir sehen eine römische Vedute, einen bestimmten Ort in Rom, den Palatin nämlich, den Kaiserhügel, den Ort des Wirkens und des Todes Senecas. Es ist typisch für frühneuzeitliche Memorialbilder, dass sie den Ort der Memoria und den Ort, auf den sie sich bezieht, in solcher oder ähnlicher, immer sehr präziser Weise in die Darstellung aufnehmen.[20]

Darstellungen dieser Art werden mit dem 17. Jahrhundert selten. Die Toten werden im Bild nicht mehr dargestellt. Mit dem Beginn der Moderne verschwinden die Toten aus der Gesellschaft der Lebenden.[21] Darin zeigt sich ein realer Prozess der sozialen Wirklichkeit, von dem jetzt die Rede sein soll.

III. Das Ende der Memoria: Die Aussiedlung der Toten

Das Verblassen der Auffassung von der Gegenwart der Toten ist Ergebnis eines langen Prozesses, auf den unterschiedliche Faktoren einwirkten. Dieser Prozess hat seine entscheidende Phase im 18. Jahrhundert erreicht.[22] Es ist an die großen Mortalitätskrisen des Spätmittelalters,

katholische Rubens. Heilige und Märtyrer, München 2011, S. 25ff. Zur Personengeschichte: Nils Büttner, Herr P. P. Rubens. Von der Kunst, berühmt zu werden (Rekonstruktion der Künste 7), Göttingen 2006.

17 Michael Stolleis, Geschichte des öffentlichen Rechts in Deutschland, Bd. 1, München 1988, S. 93ff.

18 Brandt, Philosophie in Bildern (wie Anm. 16), S. 243.

19 Ebenda, S. 244.

20 Dazu Otto Gerhard Oexle, Fama und Memoria der Wissenschaft in der Kunst der Frühen Neuzeit, in: de Weijert u. a., Living Memoria (wie Anm. 8), S. 365–377.

21 Oexle, Memoria und Memorialbild (wie Anm. 8), S. 431ff.

22 Oexle, Die Gegenwart der Toten (wie Anm. 3), S. 143ff.

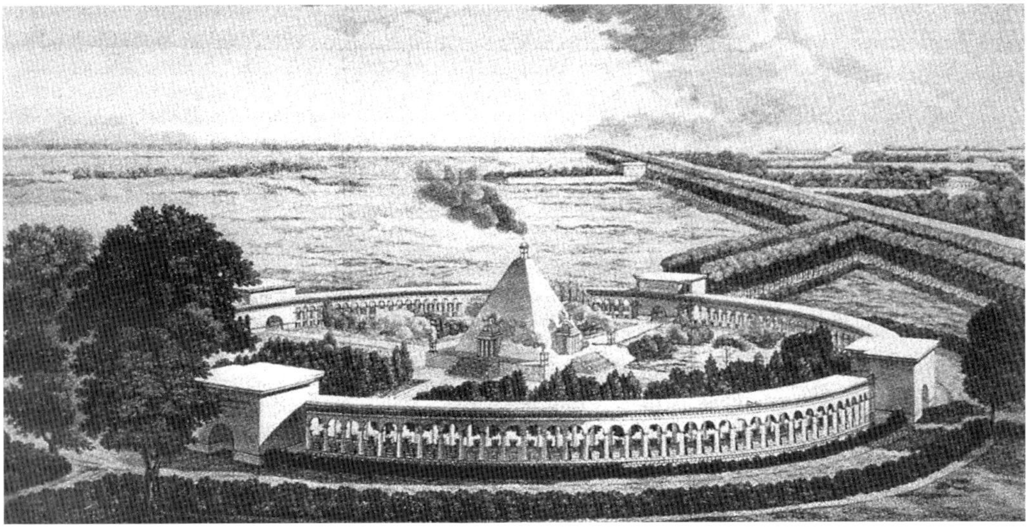

Abb. 2: *Pierre Martin Giraud, Projektierter Zentralfriedhof auf dem Montmartre in Paris, 1795 (Foto: Archiv).*

vor allem an die Pestepidemien des 14. Jahrhunderts zu erinnern, die bereits das Denken über den Tod und die Toten im Okzident veränderten.[23] Es ist sodann an die Reformation zu erinnern, deren Vertreter mit anders akzentuierten und mit neuen Motiven für die Schließung der Kirchhöfe und für ihre Verlegung aus der Stadt hinaus plädierten.[24] Der entscheidende Durchbruch neuer Auffassungen, die letztlich zur definitiven Aussiedlung der Toten führten, wird jedoch erst im 17. und vor allem im 18. Jahrhundert deutlich.[25] Seit dem Ende des 17. Jahrhunderts wurde die Praxis der Beisetzung im Kirchengebäude mit theologischen und moralischen, aber auch mit gesundheitspolizeilichen Argumenten bekämpft, und bereits in der ersten Hälfte des 18. Jahrhunderts nahm die Zahl der Bestattungen in der Kirche stark ab und wurde auf einen kleinen Personenkreis beschränkt, wie regionale und lokale Studien zeigen. Die Ordnung auf den Kirchhöfen wurde zunächst ein Gegenstand der Sorge der kirchlichen Obrigkeit. Kleine Veränderungen im Alltagsleben gingen den großen öffentlichen Kontroversen seit den 1730er Jahren voraus, die schließlich seit den 1760er Jahren in Frankreich in eine prohibitive Gesetzgebung einmündeten. Reflexionen über den vermuteten Zusammenhang zwischen Leichenverwesung und Pestepidemien waren schon seit dem 16. Jahrhundert ein Thema der Mediziner gewesen. Im Jahre 1737 hat das Pariser Parlament eine Enquête über die Kirchhöfe der Hauptstadt veranlasst, deren Ergebnisse 1738 veröffentlicht wurden. Und hier, wie in zahlreichen medizinischen Stellungnahmen der gleichen Zeit, standen wiederum das Problem der Hygiene und gesundheitspolizeiliche Maßnahmen im Vordergrund. 1763 und abermals 1765 wurde die Schließung der Kirchhöfe verfügt, wurden Begräbnisse im Kirchenraum eingeschränkt. Neue Friedhöfe außerhalb der Stadt seien einzurichten; in diesen dürften Epitaphien

23 Ebenda.
24 Ebenda, S. 149 ff.
25 Vgl. Michel Vovelle, La mort et l'Occident de 1300 à nos jours, Paris 1983, S. 382 ff., 394 ff., 411 ff. und bes. S. 453 ff.

Abb. 3: *J. P. Rippe, Zum Ankauf empfohlener Entwurf im Krematoriumswettbewerb Bremen 1902 (Foto: Archiv).*

nicht mehr auf den Gräbern errichtet, sondern nur noch an der Umfassungsmauer angebracht werden. Gutachten von Ärzten wiesen darauf hin, dass verwesende Leichen die Luft verderben und dadurch die Ausbreitung von Epidemien gefördert werde. Mit den Schlagwörtern *propreté* (Sauberkeit) und *santé* (Gesundheit) wurde die Schließung der städtischen Kirchhöfe als ein Gebot des Fortschritts und der Kultur gefordert. Dahinter stand die traditionelle medizinische Miasma-Theorie (die Lehre, dass giftige Ausdünstungen des Bodens durch die Luft Krankheiten verbreiten), die jetzt noch einmal bemüht wurde, dieses Mal mit durchschlagendem Erfolg.

Dabei sind die demographischen Veränderungen des 18. Jahrhunderts zu berücksichtigen, insbesondere die Zunahme der Bevölkerung zwischen 1700 und 1800.[26] Vor diesem Hintergrund engagierten sich die Aufklärer mit Leidenschaft für die Exilierung der Toten, für die sich auch der Episkopat in Frankreich einsetzte, obwohl die Pfarrgeistlichkeit und die Laien sich mit Gegenargumenten zu Wort meldeten. Der Prozess war irreversibel. Es waren schließlich die französischen Bischöfe, die im Juli 1775 für ganz Frankreich das Verbot der Beisetzung im Kirchengebäude forderten und für die Entfernung der Kirchhöfe vor allem aus den städtischen Siedlungen eintraten und die damit den Anlass gaben für die entsprechende Deklaration König Ludwigs XVI. vom März 1776. Auch im Denken des Episkopats war die Vorstellung von der Gegenwart der Toten und ihrer sozialen Beziehungen zu den Lebenden, anschaulich geworden in der seit vielen Jahrhunderten bestehenden Verbindung von Pfarrei und Kirchhof, völlig verdrängt worden durch gesundheitspolizeiliche Erwägungen. Und wohl an keinem anderen Sachverhalt könnte deutlicher gemacht werden, wie radikal hier die Vorstellung vom Toten als Person ersetzt wurde durch die neue Vorstellung vom Toten als Leiche, deren Anwesenheit als störend, ja als gefährlich galt und die deshalb entfernt werden musste.

Treffend hat die französische Forschung deutlich gemacht, dass es sich bei alledem nicht um eine »Säkularisierung« oder gar um eine »Entchristlichung« handelte, sondern vielmehr um

26 Vovelle, La mort (wie Anm. 25), S. 367 ff.

eine *désocialisation,*[27] also um eine Auflösung sozialer Bindungen; ein Vorgang, der die soziale Sphäre grundsätzlich, also jenseits weltanschaulicher, religiöser oder gar nur konfessioneller Kontroversen bestimmte und veränderte. Die Siedlungen der Lebenden und die Siedlungen der Toten wurden jetzt dissoziiert. Damit änderte sich der Status der Toten, das Ende der Memoria trat ein, und neue Vorstellungen vom Toten und vom Umgang mit Toten griffen Raum.

Auch in anderen Ländern vollzog sich dieser Wandel, wie man in den sechziger und siebziger Jahren des 18. Jahrhunderts an der Gesetzgebung feststellen kann. In Österreich wurde bereits 1751 die Beisetzung in den Kirchen verboten; 1772 hat Kaiser Joseph II. abermals, und zwar *aus allermildester Fürsorge für den allgemeinen Gesundheitszustand*, das Begräbnis in Pfarrkirchen eingeschränkt und durch gesundheitspolizeiliche Auflagen erschwert. Ein Hofdekret befahl 1784 die Schließung aller Kirchhöfe innerhalb der Ortschaften und ordnete neue Anlagen außerhalb an; außerdem wurde die Errichtung von Grabdenkmälern auf dem Grab verboten, und Monumente wurden nur noch an der Friedhofsmauer zugelassen. Das preußische Allgemeine Landrecht bestimmte 1794 lapidar: *In den Kirchen und in bewohnten Gegenden der Städte sollen keine Leichen beerdigt werden.* Solche und andere Regelungen dieser Art lassen sich auch in vielen anderen deutschen Territorien nachweisen.[28] Mit alledem wird zum ersten Mal in der Geschichte der Friedhof ein Gegenstand des öffentlichen, das heißt des staatlichen und kommunalen Rechts.[29]

Dass es dabei aber nicht nur um Gräber und nicht nur um die Bestattung und Entfernung von Leichen ging, zeigt die Tatsache, dass gleichzeitig damit sich andere Vorgänge manifestieren, wie sich »moderne« Auffassungen von den Toten durchsetzten. Dies zeigte sich vor allem an der wachsenden Faszination durch den toten Körper: »La mort va revenir sous une autre forme, celle du corps mort«, so hat Philippe Ariès in seinem Buch »L'homme devant la mort« schon 1977 festgestellt.[30] Das »Leben« des »toten Körpers« wurde zunehmend Gegenstand gelehrter medizinischer Traktate. Das Thema des Entsetzen einflößenden »lebenden Toten« und der durch menschliche Imaginationen belebten Leiche tritt in Erscheinung. Nekrophilie ist ein seit dem 18. Jahrhundert häufig anzutreffendes Phänomen. Die Furcht, lebendig begraben zu werden, beginnt seit der zweiten Hälfte des 17. Jahrhunderts, vor allem aber seit der Mitte des 18. Jahrhunderts in Testamenten eine Rolle zu spielen und wird eine der großen Obsessionen des ausgehenden 18. Jahrhunderts und der Zeit danach. Mit anderen Worten: An die Stelle der Vertrautheit mit dem Toten ist Befremdung getreten, die sich in einer auf die Leiche bezogenen dialektischen Verbindung von Abscheu und Faszination Ausdruck verschafft. Dies ist ein spezifisch modernes Phänomen. In der modernen juristischen Terminologie meint der Begriff des »Toten« nur noch die Leiche. Und das moderne Friedhofs- und Bestattungsrecht wird »maßgebend« nur noch von dem gesundheitspolizeilichen Gesichtspunkt bestimmt, »die lebenden Menschen vor dem im Zersetzungsprozeß befindlichen Leichnam zu schützen, diesen also auf eine Art und Weise zu beseitigen, dass die in ihm liegende latente Gefahr nicht zum Ausbruch kommen kann«.[31] Im Zuge dieser Entwicklung ging dann schließlich auch die »Bestattung

27 Dazu Oexle, Die Gegenwart der Toten (wie Anm. 3), S. 150.
28 Ebenda, S. 153.
29 Gaedke, Handbuch (wie Anm. 2), S. 5f.
30 Philippe Ariès, L'homme devant la mort, Paris 1977, S. 347. Die folgenden Feststellungen hier, S. 347ff.; eine deutsche Übersetzung ist unter dem Titel: Geschichte des Todes erschienen, München 1980 und weitere Auflagen.
31 Gaedke, Handbuch (wie Anm. 2), hier zitiert nach der 4. Auflage, (1977), S. 9.

menschlicher Leichen« als eine »öffentliche Aufgabe immer mehr in die Hände des Staates und der Gemeinden über«.[32] Friedhöfe sind »öffentliche Einrichtungen« geworden; »sie dienen der Bestattung menschlicher Leichen und damit der Abwehr von Gefahren, welche der öffentlichen Ordnung andernfalls in gesundheitlicher, sittlicher und religiöser Beziehung drohen würden«.[33]

Die Französische Revolution hat auch in diesem Bereich die Neuerungen des Ancien Régime zur Vollendung gebracht. Dies wird deutlich einerseits in der Zerstörung der kulturellen Repräsentationen der Memoria, vor allem von Skulpturen und Grabmälern, die in der Französischen Revolution einer tiefgehenden Umdeutung unterworfen wurden:[34] Aus den kulturellen Repräsentationen der Memoria wurden jetzt Relikte des »Feudalismus«. Hinter der Zerstörung von Kirchen und vor allem von Grabmälern im revolutionären Frankreich verbarg sich aber bereits eine neue Ordnung der Überreste im Kontext von Museen und anderen Formen der historischen Erinnerung, des kulturellen Gedächtnisses. An die Stelle der Memoria treten neue Formen des Gedächtnisses, die auf »Geschichte«, »Kunst« und »Denkmalpflege« verweisen, und an die Stelle des »Kirchhofs« tritt der »Friedhof«, der zunehmend zum öffentlichen Park wird und damit auch Objekt einer neuen »Sensibilität«, einer »romantischen« Zuwendung.[35]

Zum anderen tritt ein weiteres Moment in der Revolution zutage, das ein großes Problem des 19. Jahrhunderts bereits sichtbar werden lässt: die Erfindung des Krematoriums. Davon wird noch die Rede sein.[36]

Zuvor sollen die Aussagen von drei Autoren der Zeit um 1800 – Augenzeugen der Vorgänge – die Veränderung des Status der Toten erläutern.

IV. Um 1800: Drei Rückblicke auf das Ende der Memoria

In seinem berühmten Buch »Génie du christianisme« von 1802 hat Chateaubriand die durch Aufklärung und Revolution eingetretenen Verluste emotionell bearbeitet, bewusst gemacht, ästhetisiert und poetisiert. In den einschlägigen Kapiteln seines Buches (»Tombeaux chrétiens« [christliche Gräber], »Cimetières de campagne« [Friedhöfe auf dem Lande], »Tombeaux dans les églises« [Gräber in den Kirchen] und »Saint-Denis«) werden die tiefgreifenden Wandlungen und die damit verbundenen gesellschaftlichen Konflikte durch ihre Poetisierung aufgehoben: Es darf getrauert werden, doch gehören die Verluste selbst schon der Geschichte an.[37] In Deutschland hat G. W. F. Hegel die Folgen der Revolution ohne Einschränkungen bejaht. »Es gibt nichts in Hegels geistiger Entwicklung, was ihn mehr kennzeichnet als dieses positive Verhältnis zur

32 Ebenda, S. 6.

33 Ebenda, S. 16.

34 Francis Haskell, Die Geschichte und ihre Bilder. Die Kunst und die Deutung der Vergangenheit, (1993) München 1995, S. 256 ff.

35 Dazu Otto Gerhard Oexle, Krise des Historismus – Krise der Wirklichkeit. Eine Problemgeschichte der Moderne, in: ders. (Hg.), Krise des Historismus – Krise der Wirklichkeit. Wissenschaft, Kunst und Literatur 1880–1932 (Veröffentlichungen des Max-Planck-Instituts für Geschichte 228), Göttingen 2007, S. 11–116, S. 28 ff.

36 Dazu unten Abschnitt VI.

37 Chateaubriand, Essai sur les révolutions. Génie du christianisme. Texte établi, présenté et annoté par Maurice Regard, Paris 1978, S. 931 ff. Zur Deutung die Bemerkungen von Karlheinrich Biermann, in: Jürgen Grimm (Hg.), Französische Literaturgeschichte, 5. überarbeitete und aktualisierte Auflage, Stuttgart/Weimar 2006, S. 266.

Revolution; es bestimmt ihr Ende wie ihren Anfang.«[38] In seinen »Grundlinien der Philosophie des Rechts« hat Hegel 1821 von den Gräbern und Grabmälern gesagt, dass sie nichts als eine »leere ungegenwärtige Willkür« seien, »durch deren Verletzung nichts Wirkliches verletzt wird, deren Achtung daher auch nicht garantiert werden kann«.[39]

Besonders bemerkenswert ist durch ihre behutsame und zugleich eindringliche Problematisierung des Sachverhalts die Stellungnahme von Johann Wolfgang Goethe in seinem Roman »Die Wahlverwandtschaften« von 1809.[40]

Gleich zu Beginn wird erzählt, dass Charlotte, Grundherrin eines Dorfs, den dörflichen Kirchhof umgestaltet habe, wobei sie *für das Gefühl gesorgt* habe. Denn *mit möglichster Schonung der alten Denkmäler hatte sie alles so zu vergleichen und zu ordnen gewusst, dass es als ein angenehmer Raum erschien, auf dem das Auge und die Einbildungskraft gerne verweilte*. Auch *dem ältesten Stein* habe sie *seine Ehre gegönnt*. Den Jahren nach waren die Grabmale *an der Mauer aufgerichtet, eingefügt oder sonst angebracht* worden; *der hohe Sockel der Kirche selbst war damit vermannigfaltigt und geziert*. Charlotte ist dabei, Eduard, ihrem Ehemann, die von ihr veranlassten Veränderungen zu zeigen, als zu Pferd »Herr Mittler« erscheint, ein »drolliger«, »seltsamer«, »wunderlicher Mann«, ein »närrischer Gast«. Die Figur des »Herrn Mittler« ist eine mythologische Reminiszenz an den Götterboten Hermes, den Vermittler zwischen Gegensätzen, den Friedensbringer, der auch der Begleiter der Toten in die Unterwelt ist.[41] Zwischen den Eheleuten Charlotte und Eduard gibt es in diesem Moment noch nichts zu vermitteln, den Kirchhof will Mittler aber nicht betreten: *Hier herein, rief der Reiter, komme ich weder zu Pferde, noch zu Wagen, noch zu Fuße. Diese da ruhen in Frieden, mit ihnen habe ich nichts zu schaffen*. Dieser »Hermes«, ein ehemaliger Geistlicher, nimmt die Aufgabe des Seelengeleiters nicht wahr – die Toten bedürfen seiner nicht mehr.

Von den *Veränderungen, welche Charlotte mit dem Kirchhofe vorgenommen hatte*, ist dann am Beginn des zweiten Teils des Romans erneut die Rede. Auf ihre Anordnung hin waren *die sämtlichen Monumente von ihrer Stelle gerückt und hatten an der Mauer, an dem Sockel der Kirche Platz gefunden. Der übrige Raum war geebnet. Außer einem breiten Wege, der zur Kirche und an derselben vorbei zu dem jenseitigen Pförtchen führte, war das Übrige alles mit verschiedenen Arten Klee besät, der auf das schönste grünte und blühte. Nach einer gewissen Ordnung sollten vom Ende heran die neuen Gräber bestellt, doch der Platz jederzeit wieder verglichen und ebenfalls besät werden. Niemand konnte leugnen, dass diese Anordnung beim sonn- und festtägigen Kirchgang eine heitere und würdige Ansicht gewährte. Sogar der betagte und an alten Gewohnheiten haftende Geistliche, der anfänglich mit der Einrichtung nicht sonderlich zufrieden gewesen, hatte nunmehr seine Freude daran* [...]. Denn *statt der holprigen*

38 Joachim Ritter, Hegel und die französische Revolution, Frankfurt am Main 1965, S. 40.

39 G. W. F. Hegel, Grundlinien der Philosophie des Rechts (Georg Wilhelm Friedrich Hegel, Werke 7), Frankfurt am Main 1986, S. 138 f.

40 Zum Folgenden bereits Oexle, Die Gegenwart der Toten (wie Anm. 3), S. 102 ff., und Michael Borgolte, Die Stiftungen des Mittelalters in rechts- und sozialhistorischer Sicht, in: ders., Stiftung und Memoria (wie Anm. 10), S. 3–22. Die Zitate nach: Johann Wolfgang Goethe, Die Leiden des jungen Werthers. Die Wahlverwandtschaften. Kleine Prosa. Epen, hg. von Waltraud Wiethölter (Deutscher Klassiker Verlag im Taschenbuch 11), Frankfurt am Main 2006, S. 283 ff. und 394 ff.

41 Heinrich Rombach, Welt und Gegenwelt. Umdenken über die Wirklichkeit: Die Philosophische Hermetik, Basel 1983, S. 22 ff. Über Hermes als Herrn des Übergangs und Seelengeleiter: ebenda, S. 36 ff.

Grabstätten sah er nun einen schönen, bunten Teppich vor sich [...], *der noch überdies seinem Haushalt zu Gute kommen sollte, indem Charlotte die Nutzung dieses Fleckes der Pfarre* hatte *zusichern lassen*.

Diese Maßnahmen fanden indessen bei anderen Mitgliedern der Gemeinde keinen Beifall, weil dadurch *die Bezeichnung der Stelle wo ihre Vorfahren ruhten, aufgehoben* worden sei *und das Andenken damit gleichsam ausgelöscht: denn die wohlerhaltenen Monumente zeigten zwar an, wer begraben sei, aber nicht, wo er begraben sei. Und auf das Wo komme es eigentlich an, wie Viele behaupteten*.

Deshalb entsendet eine benachbarte Familie, deren bisher durch eine Stiftung gesicherte Grabstätte aufgehoben war, einen jungen Juristen mit dem Auftrag, *die Stiftung zu widerrufen* [...], *weil die Bedingung unter welcher dieses bisher geschehen, einseitig aufgehoben* worden sei. Es kommt zu einem Gespräch, in dem der junge Rechtsgelehrte *seines Prinzipals Gründe darlegte und der Gesellschaft manches zu denken gab*, in dem jedoch keine Einigung gelingt, ja gar nicht gelingen kann, nicht nur, weil die Argumente und Vorstellungen der betroffenen Familie jenen Charlottes völlig entgegengesetzt sind, sondern vor allem, weil beide Seiten auf völlig verschiedenen Ebenen argumentieren. Der Jurist versucht zu erläutern, warum die Familie durch das *Vergleichen*, das heißt das Einebnen ihrer Grabstätte auf *eine Weise verletzt* wurde, *wofür gar kein Ersatz zu denken ist*. Denn durch ihre Umgestaltung des Friedhofs habe Charlotte der Familie die Möglichkeit genommen, die Beziehungen zu ihren Toten aufrechtzuerhalten, die darin bestanden, *ihren Geliebten ein Totenopfer zu bringen, Fremde und Mißwollende auch von der Seite* ihrer *geliebten Ruhenden abzuweisen und zu entfernen* sowie in *der tröstlichen Hoffnung, dereinst unmittelbar neben ihnen zu ruhen*, das heißt über den Tod hinaus eine Familie zu sein. Dass ein nicht wieder gut zu machender Rechtsbruch vorliegt, ergibt sich, so die Darlegung des Juristen, unmittelbar aus der Bedeutung von Denkmal und Grabmal; denn [...] *dieser Stein ist es nicht, der uns anzieht, sondern das darunter Enthaltene, das daneben der Erde Vertraute. Es ist nicht sowohl vom Andenken die Rede, als von der Person selbst, nicht von der Erinnerung, sondern von der Gegenwart. Ein geliebtes Abgeschiedenes umarme ich weit eher und inniger im Grabhügel als im Denkmal: denn dieses ist für sich eigentlich nur wenig; aber um dasselbe her sollen sich, wie um einen Markstein, Gatten, Verwandte, Freunde selbst nach ihrem Hinscheiden noch versammeln* [...].

Diese juristische Äußerung stellt also »Andenken« und »Erinnerung« in einen kontradiktorischen Gegensatz zu dem Toten und »seiner Person selbst«, zu dem Toten und seiner »Gegenwart«, die unmittelbar mit dem Platz seines Grabes verbunden ist. Es ist zu betonen, dass es sich bei dieser Argumentation nicht um theologische oder religiöse Argumente handelt, sondern um die Verteidigung eines rechtlichen Sachverhalts. Aber gerade diese rechtlichen Gegebenheiten und die mit ihnen verbundenen sozialen Normen sind für Charlotte völlig bedeutungslos. Nur deshalb kann sie sich unbefangen zu jeglicher Entschädigung bereiterklären, ohne sich durch einen solchen *Rechtshandel*, wie sie sagt, *beunruhigen* zu lassen. Die Motive ihres Handelns wurzeln nämlich in ganz anderen Bereichen.

Mit der Einebnung der Grabstätten hatte Charlotte, um dies noch einmal zu skizzieren, *für das Gefühl gesorgt*; sie wollte einen *angenehmen Raum* schaffen, *auf dem das Auge und die Einbildungskraft gerne verweilten*. Es geht also zunächst einmal um eine Neugestaltung des Friedhofs nach ästhetischen Prinzipien: *statt der holprigen Grabstätten ein schöner, bunter Teppich*. Das Ästhetische ist zugleich mit dem Sinn für die Erhaltung alter Monumente und mit deren historisch-antiquarischer Ordnung verknüpft. Hinzu tritt das Bedürfnis nach »Ordnung« und überhaupt nach Rationalität, dem die jetzt auch mögliche wirtschaftliche Nutzung

Abb. 4: *Fritz Schumacher, Krematorium in Dresden-Tolkewitz, 1909–1911.*

des Kirchhofs entgegenkommt. Aber das »Vergleichen«, also das Einebnen der Grabstätten, ist schließlich auch Ausdruck politisch-sozialer Überzeugungen, die Charlotte den juristischen Gesichtspunkten entgegenstellt, indem sie ein politisches »Gefühl« ausspricht: *Das reine Gefühl einer endlichen allgemeinen Gleichheit, wenigstens nach dem Tode, scheint mir beruhigender als dieses eigensinnige, starre Fortsetzen unserer Persönlichkeiten, Anhänglichkeiten und Lebensverhältnisse.* Dieses *Gefühl einer endlichen allgemeinen Gleichheit* ist im Einebnen der Gräber und in der Beseitigung der Rechte der Toten praktisch geworden. Was in der Emphase des Gefühls als *eigensinniges, starres Fortsetzen unserer Persönlichkeiten, Anhänglichkeiten und Lebensverhältnisse* erscheint, ist im Lichte älterer rechtlich-sozialer Auffassungen die Anwesenheit, die Gegenwart der Toten als Personen unter den Lebenden, sind die Rechte der Toten als Inhaber personaler Rechte, die in der am Grab gehaltenen Memoria der Lebenden geschaffen werden.

Der an dem Gespräch teilnehmende Architekt gibt Charlotte recht und äußert, was seiner »Kunst« und »Denkweise« am nächsten liegt. Aber soll denn nun *ohne irgend ein Zeichen des Andenkens, ohne irgend etwas das der Erinnerung entgegenkäme, sollte das alles so vorübergehen?*, wendet ein anderer Teilnehmer an dem Gespräch ein. *Keineswegs!*, so die Antwort des Architekten. *Nicht vom Andenken, nur vom Platze soll man sich lossagen*, es gebe *tausenderlei Formen* für *Begräbnisplätze, Denkzeichen, Denkschriften*; das schönste Denkmal aber sei *des Menschen eigenes Bildnis*, das – wie Charlotte ergänzend hinzufügt – *für sich stehe* und nicht *die eigentliche Grabstätte* zu bezeichnen brauche. Aber zugleich hegt sie gegen Bildnisse *eine Art von Abneigung: denn sie scheinen* ihr *immer einen stillen Vorwurf zu machen; sie deuten auf etwas Entferntes, Abgeschiedenes und erinnern* sie, *wie schwer es sei, die Gegenwart recht zu ehren.*

Tags darauf, *aufgeregt durch den Vorfall und die daran sich knüpfenden Gespräche*, begibt man sich erneut zum Kirchhof und besichtigt die alte, vor *mehreren Jahrhunderten* errichtete Pfarrkirche. Charlotte stellt dem Architekten eine *mäßige Summe zur Verfügung*, um das Innere der Kirche *im altertümlichen Sinne* wieder herzustellen und mit dem Kirchhof *zur Übereinstimmung zu bringen.* Man entdeckt eine *wenig bemerkte kleine Seitenkapelle* mit Überresten des vorreformatorischen Gottesdienstes, mit mancherlei *Gebild und Gerätschaft*, die *als ein Denkmal voriger Zeiten und ihres Geschmacks* wiederhergestellt werden soll. Sie soll *verschiedene Nachbildungen und Entwürfe von alten Grabmonumenten, Gefäßen und andern dahin sich nähernden Dingen* aufnehmen, *alte ernste Dinge*, Brakteaten, *Dickmünzen*, Siegel *und was sonst sich noch anschließen mag, Dinge*, welche *die Einbildungskraft gegen die ältere Zeit hin* richten, Drucke, Holzschnitte und *älteste Kupfer* – so dass *die Kirche täglich auch* [...] *an Farbe und sonstiger Auszierung gleichsam der Vergangenheit entgegenwuchs*, so dass man sich *beinahe selbst fragen* musste: *ob man denn wirklich in der neueren Zeit lebe, ob es nicht ein Traum sei, dass man nunmehr in ganz andern Sitten, Gewohnheiten, Lebensweisen und Überzeugungen verweile.*

»Von der Memoria zum Museum« – diesen Prozess hat Goethe treffend erfasst und ins Bild gebracht. Goethe war jedoch nicht nur ein aufmerksamer, ein juristisch geschulter Beobachter tiefgreifender sozialer Prozesse und jener Vorgänge, in denen sich das Ende der Memoria manifestierte, er hatte auch bereits vor seinem Roman von 1809 den sich zugleich in neuen Bildern von den Toten abzeichnenden epochalen Wandel literarisch dargestellt.

V. Um 1800: Neue Wahrnehmungen der Toten in der europäischen Literatur

In dem von Friedrich Schiller herausgegebenen Musen-Almanach für das Jahr 1798 erschien 1797 ein Gedicht von Johann Wolfgang Goethe. Es trug den Titel »Die Braut von Corinth«.[42] Goethe hat es vom 4. bis zum 6. Juni 1797 niedergeschrieben und in seinem Tagebuch als »Vampyrisches Gedicht« bezeichnet.

Die Ballade erzählt von einem jungen Mann, der sich von Athen nach Korinth begab, um seine Braut zu sehen, mit der er in frühen Tagen von den Eltern verlobt worden war. *Er ist noch ein Heide mit den Seinen*, ihre Eltern aber haben sich inzwischen dem Christentum zugewandt. Gilt das Verlöbnis noch? Es ist spät, der junge Mann wird freundlich empfangen, *Und er schlummert fast,/Als ein seltner Gast/Sich zur offnen Tür herein bewegt.* Das Mädchen, *um die Stirn ein schwarz und goldnes Band*, tritt in das Zimmer herein, erschrickt, sie weiß nichts von seinem Kommen, will wieder gehen; er aber will, dass sie bleibt: *Liebe komm und lass',/ Lass' uns sehn, wie froh die Götter sind.* Sie sträubt sich: *Ich gehöre nicht den Freuden an.*

42 Johann Wolfgang Goethe, Gedichte 1756–1799, hg. von Karl Eibl (Deutscher Klassiker Verlag im Taschenbuch 44), Berlin 2010, S. 686ff. Dazu der Kommentar ebd. S. 1233f.; vgl. auch S. 1218ff. Zur Deutung: Walter Müller-Seidel, Die Braut von Korinth, in: Walter Hinck (Hg.), Geschichte im Gedicht, Frankfurt am Main 1979, S. 79–86.

Abb. 5: *Oberbaurat Otto Wilhelm Scharenberg, Leipzig Südfriedhof, Friedhofsbaukomplex mit Krematorium und Urnenhalle, 1906/1907–1910.*

Ihre Mutter nämlich habe sie in *krankem Wahn* zu ihrer Genesung geopfert und geschworen: *Jugend und Natur/Sei dem Himmel künftig untertan.* Und sogleich habe *der alten Götter bunt Gewimmel/*[...] *das stille Haus geleert.* Jetzt werde nur noch *ein Heiland* [...] *am Kreuz verehrt;/Opfer fallen hier,/Weder Lamm noch Stier,/Aber Menschenopfer unerhört.* Er will von alledem nichts wissen: *Liebchen, bleibe hier!/Feire gleich mit mir/Unerwartet unsern Hochzeitsschmaus.* Sie wechseln *der Treue Zeichen*, sie schenkt ihm eine goldene Kette und erbittet von ihm eine Locke; es schlägt *die dumpfe Geisterstunde,/Und nun schien es ihr erst wohl zu sein./Gierig schlürfte sie, mit blassem Munde,/Nun den dunkel blutgefärbten Wein.* Von dem Brot, das er ihr reicht, nimmt sie nichts. Sie reicht ihm die Schale, *Der, wie sie, nun hastig lüstern trank./Liebe fordert er beim stillen Mahle;/Ach! sein armes Herz war liebekrank.*

Seinem Flehen gibt sie nach und *wirft sich zu ihm nieder* [...]: *Fühlst du schaudernd, was ich dir verhehlt./Wie der Schnee so weiß,/Aber kalt wie Eis,/Ist das Liebchen, das du dir erwählt.* Und er fasst sie *mit starken Armen,/Von der Liebe Jugendkraft durchmannt:/Hoffe doch bei mir noch zu erwarmen,/Wär'st du selbst mir aus dem Grab gesandt!/Wechselhauch und Kuß!/ Liebesüberfluß!/Brennst du nicht und fühlest mich entbrannt?* Und *Gierig saugt sie seines Mundes Flammen,/*[...]*/Seine Liebeswut/Wärmt ihr starres Blut;/Doch es schlägt kein Herz in ihrer Brust.* Indessen lauscht die Mutter an der Tür. Empört öffnet sie und *sieht ihr eigen Kind.* Das Mädchen aber spricht *hohle Worte* [...]: *So missgönnt Ihr mir die schöne Nacht!/*[...]*/Ist's Euch nicht genug,/Dass in's Leichentuch,/Dass Ihr früh mich in das Grab gebracht?* Aber *Eurer Priester summende Gesänge/Und ihr Segen haben kein Gewicht.* Denn: *Dieser Jüngling ward mir erst versprochen,/Als noch Venus heitrer Tempel stand./Mutter, habt Ihr doch das Wort gebrochen,/Weil ein fremd, ein falsch Gelübd Euch band!/Doch kein Gott erhört,/Wenn die Mutter schwört,/Zu versagen ihrer Tochter Hand.* Und weiter: *Aus dem Grabe werd' ich ausgetrieben,/Noch zu suchen das vermißte Gut,/Noch den schon verlornen Mann zu lieben,/Und zu saugen seines Herzens Blut.* Und wenn sie sich nicht mit ihm, dem ihr Bestimmten vereinigen kann, dann werde sie andere heimsuchen: *Muß nach andern gehn,/Und das junge Volk erliegt der Wut!* Und so sagt sie ihm denn, dass er durch sie sterben werde (*Du versiechest nun an diesem Ort*), und deshalb ihre *letzte Bitte* an die Mutter, einen Scheiterhaufen aufzuschichten und die beiden Liebenden zu verbrennen: *Bring' in Flammen Liebende zur Ruh./Wenn der Funke sprüht,/Wenn die Asche glüht,/Eilen wir den alten Göttern zu.*

Die Wirkung des Gedichts in der Weimarer Gesellschaft war erheblich – und sie war gespalten.[43] Die einen empörten sich mit dem Generalsuperintendenten und Oberhofprediger Herder über die *große Rolle*, die Priapus hier spielte, über *die ekelhafteste aller Bordellszenen* und über die *Entweihung des Christentums*, die anderen bewunderten das *vollendetste aller kleinen Kunstwerke Goethes*. Das Thema, das Goethe seinen Hörern und Lesern präsentierte, war aktuell, obwohl nicht ganz neu, aber jedenfalls hatte es so noch keiner in eine literarische Form gebracht.[44] Goethe selbst hat später (1823) auf *gewisse große Motive, Legenden, uraltgeschichtlich Überliefertes* verwiesen; diese seien ihm *so tief in den Sinn* gekommen, *dass ich sie vierzig bis fünfzig Jahre lebendig und wirksam im Innern erhielt; mir schien es der schönste Besitz, solche werte Bilder oft in der Einbildungskraft erneut zu sehen* [...].[45]

Die Erläuterung Goethes von 1823 verschleiert manches, anderes aber legt sie auch offen. Denn der Zeitraum, auf den Goethe verweist, ist ziemlich präzise jener Moment, in dem – in der ersten Hälfte des 18. Jahrhunderts und insbesondere seit den 1730er Jahren – das »breite Publikum schlagartig mit einem Wesen bekanntgemacht [wurde], das bis dahin eher ein Leben im Untergrund der ost- und südeuropäischen Folklore geführt hatte – dem Vampir«. Angebliche Fälle von Vampirismus häuften sich damals und wurden öffentlich erörtert, zunächst im damaligen Ungarn, in Mähren, Schlesien und in Gebieten, die seit 1718 unter habsburgischer Verwaltung standen.[46] Gábor Klaniczay sah einen Zusammenhang mit der Situation in

43 Dazu der Kommentar (wie Anm. 42), S. 1235.

44 Das in diesem Zusammenhang oft genannte Gedicht »Lenore« von Gottfried August Bürger (1773) gilt als die erste deutsche Kunstballade von Rang, und behandelt ein ähnliches Thema. Es handelt sich aber nicht um ein Vampir-Gedicht.

45 Zitiert im Kommentar (wie Anm. 42), S. 1233.

46 Darüber Clemens Ruthner, Erlesene Leichname. Spuren des Vampirs in der deutschsprachigen Literatur, in: Stefenelli, Körper ohne Leben (wie Anm. 3), S. 113–123; das Zitat S. 113. Vgl.

den ehemals türkischen Gebieten, mit der Konkurrenz zwischen katholischer und orthodoxer Kirche, mit kulturellen Gegensätzen zwischen habsburgischer Verwaltung, slawischer und türkischer Bevölkerung.[47] In dieser Sache äußerten sich rasch Theologen und Mediziner,[48] und der der Aufklärung verpflichtete Leibarzt am Wiener Hof, Gerard van Swieten, erstellte 1755 für Maria Theresia ein Gutachten; die Kaiserin erließ daraufhin eine Verordnung, die den Vampirglauben als Einbildung bezeichnete und jegliche soziale Praxis untersagte. Auch der prominente Kirchenrechtler und Kardinal Prospero Lambertini, 1740 als Benedikt XIV. zum Papst gewählt, ließ 1752 seinem Werk »De servorum Dei beatificatione und Beatorum canonizatione« ein Zusatzkapitel einfügen, das den Vampirglauben als »nichtig« verurteilte.[49] Bald darauf wurde der Vampir, der »Blutsauger«, in die politische Metaphorik aufgenommen: Voltaire hat 1772 für seine »Questions sur l'Encyclopédie« einen entsprechenden Artikel verfasst, in dem er *Börsenspekulanten, Händler und Geschäftsleute* in Paris und London als die *wahren Blutsauger* bezeichnete – und die Mönche: Sie seien die *wirklichen Vampire*, die *auf Kosten der Könige und des Volkes essen*.[50] Auch die Revolutionäre greifen die Metapher auf: Die Guillotine gilt als »apotropäische Maßnahme« gegen die »sozialen Blutsauger«.[51]

Wirkungen von Goethes »vampyrischem Gedicht« von 1797 zeigten sich am Beginn des 19. Jahrhunderts, als Lord Byron mit seinen Freunden den in der Literaturgeschichte berühmten »Sommer von 1816« am Genfer See verbrachte:[52] mit seinem Leibarzt John William Polidori, mit dem Dichter Percy Bysshe Shelley und dessen Frau Mary Wollstonecraft-Godwin, der Tochter des britischen Schriftstellers und Philosophen William Godwin und der Schriftstellerin Mary Wollstonecraft.

Es war ein *feuchter, unfreundlicher Sommer*, wie Mary später in der Einleitung zu ihrem Roman »Frankenstein« berichtet,[53] und man vertreibt sich die Zeit mit dem Erfinden von »Gespenstergeschichten«. Auf Lord Byrons Imaginarium geht offensichtlich die Anregung zu der von Polidori 1819 veröffentlichten ersten Vampir-Novelle zurück. Mary Shelley war stimuliert von den Diskussionen über *philosophische Hauptfragen*, zum Beispiel die *nach dem Ursprunge des Lebens und ob es je möglich sei, ihm auf den Grund zu kommen*. Man besprach naturwissenschaftliche Experimente und diskutierte darüber, ob nicht auf mechanischem Wege Leben erzeugt werden könne, ob es vielleicht denkbar sei, *einen Leichnam wiederzubeleben,*

auch Florian Kührer, Vampire. Monster – Mythos – Medienstar, Kevelaer 2010, S. 61 ff., und vor allem der in Anm. 47 genannte Beitrag von Klaniczay.

47 Gábor Klaniczay, Der Niedergang der Hexen und der Aufstieg der Vampire im Habsburgerreich des achtzehnten Jahrhunderts, in: ders., Heilige, Hexen, Vampire. Vom Nutzen des Übernatürlichen (Kleine Kulturwissenschaftliche Bibliothek 31), Berlin 1991, S. 73–97.

48 Ruthner, Erlesene Leichname (wie Anm. 46), S. 114 f.

49 Klaniczay, Der Niedergang (wie Anm. 47), S. 90.

50 Hier zitiert nach Dieter Sturm und Klaus Völker (Hg.), Von denen Vampiren oder Menschensaugern. Dichtungen und Dokumente, München 1968, S 483 ff.

51 Ruthner, Erlesene Leichname (wie Anm. 46), S. 115 f.

52 Alexander Eilers (Hg.), »The Summer of 1816« – Von Monstern, Geistern und Vampiren. Dokumentation der gleichnamigen Ausstellung in der Universitätsbibliothek Gießen 2009, Fernwald 2010; David Ellis, Byron in Geneva. That Summer of 1816, Liverpool 2011; Stephen Hebron und Elizabeth C. Denlinger, Shelley's Ghost. Reshaping the Image of a Literary Family, Oxford 2010, S. 79 ff.

53 In der 1831 geschriebenen »Einführung« zu dem Roman »Frankenstein« (wie Anm. 54).

was ja auf galvanischem Wege bereits geschehen ist, oder die Bestandteile eines Lebewesens zusammenzufügen und ihm lebendigen Odem einzuhauchen. In einer schlaflosen Nacht bemächtigten sich ihrer in *halbschlummerndem Nachsinnen* [...] *phantastische Bilder mit einem selten hohen Grad an Lebendigkeit.* Und es flammte *wie ein Licht* in ihr auf: Was sie erschreckte, das sollte *auch andere erschrecken*. Sie formt den *unheimlichen Traum jener Nacht*, den *entsetzlichen Stoff* jener Nacht zu einem Roman um, den Stoff von dem aus Leichenteilen zusammengefügten und belebten *Ungeheuer* und *Monster*. Im Januar 1818 veröffentlicht sie den Roman »Frankenstein oder Der moderne Prometheus«.[54]

So wurden im Sommer 1816 zwei Monster definitiv in Szene gesetzt, die künftig, das 19. Jahrhundert hindurch und bis heute, eine enorme Wirkungskraft in der Literatur und in anderen Medien entfalten sollten.[55] Der Vampir erobert seit 1820 die Theater- und Opernbühnen sowie später das Kino. Dasselbe gilt für »Frankensteins Monster«. Die Reihe der literarischen wie der trivialliterarischen Veröffentlichungen reißt nicht mehr ab. Hundert Jahre nach Goethes Gedicht erreicht der Vampir-Roman mit Bram Stokers »Dracula« (1897) einen Höhepunkt des Genres, den man als Trivialliteratur rezipieren, oder den man, in kulturwissenschaftlicher Sicht, mit Friedrich Kittler als eine bemerkenswerte Repräsentation der Moderne würdigen kann.[56] Und dies ist der Gesichtspunkt, den auch allerjüngste Stellungnahmen aus Anlass des hundertsten Todestags des Autors Stoker einnehmen.[57]

Hier ist festzuhalten, dass die beiden ersten Un-Toten der europäischen Literatur, Goethes »Braut von Korinth« und Mary Shelleys »Monster« nach ihrem eigenen Wunsch verbrannt werden. Und auch damit knüpfen die beiden Autoren an die soziale und kulturelle Wirklichkeit an. Die Verbrennung von Toten ist ein Thema, das in der Französischen Revolution erstmals seit der Antike wieder Bedeutung bekommt. Die ersten Krematorien waren eine Erfindung der Französischen Revolution.

VI. Um 1800: Die Erfindung des Krematoriums in der Französischen Revolution

In der Antike waren – zumindest bei jenen, deren Familien und Verwandte sich das leisten konnten – Leichenverbrennungen und Feuerbestattungen verbreitet. Im Judentum galt dies als Frevel, im Christentum als mit einer wahren Religion unvereinbar.[58] Im Mittelalter war die Feuerbestattung verboten – und dafür wird repräsentativ ein Kapitular Karls des Großen vom Ende des 8. Jahrhunderts herangezogen, das die Leichenverbrennung als »heidnischen Brauch« (*ritus paganorum*) unter Androhung der Todesstrafe untersagte. Im 18. Jahrhundert wird dann die Leichenverbrennung aus Gründen der Hygiene und, mehr noch, im Sinne einer Anknüp-

54 Hier zitiert nach der deutschen Übersetzung: Mary Wollstonecraft-Shelley, Frankenstein oder Der moderne Prometheus, Frankfurt am Main 2009, S. 7f.

55 Kührer, Vampire (wie Anm. 46), S. 108ff.; Sturm/Völker (Hg.), Von denen Vampiren (wie Anm. 50); vgl. auch die ausgiebigen Kommentare und Essays in: Leslie S. Klinger (Hg.), Bram Stoker: The New Annotated Dracula, New York 2008.

56 Friedrich Kittler, Draculas Vermächtnis, in: ders., Draculas Vermächtnis. Technische Schriften, Leipzig 1993, S. 11–57.

57 Jürgen Kaube, Wenn ein Buch Biß hat, dann dieses, in: Frankfurter Allgemeine Zeitung vom 14. April 2012.

58 Dazu und zum Folgenden: Piotr Kuberski, Le christianisme et la crémation, Paris 2012.

Abb. 6: *Ernst Paul Dorn, Hamburg, Ohlsdorfer Friedhof, Krematorium, 1890–1891.*

fung an die Antike, wieder aufgenommen. Friedrich II. von Preußen hat 1741 durch Erlass angeordnet, dass sein Leichnam »auf römische Art verbrannt und in einer Urne bei Rheinsberg beigesetzt« werden solle. Aber noch 1822, als Lord Byron die Leiche seines Freundes Shelley (der beim Segeln vor der italienischen Küste im Ligurischen Meer ertrunken war) am Strand bei La Spezia auf einem Scheiterhaufen »nach römischer Art verbrennen ließ«, um die Asche auf den Fremdenfriedhof in Rom überführen zu können, gab es einen Skandal, der nur mit Hilfe des englischen Gesandten beigelegt werden konnte.[59]

59 Diese Geschichte erzählt Lord Byrons Begleiter und Freund Edward John Trelawny; in deutscher Übersetzung: Edward John Trelawny, Letzte Sommer. Mit Shelley und Byron an den Küsten des

Es war die Französische Revolution, die auch hierin einen tiefgreifenden Wandel herbeiführte, und im Zusammenhang dieses Wandels wurden die ersten Krematorien als neuartige Bauaufgabe konzipiert.[60] Hier machten sich, wie schon in der Aufklärung, gesundheitspolizeiliche Auffassungen geltend, die bereits zuvor für die Schließung der Friedhöfe maßgeblich gewesen waren – und das gesellschaftliche Ideal der Gleichheit.[61] 1795/97 wurden die ersten Projekte von Zentralfriedhöfen für alle Toten erörtert, wurden erste Baupläne für zentrale Krematorien vorgelegt. 1795 hatte der Pariser Architekt Pierre Martin Giraud in seiner Schrift »Les Tombeaux ou Essai sur les Sépultures« ein Friedhofsprojekt vorgeschlagen, in dessen Mitte ein Krematoriumsbau in Form einer Pyramide stand (Abb. 2). Und schon vor 1789 hatten Architekten wie Claude-Nicolas Ledoux (in seinen Plänen für den Bau einer Idealstadt in Chaux) und Étienne-Louis Boullée sich monumentale Zentralfriedhöfe ausgedacht.[62] Die Zeit der gebauten Krematorien war jedoch um 1800 noch nicht gekommen: Vor allem fehlte die Technik, die den ästhetischen, hygienischen und ökonomischen Überlegungen zu Hilfe kommen und die gegen diese gerichteten Einwände zu beschwichtigen vermocht hätte.[63] Die Verbrennung menschlicher Körper auf offenem Holzstoß (oder wie im Fall von Shelley auf eisernen Gestellen) galt als nicht akzeptabel.

Die Propagierung der Feuerbestattung schritt gleichwohl voran, trotz aller Widerstände. Jacob Grimm, einer der »Göttinger Sieben« (die 1837 gegen die Verfassungsaufhebung durch den neuen König Ernst August von Hannover protestiert hatten), 1848 Mitglied des Frankfurter Parlaments, trug 1849 vor der Berliner Akademie seine Rede »Über das Verbrennen von Leichen« vor. In Deutschland war von besonderer Wirkung die Tätigkeit des Mediziners und Naturwissenschaftlers Rudolf Virchow, des Begründers der Zellularpathologie, der seit 1862 liberaler Abgeordneter im Preußischen Abgeordnetenhaus war und der später als Vorsitzender der (links-)liberalen Fortschrittspartei im Reichstag für die Feuerbestattung plädierte.[64] Sein Eintreten für die Feuerbestattung war Teil seines lebenslangen Kampfes gegen die Mortalität, gegen Epidemien (Cholera und Typhus) und für sanitäre Verhältnisse, für Hygiene und öffentliche Gesundheitspflege. Sein Kampf für die Feuerbestattung war zugleich auch Teil seines Kampfes für tiefgehende gesellschaftliche Veränderungen und die Beseitigung tradierter Denkgewohnheiten. Virchow engagierte sich deshalb gegen die Friedhöfe als »Verwesungsstätten« – zumal die Friedhöfe inzwischen aufgrund der raschen Bevölkerungsvermehrung erneut mitten in den Städten lagen.[65] Ein Höhepunkt der Auseinandersetzungen in Deutschland war

Mittelmeers, Berlin 1986, S. 99 ff., bes. S. 124 ff.

60 Zum Folgenden besonders Vovelle, La mort et l'Occident (wie Anm. 25), S. 489 ff.; Henning Winter, Die Architektur der Krematorien im Deutschen Reich 1878–1918 (Kasseler Studien zur Sepulkralkultur 10), Dettelbach 2001, S. 15 ff. Von kunsthistorischer Seite: Werner Hofmann, Das entzweite Jahrhundert. Kunst zwischen 1750 und 1830, München 1995, S. 161 ff. Zu den lebensweltlichen und wissenschaftlichen Kontroversen seit Ende des 18. und im 19. Jahrhundert, bes. in Frankreich und in Italien: Kuberski, Le christianisme (wie Anm. 58), S. 270 ff.

61 Dazu und zum Folgenden Winter, Die Architektur der Krematorien (wie Anm. 60), S. 16 ff.

62 Hofmann, Das entzweite Jahrhundert (wie Anm. 60), S. 161 ff. mit den Abb. 113 und 143.

63 Dazu Winter, Die Architektur der Krematorien (wie Anm. 60), S. 21 ff.

64 Manfred Vasold, Rudolf Virchow. Der große Arzt und Politiker, Stuttgart 1988; Konstantin Goschler, Rudolf Virchow. Mediziner – Anthropologe – Politiker, Köln u. a. 2002. Das Zitat bei Vasold, S. 292.

65 Vgl. Josef Abt und Johannes Ralf Beines, Melaten. Kölner Gräber und Geschichte, Köln 1997.

der sogenannte Kulturkampf, in dem auch der Begriff »Feuerbestattung« (statt »Leichenverbrennung«) aufkam.[66]

Für die Feuerbestattung engagierten sich vor allem die zu diesem Zweck gegründeten privaten Vereine. Ein Durchbruch gelang aber erst, nachdem die Ingenieure Friedrich Siemens und Richard Schneider in den 1870er Jahren ein Verfahren erfunden hatten (Einäscherung durch erhitzte Luft), das den hygienischen Einwänden und Pietätsbedenken Rechnung trug.[67] Im Herbst 1878 konnte in Gotha das erste Krematorium in Deutschland eröffnet werden.[68]

In Hagen war der dortige »Verein für Feuerbestattung« 1892 gegründet worden. Vereinsgründer war der liberale Hagener Stadtverordnete und Sanitätsrat Dr. Eduard Müller.[69] Dass in Hagen schließlich das erste Krematorium in Preußen eröffnet werden konnte, war kein Zufall: Eugen Richter, der führende Kopf und Vorsitzender der Fortschrittspartei, war Abgeordneter des Wahlkreises; der Liberale Willy Cuno war seit 1901 Oberbürgermeister und seit 1906 Abgeordneter in Berlin; Stadtbaurat war der Liberale Ewald Figge. Sie wurden unterstützt von Karl Ernst Osthaus, der mit dem Architekten Peter Behrens befreundet war.[70] 1902 wurde in Hagen das Folkwang-Museum eröffnet; 1907 das von Behrens erbaute Krematorium fertiggestellt, 1912 wurde es, nach Aufhebung des Verbots im preußischen Abgeordnetenhaus und im Herrenhaus und nach heftigen Kämpfen vor Gerichten und mit Behörden und Kirchen, in Betrieb genommen (Tafel A und Tafel 42).

VII. Das Krematorium als Monument der Moderne und der Bau von Peter Behrens in Hagen

Das grundlegende Problem eines jeden Krematoriumsbaus wurde bereits in der Mitte der 1870er Jahre benannt: Es ist das Problem der Vermittlung von »Trauer« und »Technik«, der Vereinbarkeit von »Trauerkultur und Pietät« mit den Gegebenheiten und Anforderungen einer »relativ aufwendigen technischen Verbrennungsapparatur«, wobei »insbesondere der betriebsbedingt notwendige und relativ hohe Schornstein einen heiklen Punkt« darstellte.[71] Die Architekten, die bei ihren Entwürfen für Krematorien mit diesem Problem konfrontiert waren, griffen – zeitbedingt – zu den Lösungen, die der sogenannte Historismus ihnen bot, das heißt: Sie nahmen die historisch vermittelten Bauformen aller jener Stile in Anspruch, die das kulturelle

66 Norbert Fischer, Zwischen Trauer und Technik. Feuerbestattung – Krematorium – Flammarium. Eine Kulturgeschichte, Berlin 2002, S. 11.

67 Winter, Die Architektur der Krematorien (wie Anm. 60), S. 31 ff.; Fischer, Zwischen Trauer und Technik (wie Anm. 66), S. 26 ff.

68 Fischer, Zwischen Trauer und Technik (wie Anm. 66), S. 27 ff.

69 Die folgenden Angaben nach Michael Eckhoff, 100 Jahre Hagener Krematorium. Ein früher Entwurf von Peter Behrens (Kunstdialoghagenwest 5), Hagen o. J. (2007), S. 4 f.

70 1909/10 hat Peter Behrens – von Osthaus empfohlen – in Hagen auch das Wohnhaus von Willy Cuno errichtet; Eckhoff, 100 Jahre (wie Anm. 69), S. 11. Über die Zusammenarbeit von Osthaus und Behrens: Klaus-Jürgen Sembach und Birgit Schulte (Hg.), Henry van de Velde. Ein europäischer Künstler seiner Zeit, Köln 1992; Ursula Muscheler, Möbel, Kunst und feine Nerven. Henry van de Velde und der Kultus der Schönheit 1895–1914, Berlin 2012, passim. Zur Baugeschichte des Krematoriums und zur Freundschaft zwischen Karl Ernst Osthaus und Peter Behrens jetzt auch der Beitrag von Birgit Schulte in diesem Band.

71 So Fischer, Zwischen Trauer und Technik (wie Anm. 66), S. 36.

Gedächtnis im 19. Jahrhundert zur Verfügung stellte, die Stilformen der Antike, des Mittelalters, der Renaissance, des Barock und des Klassizismus.[72]

Am Beginn des 21. Jahrhunderts kann man darüber lächeln oder sich über diesen »zeittypischen Historismus« empören, seine Abscheu über die dabei entstandenen, »bisweilen kuriosen« und »teilweise skurrilen« und »monströsen Bauten« mit ihrer »verschnörkelt-vieldeutigen Formensprache« zum Ausdruck bringen, in deren »kultureller Vieldeutigkeit die gesellschaftlichen Probleme der Feuerbestattung in ihrer Frühzeit« sich offenbart hätten.[73] Mit solchen Äußerungen ist jedoch das Problem, um das es damals und schon seit der ersten Hälfte des 19. Jahrhunderts ging,[74] und das Problem, das sich in der Beurteilung jener Bauten heute vielfach noch immer stellt, nicht ausreichend bedacht. Es gilt vielmehr, die Kontexte zu berücksichtigen, aus deren Einbeziehung Kriterien der Beurteilung gewonnen werden können.

Das heißt: Zum einen geht es darum, die Krematoriumsbauten des Historismus einzufügen in die Geschichte des »gebauten Historismus« im Ganzen und sie vielleicht gerade in die Geschichte jener Bauaufgaben einzufügen, in denen sich das Problem von Technik und Kunst ebenso darstellte wie im Fall der Krematorien, und das sind die Bahnhöfe des Historismus.[75] Zum anderen ist daran zu erinnern, dass das Problem der Vermittlung von Kunst und Technik, von »bautechnischen« und »baukünstlerischen Sachverhalten« (so Ludwig Mies van der Rohe)[76] – und zwar gerade unter Einbeziehung der Provokationen des Historismus –, ein Problem war, das theoretisch und historisch auch und gerade im ersten Jahrzehnt des 20. Jahrhunderts erörtert wurde. Und einer der prominentesten Sprecher in dieser Debatte war Peter Behrens. Er war es zu der Zeit, in der er das Hagener Krematorium baute. Von ihm stammt das Motto »Kunst und Technik«.[77] Und er hat dieses Problem mit Bezug auf den Historismus und das historistische Bauen erörtert, das in der Mitte des 19. Jahrhunderts bereits von Gottfried Semper, dem Architekten und Bautheoretiker, aufgegriffen worden war.[78]

Das Problem war ein Erbe der Aufklärung, die den Historismus hervorgebracht hatte.[79] Die Kontroversen über den Historismus in der Kunst und Architektur hatten in Deutschland in den

72 Zum Begriff des »Historismus« und zur Genese des Phänomens: Oexle, Krise des Historismus – Krise der Wirklichkeit. Eine Problemgeschichte der Moderne (wie Anm. 35), S. 11–116; ders., Macht und Grenzen des Historismus, in: Christine Ottner und Klaus Ries (Hg.), Geschichtsforschung in Deutschland und Österreich im 19. Jahrhundert. Ideen – Akteure – Institutionen, Stuttgart 2014, S. 11–45.

73 So Fischer, Zwischen Trauer und Technik (wie Anm. 66), S. 36f.

74 Dazu Oexle, Friedrich Theodor Vischer (wie unten Anm. 80).

75 Ulrich Krings, Bahnhofsarchitektur. Deutsche Großstadtbahnhöfe des Historismus (Studien zur Kunst des 19. Jahrhunderts 46), München 1985. Hier haben sich unlängst die Kriterien der Beurteilung geändert, wie die Monographie über den Erbauer des Anhalter Bahnhofs in Berlin zeigt: Wolfgang Jürgen Streich, Franz Heinrich Schwechten 1841–1924. Bauten für Berlin, Petersberg 2005.

76 Zitiert nach Tilmann Buddensieg, Berliner Labyrinth. Preußische Raster, Berlin 1993, S. 113.

77 Zitiert bei Fritz Neumeyer, Mies van der Rohe. Das kunstlose Wort. Gedanken zur Baukunst, Berlin 1986, S. 120.

78 Zitiert in: Neumeyer, Mies van der Rohe, S. 120, Anm. 72. Dazu Johannes Heinßen, Historismus und Kulturkritik. Studien zur deutschen Geschichtskultur im späten 19. Jahrhundert (Veröffentlichungen des Max-Planck-Instituts für Geschichte 195), Göttingen 2003, S. 342ff.

79 Darüber Otto Gerhard Oexle, Aufklärung und Historismus. Zur Geschichtswissenschaft in Göttingen um 1800, in: Antje Middeldorf-Kosegarten (Hg.), Johann Dominicus Fiorillo. Kunstge-

1830er Jahren, im Kreis der sogenannten Jung-Hegelianer, begonnen.[80] Sie setzten sich in der Mitte des 19. Jahrhunderts mit den Äußerungen eines Gottfried Semper fort[81] und wurden durch das historistische Bauen in der zweiten Hälfte des 19. Jahrhunderts und gerade um 1900 mit den Krematoriumsbauten erneut akzentuiert.[82]

In diesen Bauten zeigten sich die Möglichkeiten und Probleme des Historismus besonders provokant.[83] Man plante »ägyptisch« (Abb. 3); man baute im Stil antiker Tempel (etwa in Freiburg im Breisgau); man baute »germanisch« (so in Dresden-Tolkewitz der namhafte Architekt Fritz Schumacher, mit deutlichen Anklängen an das Grabmal Theoderichs des Großen in Ravenna, Abb. 4); man baute »frühmittelalterlich« oder im Stil der kirchlichen Romanik (Abb. 5); man erinnerte sich an städtische Mittelalterbauten in Italien (Abb. 6) und an die Bauten der Renaissance (Abb. 7). Das Problem des Schornsteins erwies sich freilich oft als kritisches Moment, wie die weniger gelungenen und die eher gelungenen Lösungen zeigen, zu denen man den Bau von Chemnitz (Abb. 7) nach dem Vorbild von S. Biagio bei Montepulciano von Antonio da Sangallo dem Älteren zählen darf.

In diesem Umfeld entstand der Krematoriumsbau von Peter Behrens in Hagen. Es zeigt sich, dass Behrens sich über die baupraktischen Gegebenheiten einen Überblick verschafft hatte. Und zugleich war er sich über seine Position in den Debatten über »Kunst und Technik« und über die Probleme des Historismus im Klaren, Debatten, in denen er einer der führenden Sprecher war: neben Petrus Berlage und dessen Schüler, Ludwig Mies van der Rohe, und neben Le Corbusier.[84] Behrens setzte andere Akzente als Berlage und später Mies van der Rohe.[85] Aber auch wenn er die Maximen seines Antipoden Berlage[86] ablehnte, so äußerte er sich doch, andererseits, grundsätzlich dagegen, Technik als Zweck aufzufassen, und er betonte 1910 auch seinerseits, dass die Technik gerade dann *an Wert und Bedeutung* gewinne, *wenn sie als vornehmstes Mittel zu einer Kultur erkannt wird. Eine reife Kultur aber redet nur durch die Sprache der Kunst.*[87] Darin stimmte Peter Behrens mit seinem Antipoden Berlage überein. Die

schichte und die romantische Bewegung um 1800, Göttingen 1997, S. 28–56; ders., Krise des Historismus – Krise der Wirklichkeit (wie Anm. 35). Von philosophischer Seite: Herbert Schnädelbach, Vernunft und Geschichte. Vorträge und Abhandlungen, Frankfurt am Main 1987.

80 Dazu Otto Gerhard Oexle, Friedrich Theodor Vischer und das Problem des Historismus, in: Barbara Potthast und Alexander Reck (Hg.), Friedrich Theodor Vischer. Leben – Werk – Wirkung (Beihefte zum *Euphorion.* Zeitschrift für Literaturgeschichte 61), Heidelberg 2011, S. 57–65.

81 Siehe oben Anm. 78.

82 Dazu Winter, Die Architektur der Krematorien (wie Anm. 60).

83 Die folgenden Beispiele sind entnommen der Darstellung von Winter, Die Architektur der Krematorien (wie Anm. 60), S. 121 ff.

84 Dazu die Darstellung von Neumeyer, Mies van der Rohe (wie Anm. 77), S. 55 ff. und 93 ff.

85 Über Mies van der Rohe vor allem Neumeyer, Mies van der Rohe (wie Anm. 77). Vgl. auch Otto Gerhard Oexle, Die gotische Kathedrale als Repräsentation der Moderne, in: ders. und Michail A. Bojcov (Hg.), Bilder der Macht in Mittelalter und Neuzeit. Byzanz – Okzident – Russland (Veröffentlichungen des Max-Planck-Instituts für Geschichte 226), Göttingen 2007, S. 631–674, bes. S. 655 ff.; wieder abgedruckt in: ders., Die Wirklichkeit und das Wissen (wie Anm. 3), S. 938–980, S. 963 ff.

86 Dazu Neumeyer, Mies van der Rohe (wie Anm. 77), S. 120 f.

87 So in seiner Schrift »Kunst und Technik« (1910), zitiert bei Neumeyer, Mies van der Rohe (wie Anm. 77), S. 120.

Abb. 7: *Architekturbüro Otto Stäber (Chemnitz), Chemnitz, Hauptfriedhof, Krematorium, 1906 (Foto: Archiv).*

von Behrens geforderte Einbeziehung der modernen Technik führte bei ihm zu einer »Synthese« von Kunst und Technik,[88] deren Gelingen in Hagen noch heute bewundert werden kann.

Dass für Peter Behrens die romanische Kirche von San Miniato al Monte in Florenz ein inspirierendes Beispiel gegeben hat (er hat Florenz 1904 besucht), ist ebenso unbestreitbar wie die Eigenwilligkeit und Klarheit, mit der er sich in seinem ersten Vorschlag für den Krematoriumsbau äußerte, den er im Mai 1905 über Karl Ernst Osthaus dem Hagener »Verein für Feuerbestattung« zuleitete (Tafel A).[89] In der Baubeschreibung heißt es: der Bau müsse *in erster Linie* [...] *die Zweckbestimmung des Gebäudes nach außen klar zum Ausdruck* bringen. Man dürfe sich *nie im Unklaren darüber sein*, ob es sich hier *um ein profanes Gebäude oder um eine dem Kultus der Toten gewidmete Stätte* handele. Die Maximen der Gestaltung müssten *strengste Monumentalität und vornehme Einfachheit* sein. Es dürften keine Materialien zur Verwendung gelangen, die *dem Materialrhythmus des Gebäudes widersprechen*. Es müsse berücksichtigt werden, dass es sich in Hagen *um ein besonders schönes Baugelände* handle, *das durch seine natürliche, bergige Umgebung nach einem engen Anschluß der Architektur* verlange. Auch müsse *der Schornstein als wichtigster Bestandteil des Hauses sehr gut und dankbar architektonisch* verwendet werden. Weiterhin müsse *bei der Gliederung der Fassade doch wohl das Hauptgewicht auf eine passende und für den Ernst der Handlung im Innern vorbereitende Wirkung des Portals* gelegt werden. Erst dann könne dieser Bau *mit dem umliegenden Hain in ein harmonisches*

88 So Neumeyer, Mies van der Rohe (wie Anm. 77), S. 124. Zur wissenschaftlichen Rezeption der »Industriearchitektur« von Peter Behrens vgl. den Beitrag von Lothar Schmitt in diesem Band.

89 Hier zitiert nach Eckhoff, 100 Jahre Hagener Krematorium (wie Anm. 69), S. 16.

Gefüge gebracht werden und könne die dortige Anlage *eine wirkliche Erbauungsstätte für die Anhänger der Bewegung*, nämlich der Befürworter der Feuerbestattung, werden (Tafel 2). Die von Behrens gefundene Lösung bestand darin, dem von San Miniato inspirierten Baukörper einen im gleichen Stil gehaltenen »Campanile« (der den Schornstein ummantelt) anzufügen, den es in dieser Form in San Miniato nicht gibt, der aber so wirkt, als ob es ihn immer gegeben hätte.

Dementsprechend konnte dann auch Karl Ernst Osthaus im Januar 1908 im »Westfälischen Tageblatt« in seinen »Kritischen Betrachtungen über das Hagener Baujahr 1907« feststellen, dass das soeben geschaffene Krematorium *das größte architektonische Ereignis des letzten Jahres* gewesen sei, ein *künstlerisch erhebliches Gesamtkunstwerk*, welches, *seiner Kleinheit ungeachtet, eines der wichtigsten Monumente unserer Zeit überhaupt* darstelle, und zwar deshalb, weil es *dank der künstlerischen Ökonomie seines Schöpfers*, durch die *wirkliche Durchdringung von Zweck und Form der hehrste und vollkommenste Ausdruck seiner Bestimmung* geworden sei. Und gerade das Problem des Schornsteins habe *Behrens als erster* [...] *wirklich gelöst: sein Schornstein nimmt die ihm zukommende Stellung ein und ist doch künstlerisch mit dem Gesamtbauwerk verschmolzen.*[90]

Peter Behrens vertrat klare Positionen in den architekturtheoretischen und architekturhistorischen Debatten seiner Zeit. Er hat auch später »historistisch« gebaut.[91] Und er fand auch – wie zuvor schon in Hagen – über historische Bauformen Lösungen für die ihm gestellten Aufgaben, die den technischen und bautechnischen Anforderungen gerecht wurden und doch zugleich in ihrer Bauästhetik das kulturelle Gedächtnis der europäischen Baugeschichte zum Zuge kommen ließen.

90 Karl Ernst Osthaus, Kritische Betrachtungen über das Hagener Baujahr 1907 (1908), in: Westfälisches Tageblatt 44, Nr. 13–16, 16.–18.1.1908, hier zitiert nach Karl Ernst Osthaus. Reden und Schriften. Folkwang – Werkbund – Arbeitsrat, hg. und kommentiert von Rainer Stamm, mit einem Beitrag von Rainer K. Wick (Kontexte 3), Köln 2002, S. 116–123.

91 So in der Kuppelhalle im Frankfurter Verwaltungsbau der Farbwerke Höchst (1923); dazu Magdalena Bushart, Die Kathedralen der Expressionisten, in: Victoria von Flemming (Hg.), Modell Mittelalter, Köln 2010, S. 49–74, hier S. 69.

Bilddokumentation

Fotokampagne 2011

Tafel 1

Tafel 2

Tafel 3

Tafel 4

Tafel 5

Tafel 6

Tafel 7

Tafel 8

Tafel 9

Tafel 10

Tafel 11

Tafel 12

Tafel 13

Tafel 14

Tafel 15

Tafel 16

Tafel 17

Tafel 18

Tafel 19

Tafel 20

Tafel 21

Tafel 22

Tafel 23

Tafel 24

Tafel 25

Tafel 26

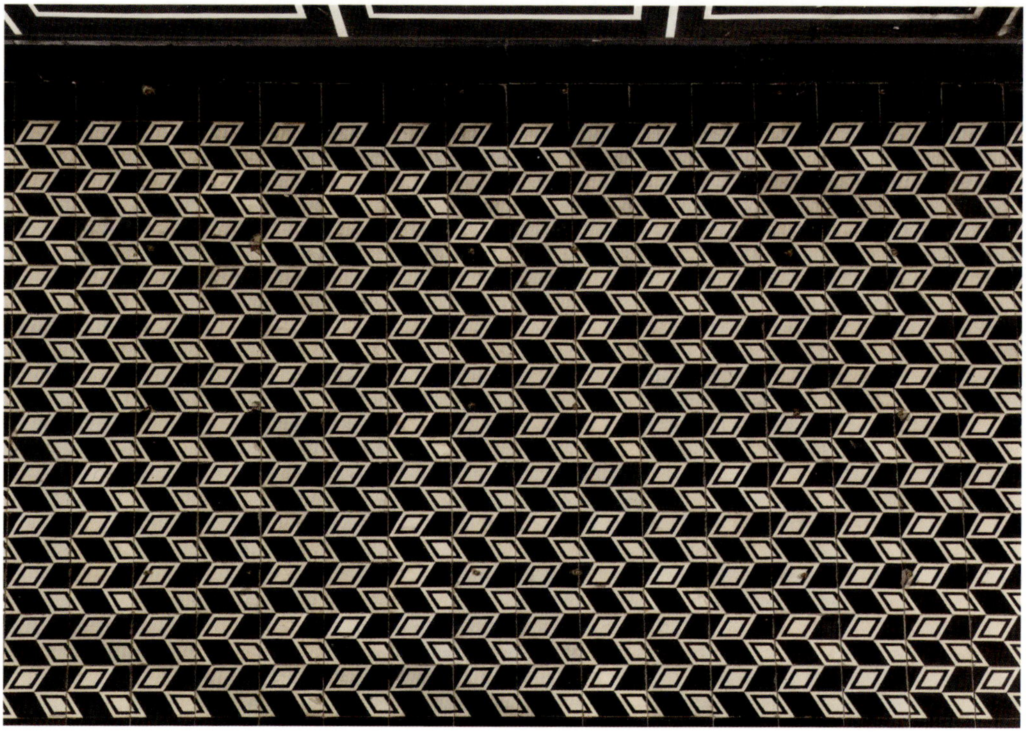

Tafel 27

Tafel 28

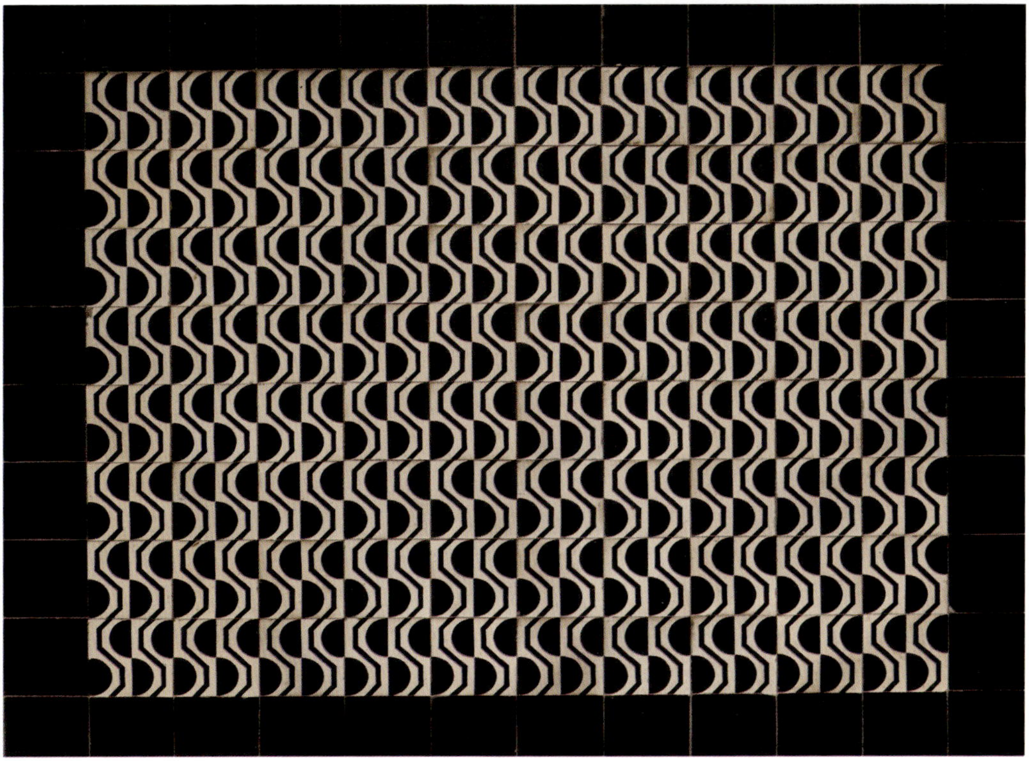

Tafel 29

Tafel 30

Tafel 31

Tafel 32

Tafel 33

Tafel 34

Tafel 35

Tafel 36

Tafel 37

Tafel 38

Tafel 39

Tafel 40

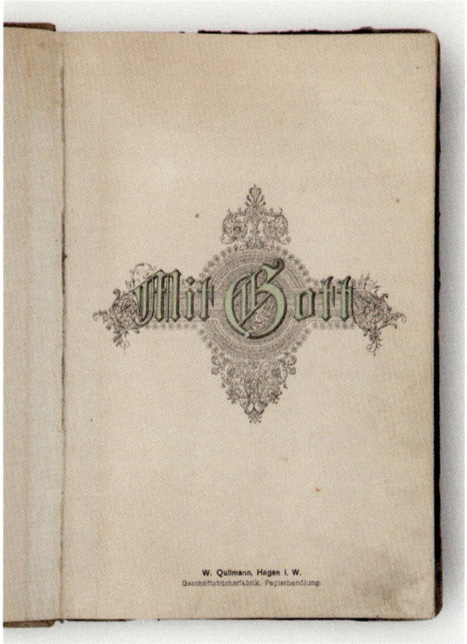

Tafel 41

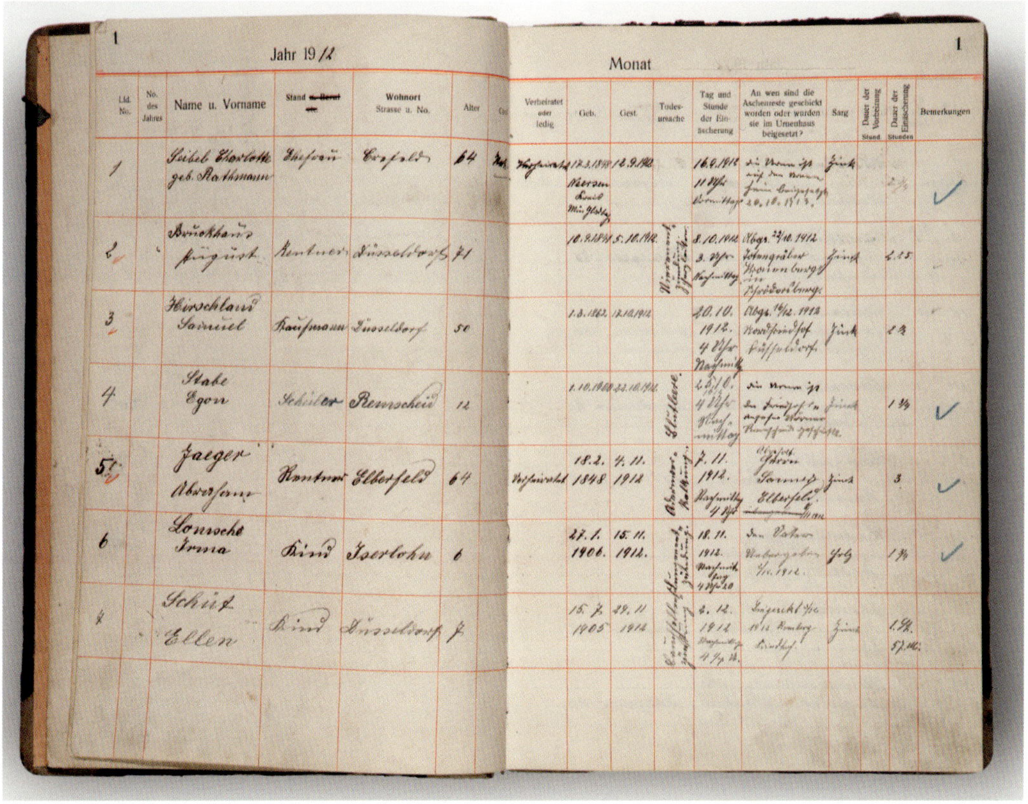

Tafel 42

Tafel 43

Tafel 44

Tafel 43

Tafel 44

Tafel 47

Zum Text von Birgitt Borkopp-Restle
Abb. 1: *Knüpfteppich – sogenannter Holbein-Teppich, München, Bayerisches Nationalmuseum (Foto: Walter Haberland).*

Zum Text von Birgitt Borkopp-Restle
Abb. 2: *Knüpfteppich – sogenannter Lotto-Teppich, München Bayerisches Nationalmuseum (Foto: Walter Haberland).*

Birgitt Borkopp-Restle

Die Grammatik des Ornaments und andere Perspektiven

Begegnungen mit der Kunst des Orients

Das 19. Jahrhundert – namentlich die Phase, die dem Wirken Karl Ernst Osthaus' und der in seinem Auftrag arbeitenden Künstler vorausgeht – war eine Zeit großer politischer, wirtschaftlicher und gesellschaftlicher Umwälzungen; sie eröffneten vor allem im Hinblick auf die Produktion von Gütern, das Entstehen eines Arbeitsmarktes in der Industrie und die Teilhabe größerer Bevölkerungsschichten am Konsum eine Fülle neuer Möglichkeiten, warfen aber zugleich auch schwerwiegende Probleme auf. Fragen, die dabei schon um die Mitte des 19. Jahrhunderts lebhafte Diskussionen und Aktivitäten provozierten und schließlich auch noch Karl Ernst Osthaus zu seinen Initiativen bewegten, betrafen die ästhetischen Qualitäten von Gegenständen bis hin zu Bauwerken: Wie konnte erreicht und sichergestellt werden, dass industriell erzeugte Objekte nicht nur kostengünstig und damit für große Konsumentenkreise erreichbar waren, sondern auch gestalterisch überzeugten? Und wie konnte es gelingen, dafür eine Formensprache zu finden, die als eigenständiger Ausdruck ihrer Entstehungszeit gelten durfte und die neue gesellschaftliche Situation ebenso wie die veränderten Produktionsbedingungen sichtbar zum Ausdruck brachte? In den Debatten, die dazu nicht allein von Fachleuten (und dies meint Architekten und Entwerfer ebenso wie Theoretiker), sondern auch in der Tagespresse und unter lebhafter Beteiligung der Öffentlichkeit geführt wurden, spielten Auseinandersetzung und Vergleich mit historischen und mit nicht-europäischen Objektkulturen eine große Rolle. Die Kunstgewerbemuseen, die im Gefolge der Weltausstellungen an vielen Orten gegründet wurden, boten dazu reiches und unmittelbar zugängliches Anschauungsmaterial; sie waren aber auch von Anfang an darauf gerichtet, mit ihren Sammlungen nicht allein ein Reservoir von Kopiervorlagen bereitzustellen, sondern Studien anzuregen, die auf ein grundlegendes Verständnis von Ornament und Flächendekor, Mustern und deren Strukturen, Verhältnismäßigkeit im Hinblick auf Form und Funktion und schließlich Materialität und Farbigkeit zielten. Die Auseinandersetzung mit der Kunst des Orients nahm in diesen Studien und in der zeitgenössischen Debatte breiten Raum ein. Sie hat, so könnte man sagen, eine lange Tradition – schon im Mittelalter hatten byzantinische und persische Seidenstoffe, fatimidische Steinschnitte und Elfenbeinarbeiten aus dem arabisch beherrschten Sizilien zu den Luxusgütern gehört, die die Schatzkammern europäischer Kirchen und Herrscherhäuser bereicherten – und doch scheint am Ende des 18. Jahrhunderts die Beschäftigung mit der Kunst des Orients, präziser: mit deren Formensprache, noch einmal neu zu beginnen.

Den Auftakt markiert der Feldzug Napoleons nach Ägypten, der von 1798 bis 1801 nicht nur Soldaten, sondern in ihrem Gefolge auch eine mehr als 160 Experten umfassende »Commission des sciences et des arts« in das Land führte. Der Ertrag ihrer Arbeit wurde in einem umfangreichen Werk, der »Description de l'Égypte, ou recueil des observations et des recherches qui ont été faites en Égypte pendant l'expedition de l'Armée Française publié par les ordres de Sa

Majesté l'empereur Napoléon le Grand«, veröffentlicht.[1] In neun Text- und elf Tafelbänden beschreibt die Publikation nicht allein die historischen Monumente, sondern auch Flora und Fauna sowie Wirtschaft und Verwaltung des Landes; sie gilt als Gründungswerk der Ägyptologie. Die Rezeption der zahlreichen, außerordentlich detailgetreuen Abbildungen historischer Bauwerke und ihrer Ausstattung reichte zugleich über die Forschung weit hinaus: Sie inspirierten in den folgenden Jahren eine Ägyptenmode (auch als Ägyptomanie bezeichnet), der vor allem die angewandten Künste (Möbel, Textilien, Porzellan, Schmuck) folgten.[2] Ihr Repertoire ornamentaler Motive (dazu gehören vor allem stilisierte Lotosblüten, Skarabäen, Sphingen) knüpfte häufig unmittelbar an die publizierten Darstellungen an; ambitionierte Entwerfer studierten Grundformen und Proportionen und suchten diese auf europäische Gegenstände zu übertragen.[3]

Der wissenschaftlichen Untersuchung Ägyptens und seiner Altertümer folgten – reale und imaginäre – Reisen auch in andere ferne Länder: Hatte die *Grand tour* des 18. Jahrhunderts vor allem die Kunstzentren Italiens berührt, so regten politische Entwicklungen (etwa der griechische Unabhängigkeitskampf) und literarische Texte (Dichtungen von Victor Hugo, Théophile Gautier, Lord Byron, Erzählungen von Chateaubriand, Washington Irving) in der ersten Hälfte des 19. Jahrhunderts zu Erkundungen des Osmanischen Reiches und der iberischen Halbinsel an; nach den literarischen Phantasien wurden bald auch Reiseberichte publiziert, namentlich solche, die herausragende Bauwerke und ihre Ausstattung in den Blick nahmen.

Ein Reisender, dessen Aktivitäten besonders weitreichenden Einfluss hatten, war der englische Architekt Owen Jones.[4] Im Anschluss an seine Ausbildung (ein Studium an den Royal Academy Schools und praktische Tätigkeit in einem Architekturbüro) war er als junger Mann zu Beginn der 1830er Jahre zu einer Reise aufgebrochen, die ihn zunächst nach Italien (das Ziel einer klassischen *Grand Tour*) führen sollte, dann aber auch nach Griechenland, Ägypten und in die Türkei und schließlich nach Spanien, genauer: nach Granada. Hier faszinierte ihn die

1 Description de l'Égypte ou recueil des observations et des recherches qui ont été faites en Égypte pendant l'expedition de l'Armée Française publié par les ordres de Sa Majesté l'empereur Napoléon le Grand, 11 Tafel- und 9 Textbände, Paris 1809–1828. Ein vollständiges Digitalisat ist unter descegy.bibalex.org verfügbar (letztes Zugriffsdatum 30. Juli 2014), Auszüge auch an anderer Stelle. Zur Geschichte der Expedition und der Publikation vgl. Yves Laissus, Description de l'Égypte. Une aventure humaine et éditoriale (Réunion des musées nationaux), Paris 2009.

2 Wilfried Seipel (Hg.), Ägyptomanie. Europäische Ägyptenimagination von der Antike bis heute. Symposium Wien, Kunsthistorisches Museum, 30.–31. Oktober 1994 (Schriften des Kunsthistorischen Museums 3), Wien 2000; James Stevens Curl, The Egyptian Revival. Ancient Egypt as the Inspiration for Design Motifs in the West, (3., überarbeitete Ausgabe) New York 2005, bes. S. 203–280.

3 Als herausragendes Beispiel darf das am 3. Juli 2013 bei Sotheby's London versteigerte Medaillenkabinett des Pariser Ebenisten François-Honoré-Georges Jacob-Desmalter (1770–1841) nach Entwurf von Charles Percier (1764–1838) gelten (http://www.sothebys.com/en/auctions/ecatalogue/2013/treasures-princely-taste-l13303/lot.42.html, letztes Zugriffsdatum 30. Juli 2014). Ein zweites Kabinett nach demselben Entwurf besitzt das Metropolitan Museum of Art, New York (http://www.metmuseum.org/collection/the-collection-online/search/195473?rpp=30&pg=1&ft=Desmalter&pos=5, letztes Zugriffsdatum 30. Juli 2014).

4 Carol A. Hrvol Flores, Owen Jones: Design, Ornament, Architecture and Theory in an Age of Transition, London 2006.

Abb. 3: *William Simpson, Innenansicht des Crystal Palace, Weltausstellung London 1851, Aquarell, 1851, London, Victoria & Albert Museum, (Foto: V&A).*

Alhambra so sehr, dass er sich (zusammen mit einem französischen Architektenkollegen, Jules Goury, der zuvor mit Gottfried Semper an dessen Studien zur Polychromie in der griechischen Kunst gearbeitet hatte), daran machte, die Palastanlage zu vermessen, zu zeichnen und in großformatigen Tafeln wiederzugeben, die von 1836–1845 in zwölf Bänden unter dem Titel »Plans, Elevations, Sections and Details of the Alhambra« veröffentlicht wurden.[5] Dieses Werk, das erste, das in großem Umfang und mit hohem Anspruch Farblithographien zur Illustration einsetzte, begründete Jones's Ruhm als Architekt und Forscher mit besonderem Interesse an Flächendekor und Ornamentik und führte dazu, dass man ihn 1851 mit der Ausgestaltung des Crystal Palace (Abb. 3), des für die erste Weltausstellung in London errichteten Gebäudes, beauftragte.

5 Owen Jones und Jules Goury, Plans, Elevations, Sections and Details of The Alhambra. From drawings taken on the spot in 1834 by the late M. Jules Goury and in 1834 and 1837 by Owen Jones Archt. With a complete translation of the Arabic inscriptions and an historical notice of the Kings of Granada from the conquest of that city by the Arabs to the expulsion of the Moors by M. Pascual de Gayangos, London 1842–1845; eine neue, umfassende Darstellung des Baukomplexes auf der Grundlage der Tafeln von Owen Jones bietet: Antonio Fernández-Puertas, The Alhambra, Bd. 1, From the 9th Century to Yūsuf I (1354), London 1997.

Diese Weltausstellung[6] war ein Ereignis mit weitreichenden Folgen: Als friedlicher Wettstreit zwischen den Nationen war sie initiiert worden, bei dem zum ersten Mal europäische und nicht-europäische Länder ihre besten Produkte aus Industrie, Handwerk und Landwirtschaft in direktem Vergleich präsentieren sollten. Vor allem die jungen Industriestaaten England, Deutschland und Frankreich beteiligten sich sehr ambitioniert daran, und den Kunstgewerben – Keramik, Glas, Textilien, Holz- und Metallarbeiten – galt dabei besondere Aufmerksamkeit. Die Aussteller suchten mit diesen Gegenständen ihre technische oder handwerkliche Leistungsfähigkeit und zugleich ihre gestalterischen Kompetenzen unter Beweis zu stellen. Die Besucher der Schau betrachteten die entsprechenden Sektionen mit dem größten Interesse, da sie hier die Gegenstände fanden, die unmittelbar für ihren Gebrauch und die Einrichtung ihrer Wohnungen bestimmt schienen – Möbel und Tapeten, Porzellan und Tafelsilber sprachen jeden Betrachter an. Aus vielen Ländern wurden Berichterstatter nach London gesandt; die Presse kommentierte die Präsentationen und selbst einzelne Gegenstände ausführlich und kritisch. Da positive Bewertungen von Entwurf und Ausführung von Produkten über ihren wirtschaftlichen Erfolg entschieden und solche Erfolge – aber eben auch Misserfolge – nicht nur einzelnen Produzenten, sondern ihren Herkunftsländern zugerechnet wurden, waren damit nationale Interessen berührt; die Qualität kunstgewerblicher Produkte wurde im Hinblick auf die Zukunftsfähigkeit ganzer Industrien diskutiert. Aus dieser Perspektive erscheint es besonders bemerkenswert, dass schon anlässlich dieser ersten Weltausstellung ein Vergleich zwischen den Erzeugnissen der jungen Industrienationen und den Objekten, mit denen sich die Länder des Orients präsentierten, zugunsten der letzteren entschieden wurde: Immer wieder fiel über die mechanisch und in großen Auflagen hergestellten europäischen Produkte das Verdikt *billig und schlecht*; bemängelt wurde vor allem, dass die Entwerfer, die über die ästhetische Qualität der Gegenstände entschieden, offenbar mit den Ingenieuren, denen die Maschinenproduktion zu verdanken war, nicht hatten Schritt halten können.[7] Neben den oft unproportioniert oder überladen wirkenden Industriefabrikaten erkannte man dagegen in den Arbeiten aus nicht-europäischen Ländern vielfach Kunstwerke von hohem Rang – in der Sprache eines deutschen Berichterstatters klang das so: *Die aus dem allgemeinen Formenbrei nach individueller Laune oder* […] *nach den Anforderungen des Tagesgeschmackes gepressten und gekneteten Producte der gebildeten Nationen* [können] *durchschnittlich sich neben denen der uncivilisierten Völkerschaften nicht blicken lassen. Die Stickereien, sowie die mit Gold und Silber ausgelegten Metallwaaren Indiens, Ägyptens und der Barbaresken, die Prachtstoffe Persiens, die Filigrane von Tunis, die Porzellan-, Holz- und Elfenbeinarbeiten Chinas usw. lassen Alles derselben Gattung weit hinter sich zurück, was Frankreich, Deutschland und Grossbritannien in den Glaspalast niedergelegt haben* […]. *Die Barbaren behaupten fast*

6 Die erste Weltausstellung ist, wie die ihr folgenden und auch das Phänomen dieser Veranstaltungen im Allgemeinen, seit langem Gegenstand historischer und kunsthistorischer Forschung; zum umfangreichen Schrifttum sei hier auf die Literaturliste der UB Heidelberg verwiesen: www.ub.uni-heidelberg.de/helios/fachinfo/www/kunst/digilit/weltausstellungen.html (letztes Zugriffsdatum: 30. Juli 2014).

7 Vgl. Peter Trippi, Industrial Arts and the Exhibition Ideal, in: A Grand Design. The Art of the Victoria & Albert Museum, hg. von Malcolm Baker und Brenda Richardson, London 1997, S. 79–88, bes. S. 85: »A central concern was the perceived gap between technical and aesthetic excellence in native manufactures, particularly luxury goods.« Vgl.: The Great Exhibition: A Documentary History, hg. von Geoffrey Cantor, 4 Bde., London 2013, bes. Bd. 3 und 4.

Abb. 4: *Owen Jones, Entwurf für eine Wanddekoration im Oriental Court des South Kensington Museum, London, 1863, London, Victoria & Albert Museum (Foto: V&A).*

überall den Vorzug der [...] *Gediegenheit in der materiellen Durchbildung.*[8] Wollte man sich in Mitteleuropa nicht von den *Barbaren*, deren Handwerk von den Wirkungen der Industrialisierung noch kaum berührt worden war, übertreffen lassen, so schien es dringend geboten, der Gestaltung der Gewerbeprodukte mehr Aufmerksamkeit zuzuwenden, als bisher geschehen.

8 August Reichensperger, Vermischte Schriften über christliche Kunst, Leipzig 1856, S. 439f. Reichensperger, der sich vor allem im Kontext der Bestrebungen um den Fortbau des Kölner Doms seit 1840 einen Namen gemacht hatte, gehörte zu den einflussreichsten Kritikern der Londoner Weltausstellung im deutschsprachigen Raum.

Den englischen Gastgebern der Weltausstellung war vor allem daran gelegen, nun auch Lehren und praktischen Nutzen aus der Veranstaltung zu ziehen; die Industrie des Landes, die sich in ihrer Vorreiterrolle besonderer Beachtung, aber auch eben auch Kritik ausgesetzt gesehen hatte, verlangte nach Fördermaßnahmen, um für die Zukunft besser gerüstet zu sein. Kaum hatte die Ausstellung ihre Tore geschlossen, wurde deshalb ein umfassendes Reformprogramm eingeleitet. Im Zentrum stand dabei die Gründung eines Museums (das zunächst Museum of Manufactures und dann South Kensington Museum hieß und seit 1899 den Namen Victoria & Albert Museum trägt), in dem hervorragende Leistungen der angewandten Künste aller Epochen aus Europa, aber eben auch aus nicht-europäischen Kulturen zusammengeführt und zur Anschauung gebracht werden sollten.

An der Einrichtung dieses Museums, dem Aufbau der Sammlungen und an der Konzeption eines Ausbildungsprogramms für Designer und Kunsthandwerker war Owen Jones maßgeblich beteiligt. Es verwundert kaum, dass dabei seine Erfahrungen mit der islamischen Kunst, namentlich mit dem Ornamentrepertoire und den Strukturen des Flächendekors, die er bei seinen Studien in Granada, Ägypten und der Türkei gewonnen hatte, wiederum wirksam wurden: Jones gehörte nicht allein der Kommission an, die die ersten Objekte für die Sammlung des Museums auswählte, er entwarf auch Raumausstattungen für das Gebäude, das sie beherbergen und das ebenso wie die Exponate Vorbildcharakter haben sollte (Abb. 4).[9] Die Ergebnisse seiner Recherchen gingen aber vor allem ein in die Publikation, für die er bis heute bekannt ist: »The Grammar of Ornament« (»Die Grammatik des Ornaments«), 1856 zuerst veröffentlicht und seither in zahlreichen Nachdrucken und hohen Auflagen verbreitet.

In diesem Werk versammelte Jones in großformatigen Tafeln Beispiele für Ornamentmotive aus dem alten Ägypten, Persien und Griechenland, aus Byzanz wie aus dem mittelalterlichen Abendland, Indien, China und anderen Regionen. Ornamente aus dem islamischen Kulturkreis nehmen besonders breiten Raum ein: Die Publikation enthält fünf Tafeln mit arabischen Motiven, die an Bauwerken in Kairo beobachtet worden waren, drei Tafeln mit türkischen Motiven aus Konstantinopel, sechs Tafeln mit persischen Flächenmustern und Zierleisten, gewonnen aus der Anschauung von illuminierten Handschriften und Textilien, und acht Tafeln, die dem *Moresque ornament, from the Alhambra* (Abb. 5 und 6) gewidmet sind.[10] Allein die Vielzahl der vorgestellten Beispiele hätte dem Buch zweifellos unmittelbaren Erfolg gesichert; seine weitreichende und auch langfristig wirksame Bedeutung aber verdankt sich der Argumentation, die Jones hier entwickelte, und die den Titel »Grammatik« begründete. Er stellte nämlich eine Reihe von Regeln – er nannte sie *General Principles* oder *Propositions* – auf, die er aus seinen Studien von Flächendekors abgeleitet hatte, und deren Beachtung er nun den Entwerfern neuer ornamentaler Gestaltungen empfahl. Insgesamt formulierte er 37 Regeln, deren grundlegende lautet, dass ein Dekor sich auf seinen Gegenstand beziehen und dessen Konstruktion schmücken solle (und dabei leitet Jones die angewandten Künste von der Architektur ab; *Proposition 1* lautet: *The Decorative Arts arise from and should properly be attendant upon, Architecture.*), aber nicht unabhängig von der oder gar gegen die Konstruktion entwickelt werden dürfe (*form*

9 http://www.vam.ac.uk/content/articles/a/a-higher-ambition-owen-jones/(letztes Zugriffdatum 30. Juli 2014).

10 Owen Jones, The Grammar of Ornament, London 1856; dem maurischen Ornament sind die Tafeln 39–43 gewidmet.

Abb. 5: *Owen Jones, The Grammar of Ornament, London 1856: »Moresque No. 4†«.*

follows construction).[11] Untergeordnete Formen sollten Jones zufolge aus Teilungen der Fläche entwickelt werden, in den Proportionen harmonisch und im Zusammenspiel von gerichteten und in sich ruhenden Formen so ausbalanciert sein, dass sie für den Betrachter interessant, aber nicht unruhig wirkten. In der Alhambra hatte Jones dies hervorragend verwirklicht gefunden. Aus den dort beobachteten Dekors leitete er auch Regeln für die Verwendung von Farbe ab und erläuterte, in welchen Verhältnissen Primär- und Sekundärfarben verwendet werden sollten, wie Kontraste durch Konturen herauszuarbeiten seien, und welche Farben sich für die Akzentuierung von Flächen im Raum besonders eigneten. Seine präzisen Angaben belegen, dass er

11 Jones war nicht der erste, der diese Grundregel formulierte; er konnte auf die Vorarbeit von A. N. W. Pugin zurückgreifen, namentlich auf dessen Publikation True Principles of Pointed or Christian Architecture, London 1841 (Facsimile-Nachdruck Reading 2011). Vgl. dazu auch Hrvol Flores, Jones (wie Anm. 4), S. 72–79. Pugins Arbeit wurde jedoch gelegentlich mit Vorbehalten aufgenommen, da er ausschließlich mittelalterliche Formen als vorbildlich akzeptieren wollte und eine reich dekorierte Neogotik propagierte.

die Wirkung solcher Farbverteilungen auch bei unterschiedlichen Lichtverhältnissen sorgfältig beobachtet hatte.

Die Publikationen Owen Jones' fanden weit über England hinaus große Beachtung, ebenso wie man generell das englische Reformwerk und seine Wirkungen auch auf dem Kontinent aufmerksam beobachtete. Schon 1855, als die zweite Weltausstellung in Paris stattfand, hatten einige Beobachter gemeint, Fortschritte bei den englischen Kunstgewerbeerzeugnissen feststellen zu können. 1862, als die Konkurrenz wiederum in London ausgetragen wurde, war der Triumph des »englischen Systems« offenbar. Die glänzenden Erfolge der Handwerker und Fabrikanten, die allgemein auf die Wirksamkeit des Gewerbeförderungsprogramms und der Vorbildersammlung des Museums zurückgeführt wurden, mussten eine solche Einrichtung auch den konkurrierenden Nationen auf dem Kontinent erstrebenswert erscheinen lassen. In den folgenden Jahren wurden deshalb an vielen Orten Kunstgewerbemuseen gegründet: 1864 in Wien, 1867 in Berlin, 1874 in Hamburg, 1882 in Paris, 1884 in Düsseldorf, die Reihe ließe sich fortsetzen.[12]

Alle diese Museen sammelten neben Werken der angewandten Künste Europas auch solche aus nicht-europäischen Kulturen. In allen hatte zugleich der Aufbau einer Sammlung von Textilmustern höchste Priorität, weil man in den Textilien die Struktur von Flächendekorationen in unendlichen Variationen studieren konnte und damit ein Repertoire gewann, das für viele Gattungen (Tapeten und Wandbespannungen, Fussbodenbeläge, Schmuckpapiere und anderes) anwendbar war (Abb. 7). Theoretische Schriften, die nun erstmals in größerem Umfange den angewandten Künsten gewidmet wurden, bekräftigten dies; sie thematisierten immer wieder das komplexe Beziehungsgefüge von Materialität, Form und Funktion von Objekten, das Verhältnis von Ornament und Fläche, oder von Körper und Ebene. Von großem Einfluss war vor allem das zweibändige Werk des deutschen Architekten Gottfried Semper »Der Stil in den technischen und tektonischen Künsten oder Praktische Ästhetik: Ein Handbuch für Techniker, Künstler und Kunstfreunde«, dessen erster Band allein den textilen Künsten gewidmet ist.[13] Semper versuchte, den ornamentalen Dekor aus den Bedingungen des Materials und seiner Verarbeitungsweise abzuleiten. Das führte ihn dazu, das Textile – konkret: Flechten und Weben – als älteste und grundlegende Kulturtechnik zu definieren, deren Nachwirkung in nahezu jedem Flächendekor auffindbar sei. Die verschiedenen Funktionen textiler Objekte – als Wand- oder Fußbodenbekleidung, umschließendes Band oder Hülle – verlangten nach jeweils eigenen formalen Lösungen, auch im Hinblick auf den angemessenen Dekor. In Zeichenkursen für Handwerker und Industrieentwerfer wurde die praktische Konstruktion von Ornamenten und Mustern auf der Grundlage der Sammlungen gelehrt. Regelwerke wie etwa Jones' »Grammar of Ornament« und Sempers grundlegende Publikation spielten dabei eine wichtige Rolle. Allerdings ist festzuhalten, dass die Museen zunächst eine eindrucksvolle, wenngleich nicht immer den Absichten der Reformer entsprechende Wirkung hatten: Schon Owen Jones' Tafelwerk war zunächst vorrangig als

12 Zur Gründungsgeschichte der Kunstgewerbemuseen: Barbara Mundt, Die deutschen Kunstgewerbemuseen im 19. Jahrhundert (Studien zur Kunst des neunzehnten Jahrhunderts 22), München 1974.

13 Gottfried Semper, Der Stil in den technischen und tektonischen Künsten oder praktische Ästhetik: Ein Handbuch für Techniker, Künstler und Kunstfreunde, Bd. 1: Die textile Kunst für sich betrachtet und in Beziehung zur Baukunst, Frankfurt am Main 1860, Bd. 2: Keramik, Tektonik, Stereotomie, Metallotechnik, für sich betrachtet und in Beziehung zu Baukunst, München 1863.

Abb. 6: *Owen Jones, The Grammar of Ornament, London 1856: »Moresque No. 4«.*

Abb. 7: *Friedrich Fischbach, Die wichtigsten Webe-Ornamente bis zum 19. Jahrhundert, Wiesbaden 1901: »Sarazenisches Gewebe«.*

Vorlagensammlung und weniger wegen der aus den Ornamentstudien abgeleiteten *Principles* rezipiert worden. Seine Forderung, man dürfe die bewunderten Motive nicht einfach nachahmen, sondern müsse aus ihrem Verständnis zur Gestaltung einer eigenen, neuen Formensprache gelangen, hatte zwar die Zustimmung von Forschern und Museumsleitern erfahren (Julius Lessing, der erste Direktor des Berliner Kunstgewerbemuseums, formulierte, die Kunstgewerbemuseen dürften nicht zu *Weideplätzen für die Gedankenfaulheit werden*,[14] und Aussagen in diesem Sinne sind auch von anderen Reformern der Zeit überliefert); bis zum Ende des 19. Jahrhunderts waren daraus aber kaum erkennbare Konsequenzen gezogen worden. Die Ornamentstudien blieben Theorie; in der Praxis wurde das ganze Vokabular der sogenannten historistischen Stile repetiert, gestalteten die Bürger der Gründerzeit ihre Salons nach den Vorstellungen von Neogotik, Neorenaissance, Neobarock und Neorokoko sowie einer Art von Orientmode, die häufig Ornamentmotive, die man an Objekten aus der islamischen Welt kennengelernt hatte, übernahm und den eigenen Gebrauchsgegenständen praktisch anklebte. Die Veröffentlichung einer nicht geringen Anzahl von Vorlagenwerken, die auf die praktische Anwendung durch Entwerfer – Architekten, aber auch Gestalter und Musterzeichner für die Industrie – zielten, lieferte dafür das Material.[15]

14 Julius Lessing, Unserer Väter Werke. Vortrag gehalten in der Volkswirthschaftlichen Gesellschaft zu Berlin am 8. März 1889, Berlin 1889, S. 26.

15 Hier sind etwa die Veröffentlichungen von Friedrich Fischbach (1839–1908, zunächst Musterzeichner in Wien und Hanau, von 1883–1888 Direktor des Textilmuseums in St. Gallen) zu nennen: Stilistische Flach-Ornamente, entlehnt den Sammlungen des k. k. österreichischen Museums für Kunst und Industrie, Wien 1866; Ornamente der Gewebe, 2 Bde, Hanau 1874; Die wichtigsten Webe-Ornamente bis zum 19. Jahrhundert, 5 Bde., Wiesbaden 1904, um nur einige anzuführen.

Die unmittelbare Aneignung historischer und nicht-europäischer Vorbilder charakterisierte im Grunde noch die Situation, die Karl Ernst Osthaus in seinem Elternhaus erlebt hatte und aus der er, mit Henry van de Velde, mit Peter Behrens und anderen, seinen Aufbruch unternahm.

Während die Reformer seiner Generation den Eklektizismus der Aneignung und Adaption älterer Stile, den zusammenfassend das Stichwort Historismus bezeichnet, ablehnten und ihre neuen formalen Lösungen dezidiert und selbstbewusst als Gegenentwurf dazu präsentierten, fanden sie jedoch in den theoretischen Studien des 19. Jahrhunderts und in der konkreten Objekterfahrung, die nun möglich geworden war, brauchbare Grundlagen.

Die frühen Publikationen zur islamischen Kunst (Abb. 8) und das Umfeld, in dem sie erschienen, sind dazu vor allem in den Blick zu nehmen. Gelegenheit, qualitätvolle Werke kennenzulernen, gab es in der zweiten Hälfte des 19. Jahrhunderts reichlich, und man musste dazu nicht einmal mehr eigene Fernreisen unternehmen: Die Weltausstellungen, die von 1851 an immer wieder veranstaltet wurden – 1855 in Paris, 1862 wieder in London, 1876 wieder in Paris, 1873 in Wien, 1878 noch einmal Paris, 1894 in Lyon – brachten jedes Mal große Mengen von Objekten aus nicht-europäischen Ländern zur Anschauung; dazu fanden entsprechende Kunstausstellungen statt, so etwa 1891 eine Ausstellung orientalischer Teppiche in Wien (auf diese ist noch einmal zurückzukommen), 1893 ein großangelegter Überblick über »Les arts de l'Islam« im Palais de l'Industrie in Paris und 1903 die »Exposition des arts musulmans« im Pavillon de Marsan des Louvre.

Hatte Sempers »Stil« die Bedeutung der Textilkunst für die neugegründeten Kunstgewerbemuseen bekräftigt, so galt an diesen Institutionen nun grundsätzlich, dass die Textilabteilung jeweils den Kern des Sammlungsbestandes darstellte, die Basis, auf der die Dekoration von Flächen studiert und für viele andere Bereiche zur Anwendung gebracht werden konnte. Das führte dazu, dass das Studium und die Publikation der Textilsammlungen an vielen Orten als vornehmste Aufgabe der Museumsleiter galten: In Berlin veröffentlichte der erste Direktor des Kunstgewerbemuseums, Julius Lessing, (der 1868, angeregt durch die Pariser Weltausstellung, den ersten orientalischen Teppich für sein Museum gekauft hatte) 1877 die erste wissenschaftliche Monographie über »Altorientalische Teppichmuster«[16] und anschließend ein Tafelwerk mit dem Titel »Die Gewebe-Sammlung des Königlichen Kunstgewerbe-Museums«, das in elf Foliobänden insgesamt 330 Bildtafeln vorlegte.[17] Einer seiner Assistenten bei der Vorbereitung dieses Corpus' war Otto von Falke[18], der dann als Direktor des Kunstgewerbemuseums nach Köln ging, um 1908 als Nachfolger Lessings nach Berlin zurückzukehren – und seine große Publikation, die bis heute als Grundlagenwerk der deutschsprachigen Textilforschung gilt, war eine zweibändige »Kunstgeschichte der Seidenweberei«.[19]

Auf Julius Lessings »Altorientalische Teppichmuster« ist noch einmal zurückzukommen: Angesichts des Problems, dass für die aus Persien und der Türkei importierten Textilien

16 Julius Lessing, Altorientalische Teppichmuster nach Bildern und Originalen des XV.–XVI. Jahrhunderts, gezeichnet von J. Lessing, Berlin 1877.

17 Julius Lessing, Die Gewebe-Sammlung des Königlichen Kunstgewerbe-Museums, 11 Bde., Berlin 1900.

18 Otto von Falke war der Sohn Jakob von Falkes, der von 1885 bis 1895 in der Nachfolge Rudolf Eitelbergers von Edelberg das Museum für Kunst und Industrie geleitet hatte, also in der Zeit, in der dort Alois Riegl Konservator der Textilsammlung war.

19 Otto von Falke, Kunstgeschichte der Seidenweberei, 2 Bde., Berlin 1913 (2. und 3. Auflage, jeweils in einem Band: Berlin 1921 und 1926).

Informationen über ihre Herkunftsorte und vor allem Entstehungsdaten fehlten, suchte er nach Quellen, die zumindest mittelbar Aufschlüsse geben konnten und fand sie in europäischen Gemälden des 15. und 16. Jahrhunderts: In Darstellungen profaner wie sakraler Interieurs dienten orientalische Teppiche der Auszeichnung von Orten oder Personen; ihre Dekors suchte er im Sinne einer Typenbildung zu klassifizieren und in erhaltenen Teppichen zu identifizieren. Für Lessing lieferten die Gemälde damit *termini ante quem* für die textilen Objekte, und die Verbindungen, die er zwischen den Teppichen und ihren Darstellungen herstellte, leben in Bezeichnungen wie etwa »Holbeinteppich« oder »Lottoteppich« bis heute fort.[20]

Hatte Lessing mit seiner Darstellung einen ersten methodischen Zugang eröffnet und zumindest für die frühesten zu seiner Zeit bekannten Teppiche einen Datierungsrahmen etabliert, so blieben doch weitere Fragen zunächst offen: Waren die Teppiche, etwa in Abhängigkeit von Dekortypen, bestimmten geographischen Regionen oder Herstellungszentren zuzuweisen? Konnte man Abhängigkeiten zwischen den Dekors und den Herstellungstechniken (Wirken, Knüpfen) oder den Funktionen als Wand- oder Bodenteppiche feststellen? Und schließlich: Ließen sich die Teppichmuster und ihre Einzelmotive als spezifisches Repertoire innerhalb größerer materieller Kulturen lesen, in denen sie als Objektgruppe neben, aber auch in einem Verhältnis von Wahrnehmung und Austausch mit Metallarbeiten, Keramik, Holz- und Steinreliefs standen?

Mit allen diesen Fragen setzte sich Alois Riegl auseinander, der mit seinem Werk »Altorientalische Teppiche« 1891 die zweite monographische Publikation zu diesem Thema im deutschsprachigen Raum vorlegte. Riegl, der zuerst Philosophie und Geschichte an der Universität Wien studiert hatte, wurde dort 1894 zum außerordentlichen, 1897 zum ordentlichen Professor für Kunstgeschichte (Nachfolge Rudolf Eitelberger von Edelberg) berufen. Er gilt heute vor allem als einer der ersten, bedeutenden Exponenten der Wiener Schule der Kunstgeschichte und als Urheber wesentlicher theoretischer Grundlagen der modernen Denkmalpflege.[21] Weniger bekannt sind seine Museumstätigkeit und seine Studien zu den angewandten Künsten: Von 1886 bis zu seiner Ernennung zum ordentlichen Professor an der Universität Wien – also mehr als zehn Jahre lang – war Riegl Konservator der Textilsammlung des Museums für Kunst und Industrie, und seine Auseinandersetzung mit den ihm hier anvertrauten Objekten prägte die Fragestellungen, die er verfolgte und die theoretischen Positionen, die er daraus entwickelte.[22] Die orientalischen Teppiche spielten dabei eine besondere Rolle: Neben

20 Lessing hat diese Termini nicht geprägt; sein methodischer Ansatz hat aber wohl spätere Autoren zu diesen ›griffigen‹ Bezeichnungen angeregt. Seither haben Forscher immer wieder darauf hingewiesen, dass Hans Holbein d.J. und Lorenzo Lotto weder die einzigen, noch auch nur die ersten Maler waren, in deren Bildern die nun nach ihnen benannten Teppiche Darstellung gefunden hatten (vgl. Kurt Erdmann, Siebenhundert Jahre Orientteppich. Zu seiner Geschichte und Erforschung, hg. von Hanna Erdmann, Herford 1966); die Bezeichnungen dürfen oder müssen aber inzwischen als etabliert gelten.

21 Mit Riegls Positionen für die Denkmalpflege setzte sich auch Karl Ernst Osthaus auseinander; vgl. den Beitrag von Barbara Welzel in diesem Band.

22 Erste Untersuchungen dazu liegen vor in: Georg Vasold, Alois Riegl und die Kunstgeschichte als Kulturgeschichte. Überlegungen zum Frühwerk des Wiener Gelehrten (Edition Parabasen 4), Freiburg im Breisgau 2004; Alois Riegl Revisited. Beiträge zu Werk und Rezeption – Contributions to the Opus and its Reception, hg. von Peter Noever/Artur Rosenauer/Georg Vasold (Österreichische Akademie der Wissenschaften – Veröffentlichungen der Kommission für Kunst-

Abb. 8: *Eugène-Victor Collinot und Adalbert de Beaumont, Encyclopédie des arts décoratifs de l'Orient. Ornements arabes. Recueil de dessins pour l'art et l'industrie, Paris 1883: »Dessin géométrique sur un panneau sculpté au Caire«.*

einer der weltweit bedeutendsten Sammlungen europäischer Tapisserien besaß das habsburgische Kaiserhaus auch einen wertvollen Bestand türkischer und persischer Teppiche, von denen einige dem Museum für Kunst und Industrie bei seiner Gründung als Leihgaben überlassen wurden, während andere in Schloss Schönbrunn deponiert blieben.[23] Riegl kannte sie alle und widmete ihnen 1892 einen umfangreichen Aufsatz.[24] Kostbare orientalische Teppiche waren

geschichte 9, hg. von Artur Rosenauer), Wien 2010; Diana Reynolds Cordileone, Alois Riegl in Vienna, 1875–1905: An Institutional Biography (Studies in Art Historiography), Farnham 2014.

23 Angela Völker, Die orientalischen Knüpfteppiche im MAK, Österreichisches Museum für angewandte Kunst, Wien, hg. von Peter Noever, Wien/Köln/Weimar 2001, S. 8–21.

24 Alois Riegl, Ältere orientalische Teppiche aus dem Besitz des allerhöchsten Kaiserhauses, in: Jahrbuch der Kunsthistorischen Sammlungen des Allerhöchsten Kaiserhauses. II. Theil: Quellen zur Geschichte der Kaiserlichen Haussammlungen und der Kunstbestrebungen des allerdurchlauchtigsten Erzhauses XIII, 1 (1892), S. 267–332. In diesem Aufsatz wertete Riegl zugleich Archivalien zum Teppichbesitz und -gebrauch des Kaiserhauses aus.

aber auch aus anderen Quellen nach Wien gelangt – wahrscheinlich gab es in Europa gegen Ende des 19. Jahrhunderts keinen anderen Ort, an dem sie in solcher Fülle und Qualität studiert werden konnten: Die Weltausstellung, die 1873 in Wien stattfand, sollte ihren Besuchern Eindrücke, die einer Weltreise gleichkamen, bieten.[25] Unter den zahlreichen Länderpavillons, die dazu errichtet worden waren, galten das türkische und das persische Haus, der tunesische Basar und der Palast des Vizekönigs von Ägypten als besondere Anziehungspunkte; sie alle waren mit Teppichen und anderen textilen Objekten reich ausgestattet. Aus Persien waren zugleich zahlreiche, auch alte Teppiche als Handelsware nach Wien gelangt, da wiederholte Dürreperioden und nachfolgende Hungersnöte, unter denen das Land von 1869 bis 1872 litt, viele Familien zum Verkauf ihrer ererbten Schätze genötigt hatten. In Wien fanden die textilen Kunstwerke interessierte und kenntnisreiche Aufnahme: Arthur von Scala, der bei der Pariser Weltausstellung von 1867 offizieller Berichterstatter über die Textilindustrie für die österreichische Regierung gewesen war, amtierte 1873 als Sekretär des Komitees für den Orient und Ostasien. Er erwarb aus den Exponaten der Weltausstellung zahlreiche Objekte, darunter auch Teppiche, für ein Kaiserlich Königliches Orientalisches Museum, zu dessen Gründungsdirektor er ernannt wurde. Das Museum, das 1886 in Kaiserlich Königliches Österreichisches Handelsmuseum umbenannt wurde, führte den Orient zwar nun nicht mehr im Titel, aber durchaus weiterhin im Programm: 1891 fand hier die weltweit erste große Ausstellung statt, die ausschließlich orientalischen Teppichen gewidmet war; mit der wissenschaftlichen Bearbeitung der historischen Teppiche (sowohl für den Führer zur Ausstellung, als auch für den nach der Ausstellung publizierten, monumentalen dreibändigen Katalog)[26] beauftragte von Scala Alois Riegl, den Konservator der Textilsammlung am Museum für Kunst und Industrie. 1897, in dem Jahr, in dem Riegl definitiv vom Museum auf den Universitätslehrstuhl wechselte, wurde Arthur von Scala zum Direktor des Museums für Kunst und Industrie berufen; als einige Jahre später das Handelsmuseum, von Scalas alte Wirkungsstätte, seine Ausrichtung änderte, erreichte er die Übergabe eines großen Teils der orientalischen Sammlung, darunter zahlreiche Teppiche, an sein neues Haus.[27]

Alois Riegl hatte, bevor er seine Monographie zu den altorientalischen Teppichen und ihren Dekors vorlegte, Gelegenheit gehabt, Hunderte von Teppichen im Original zu studieren, eine Erfahrung, die zumal für eine Zeit, in der illustrierte Publikationen selten und Farbabbildungen kostspieligen Prunkausgaben vorbehalten waren, kaum zu überschätzen ist.[28] Offenbar war

25 Dazu zuletzt: Experiment Metropole. 1873: Wien und die Weltausstellung. Katalog zur Ausstellung im Wien Museum, hg. von Wolfgang Kos und Ralph Gleis, Wien 2014, und spezifischer: Welt ausstellen. Schauplatz Wien 1873, Katalog zur Ausstellung im Technischen Museum Wien, hg. vom Technischen Museum Wien, Wien 2004.

26 Orientalische Teppiche. Katalog zur Ausstellung, mit Unterstützung des K. K. Handels-Ministeriums und des K. K. Ministeriums für Cultus und Unterricht, hg. vom K. K. Österr. Handels-Museum, 1 Text- und 2 Tafelbände, Wien 1892–1896.

27 Das MAK – Österreichisches Museum für angewandte Kunst, wie die als K. K. Museum für Kunst und Industrie gegründete Institution heute heißt, besitzt eine der weltweit bedeutendsten Sammlungen orientalischer Teppiche. Zu Bestand und Geschichte siehe Völker, Orientalische Knüpfteppiche (wie Anm. 23).

28 Allein die Ausstellung von 1891 hatte – in einer modernen und einer antiken Abteilung jeweils nach Herkunftszentren geordnet – insgesamt mehr als 400 Objekte gezeigt. Sie war von einem knappen Führer für die Besucher begleitet; im Anschluss an die Ausstellung erschien der dreibän-

ihm daran gelegen, diese Erfahrung weiterzugeben: Als er etwa zu Anfang des Jahres 1892 einen Vortrag am Kunstgewerbemuseum in Prag hielt, ließ er eigens Teppiche aus Wien dorthin transportieren, um seine Ausführungen mit Originalen belegen zu können.[29] In seinen Publikationen nehmen präzise Beschreibungen der Ornamente entsprechenden Raum ein – er argumentierte visuell, auch und gerade wenn opulente Bebilderungen seiner Ausführungen nicht realisierbar waren. Dies gilt auch für sein zweites, bis heute einflussreiches Buch »Stilfragen. Grundlegungen zu einer Geschichte der Ornamentik«, das 1893 erschien.[30] Hierin wandte er sich gegen den Ansatz von Semper, der den ornamentalen Dekor unmittelbar aus den jeweils verwendeten Materialien abgeleitet hatte; als Kunsthistoriker, dessen Objekterfahrung sich in einem weiten zeitlichen und geographischen Horizont bewegte, argumentierte er für eine Auffassung, nach der verschiedene Ornamentstile jeweils Lösungen eigener formaler Probleme repräsentierten.

Die Reihe der Forscher, die sich in der zweiten Hälfte des 19. und dem beginnenden 20. Jahrhundert mit Textilien und namentlich mit orientalischen Teppichen beschäftigten, ließe sich fortsetzen.[31] Ihre Arbeiten zielten im Allgemeinen entweder auf ein historisches Verständnis textiler Objekte, ihrer Muster und Motive (dazu gehörten auch der Vergleich von Textildekors mit Flächengestaltungen in anderen Materialien, die Entwicklung von Methoden zur Datierung oder Herkunftsbestimmung sowie die Untersuchung der Funktionen textiler Objekte in verschiedenen Kulturen), oder aber auf ihre praktische Nutzbarmachung für die zeitgenössische Produktion in Handwerk und Industrie (dazu gehörten die zum Teil außerordentlich umfangreichen Mustersammlungen,[32] aber auch die analytischen Studien, die Grundlagen und Bedingungen für überzeugende Flächendekors zu fassen versuchten). Wie aber nahmen die Autoren die Dekors von Textilien und vor allem von orientalischen Teppichen wahr?

Zuerst stellten sie fest, dass in allen Flächendekors die Relation zwischen Grund und Muster eine wesentliche Rolle spielt; sie kann sehr unterschiedlich ausgestaltet werden, gehört aber offenbar zu den grundlegenden Problemen, vor die sich Entwerfer immer wieder gestellt sehen. Die regelmäßige Wiederholung einzelner Motive oder aber ihre Variation in einem bestimmten Rhythmus ließ sich ebenfalls als Konstante in der Gestaltung von Flächenmustern beschreiben.

dige Katalog im Groß-Folio-Format, der in der Tat Farbabbildungen präsentierte (wie Anm. 26). Die deutschsprachige Ausgabe erschien jedoch in nur 200 nummerierten Exemplaren; zugleich publizierte englische und französische Ausgaben zählten jeweils nur 100 Exemplare.

29 Archiv MAK, 1892–0086. Den Mitarbeiterinnen des MAK, namentlich Kathrin Pokorny-Nagel, danke ich herzlich für ihre Unterstützung.

30 Alois Riegl, Stilfragen. Grundzüge zu einer Geschichte der Ornamentik, Berlin 1893 (Nachdruck Hildesheim 1975).

31 Ausdrücklich zu nennen ist hier Wilhelm von Bode, von 1905 bis 1920 Generaldirektor der Königlichen Museen zu Berlin; er hatte 1892 (während er als Direktor der Skulpturensammlung und der Gemäldegalerie vorstand) eine Arbeit über »Altpersische Knüpfteppiche« (Studien zur Geschichte der persischen Knüpfarbeit auf Grund eines Teppichs im Besitz der königlichen Museen zu Berlin) publiziert. 1901 erschien sein Buch »Vorderasiatische Knüpfteppiche aus älterer Zeit«; namentlich in einer von Ernst Kühnel, dem nachmaligen Direktor des Museums für Islamische Kunst zu Berlin, überarbeiteten Fassung gilt es als Grundlagenwerk, das bis 1985 mehrere Auflagen erlebte.

32 Dazu zählen etwa die Publikationen von Friedrich Fischbach (wie Anm. 15); siehe auch die Abb. 7 in diesem Beitrag.

Gewebe (ebenso wie Tapeten) waren aus technischen Gründen in der Breite begrenzt, in der Länge aber zumindest potentiell endlos; ihre Dekors mussten so gestaltet werden, dass sie sich in der Länge in regelmäßigen Abständen wiederholten (Rapportmuster) und an den Seiten komplementär ausgebildet waren, so dass Bahnen ohne Bruch des Musters aneinandergesetzt werden konnten. Teppiche waren dagegen in sich abgeschlossene Objekte: Die orientalischen Knüpfteppiche konnten als Flächen beschrieben werden, bei denen ein mehr oder weniger großes Feld von einer Bordüre umschlossen wurde. Die Bordüren bestanden häufig aus mehreren schmalen und einem breiteren Band, von denen jedes eine eigene Musterung zeigte. Das Feld konnte mit einer rhythmisch geordneten Folge kleinerer Elemente oder mit einem großen, die Fläche beherrschenden Motiv besetzt sein. Früh hatten die Forscher wahrgenommen, dass viele Teppichdekors so angelegt waren, dass die Bordüre nicht eine abgeschlossene Komposition rahmte, sondern ein Muster überschnitt, das sich nach allen Seiten hätte fortsetzen können. Dies gilt für die sogenannten Holbein-Teppiche (Abb. 1)[33], die auf leuchtendrotem oder dunkelblauem Grund Reihen von annähernd oktogonalen Flechtbandmotiven zeigen; aus Arabeskblättern gebildete Rautenfiguren in grün und blau füllen die Flächen zwischen diesen Motiven, und sie sind es, die – gleichsam gegen die Bordüre – das Feld nach außen offen halten. Nicht abgeschlossen sind auch die Muster der sogenannten Lotto-Teppiche (Abb. 2)[34]: In einem Farbkontrast von leuchtendem Gelb und Rot, der für diese Gruppe charakteristisch ist, zeigt ihr Dekor geometrisch stilisierte Palmettenblüten und Arabeskblätter, die zu Reihen von Oktogonal- und Rautenformen zusammengestellt sind; ein Liniennetz verbindet die Elemente. Auch diese Muster sind nach allen Seiten fortlaufend gedacht. Für die sogenannten Holbein- wie für die Lotto-Teppiche gilt außerdem, dass ihre Muster jeweils in annähernd gleicher Größe ausgeführt sind – ein kleinerer Teppich zeigt nicht einen verkleinerten Musterrapport, sondern einen kleineren Ausschnitt aus der Zeichnung. Eine weitere interessante Eigenart kommt bei den Lotto-Teppichen hinzu: Grund und Muster sind nicht eindeutig einer bestimmten Farbe zugeordnet – die Motive können in Gelb auf rotem Grund oder auch in Rot auf gelbem Grund gelesen werden.

Nicht alle Teppichdekors sind aus Reihungen von gleichen oder annähernd gleichen kleinen Elementen gebildet; andere (auch zeitgleich entstandene) Kompositionen stellen ein beherrschendes Motiv in die Fläche. Zu ihnen gehören die Nischenteppiche (die Bezeichnung »Gebetsteppiche« verweist auf ihre Funktion), die zugleich – anders als die oben beschriebenen Typen – eine eindeutige Richtung zeigen (Abb. 10)[35]. Ein Hauptmotiv haben auch die sogenannten Medaillon-Teppiche, seien sie türkischer oder persischer Provenienz (Abb. 11[36]

33 Sogenannter Holbein-Teppich mit kleinformatigem Muster, München, Bayerisches Nationalmuseum, Inv.-Nr. T 1598; vgl. Birgitt Borkopp-Restle, Mit großen Freuden, Triumph und Köstlichkeit. Textile Schätze aus Renaissance und Barock aus den Sammlungen des Bayerischen Nationalmuseums (hg. von Renate Eikelmann), München 2002, Kat.-Nr. 1.

34 Sogenannter Lotto-Teppich, München, Bayerisches Nationalmuseum, Inv.-Nr. T 1601; ebenda, Kat.-Nr. 12.

35 Weißgrundiger Nischenteppich, München, Bayerisches Nationalmuseum, Inv.-Nr. T 1593.

36 Medaillon-Teppich, Westanatolien (Ushak), 16. Jahrhundert, Wien, MAK – Österreichisches Museum für angewandte Kunst, Inv.-Nr. T 8343/1922 KB; vgl. Völker (wie Anm. 23), Kat.-Nr. 14.

Abb. 9: *Julius Lessing, Altorientalische Teppichmuster nach Bildern und Originalen des XV.–XVI. Jahrhunderts, gezeichnet von J. Lessing, Berlin 1877: »Teppich auf dem Bilde von Hans Memling, Die Verlobung der heiligen Katharina im Johannisspital zu Brügge 1479«.*

und 12[37]): Bei allen Unterschieden im Detail ist ihnen gemeinsam, dass ihr Dekor ein eindeutig definiertes Zentrum hat und insgesamt symmetrisch aufgebaut ist. Zu beobachten ist aber auch hier, dass die Kompositionen nur scheinbar abgeschlossen sind: Regelmäßig erscheinen in den Ecken angeschnittene Motive (etwa Viertel von runden oder ovalen Medaillons), die auf vorgestellte oder vorstellbare Fortführungen des Musters verweisen. Die »offenen« Dekors sind gelegentlich auch als Visualisierungen einer Unendlichkeit im Sinne von Transzendenz interpretiert worden; die Forscher, die im 19. Jahrhundert auf eine grundlegende Theorie von Ornament und Muster zielten, wie diejenigen, die wenig später eine kunstwissenschaftliche Forschung zur nicht-europäischen, konkreter: zur islamischen Kunst begründeten, mieden solche Deutungen. Ihre Publikationen trugen jedoch in erheblichem Maße dazu bei, Aufmerksamkeit für diese Kunst zu gewinnen, die dann zu Beginn des 20. Jahrhunderts aus dem Kontext der Industrie- und Gewerbeausstellungen heraustrat. Den Wendepunkt markiert die Ausstellung »Meisterwerke muhammedanischer Kunst«, die 1910 in München stattfand.[38] Sie zeigte mit insgesamt circa 3.600 Exponaten, zu denen auch Karl Ernst Osthaus als Leihgeber in erheblichem Maße beigetragen hatte, einen breiten und außerordentlich qualitätvollen Überblick über die Kunst des islamischen Kulturkreises; textile Objekte, darunter etwa 230 Teppiche, stellten dabei die größte Gruppe dar. Der dreibändige Katalog, der im Anschluss an die Ausstellung erschien,[39] wurde von den Wissenschaftlern erarbeitet, die dafür aus ihren Erfahrungen an den Museumssammlungen von Wien und Berlin schöpfen konnten: Friedrich Sarre[40] für die Teppiche und die Keramik, Ernst Kühnel[41] für die Metallarbeiten, Glas, Kristall, Holz und Elfenbein sowie Moritz Dreger[42] für die Gewebe sind hier vor allem zu nennen. Ihre Texte fassten den Wissensstand zusammen, auf dem sich eine Kunstgeschichte der islamischen Welt als eigenständiges Forschungsgebiet etablieren konnte. Da zu gleicher Zeit in Europa,

37 Seidener Medaillon-Teppich, Iran (Kaschan), 2. Hälfte des 16. Jahrhunderts, München, Bayerisches Nationalmuseum, Inv.-Nr. T 1611; vgl. Borkopp-Restle, Mit großen Freuden (wie Anm. 33), Kat.-Nr. 11.

38 Eva-Maria Troelenberg, Eine Ausstellung wird besichtigt: Die Münchner »Ausstellung von Meisterwerken muhammedanischer Kunst« 1910 in kultur- und wissenschaftsgeschichtlicher Perspektive (Europäische Hochschulschriften, Reihe 28: Kunstgeschichte 438, zugl. Diss. Univ. München 2010), Frankfurt am Main 2011; After One Hundred Years: The 1910 Exhibition »Meisterwerke muhammedanischer Kunst« Reconsidered (Islamic History and Civilization 82), hg. von Andrea Lermer und Avinoam Shalem, Leiden 2010.

39 Die Ausstellung von Meisterwerken muhammedanischer Kunst in München 1910, hg. von Friedrich Sarre und F.R. Martin, 3 Bde., München 1912 (Nachdruck London 1984). Die Erstausgabe erschien in 430 nummerierten Exemplaren, von denen 30 Vorzugsexemplare nicht für den Handel bestimmt waren.

40 Friedrich Sarre (1865–1945) leitete zur Zeit der Ausstellung die islamische Abteilung im Berliner Kaiser-Friedrich-Museum; die Abteilung wurde schließlich als selbstständiges Museum für islamische Kunst ausgegliedert, das Sarre von 1921 bis 1929 als Direktor führte.

41 Ernst Kühnel (1882–1964) arbeitete als Volontär der Berliner Museen und Assistent von Friedrich Sarre an der Münchner Ausstellung mit; von 1931 bis 1951 leitete er als Nachfolger Sarres das Berliner Museum für islamische Kunst.

42 Moritz Dreger (1868–1939) war von 1897 bis 1917 in der Nachfolge Alois Riegls Konservator der Textilsammlung am Museum für Kunst und Industrie in Wien; 1917 wurde er als ordentlicher Professur an die Universität Innsbruck berufen, von 1926–1936 war er ordentlicher Professor an der Technischen Universität Wien.

Abb. 10: *Knüpfteppich – Weißgrundiger Nischenteppich, Anatolien (Ushak?), 2. Hälfte 17. Jahrhundert, München, Bayerisches Nationalmuseum (Foto: Walter Haberland).*

Abb. 11: *Knüpfteppich – Medaillon-Ushak, Anatolien (Ushak), 16. Jahrhundert, Wien, MAK – Österreichisches Museum für angewandte Kunst, (Foto: MAK).*

Abb. 12: *Knüpfteppich – Seidenteppich, Iran (Kaschan), 2. Hälfte 16. Jahrhundert, München, Bayerisches Nationalmuseum, (Foto: Walter Haberland).*

namentlich in den Industrieländern, eine neue Kunst und ein neues Design entstanden, die dem ersten Anschein nach ohne Rückgriffe auf historische oder fremde Muster auskamen, war die orientalische Kunst aus der Vorbildfunktion entlassen. An den Kunstgewerbemuseen bestehen zwar die Sammlungen orientalischer Keramik, Metallarbeiten und Textilien durchaus fort, bis auf wenige herausragende Werke wurden sie aber zumeist in die Depots verwiesen. In den Debatten des 20. Jahrhunderts über Aufgaben und Möglichkeiten guter Gestaltung unter den Bedingungen einer Industriekultur spielten sie keine Rolle mehr. Mit den Gegenständen ist aber – für die Kunstgeschichte als Disziplin und für das Verständnis von Werken wie dem Hagener Krematorium, das an der Schwelle eines neuen Zeitabschnitts entstanden ist – offenbar auch das Wissen um die Bedeutung, die sie in den Diskussionen des 19. Jahrhunderts gehabt hatten, aus dem Blick geraten. Man könnte sagen, dass die Neuerer, zu denen Karl Ernst Osthaus und Peter Behrens jedenfalls gehörten, ganze Arbeit geleistet haben – die Ergebnisse ihrer Arbeit werden in solchem Maße als modern, als Abkehr vom Althergebrachten, wahrgenommen, dass deren Voraussetzungen kaum mehr der Rede wert erschienen. Dabei, so soll hier argumentiert werden, lässt sich ein präziseres Verständnis ihrer Leistungen gewinnen, wenn diese nicht allein als Bruch mit überkommenen Verhältnissen, sondern auch in der Fortschreibung von Aushandlungs- und Gestaltungsprozessen gelesen werden, die bereits sehr viel früher eingesetzt hatten. Konkret: Am Beispiel des Hagener Krematoriums lässt sich nachvollziehen, zu welchen Konsequenzen die Analysen orientalischer Ornamentik und der spezifischen Eigenarten des Teppichdekors geführt werden konnten, wenn dabei nicht auf eine Übernahme von Motiven und Mustern, sondern auf eine programmatische Stellungnahme zum Flächendekor gezielt wurde. Karl Ernst Osthaus hatte nicht allein auf den Spuren Owen Jones' das maurische Erbe Spaniens kennengelernt und in Wien bei Alois Riegl studiert, sondern sich, ebenso wie Peter Behrens als Direktor der Düsseldorfer Kunstgewerbeschule,[43] mit den Positionen der Reformer des 19. Jahrhunderts intensiv auseinandergesetzt.

Wenn etwa Osthaus in seinen »Kritischen Betrachtungen über das Hagener Baujahr 1907«[44] über die Außenanlage des Krematoriums schreibt, bei früheren Entwürfen für eine solche Bauaufgabe sei oft der Schornstein in ornamentale Dachaufsätze versteckt worden, so bezieht er sich damit auch auf Owen Jones' *Proposition 2: Architecture is the material expression of the wants, the faculties, and the sentiments, of the age in which it is created,* und *Proposition 5: Construction should be decorated. Decoration should never be purposely constructed.*[45] Jones' Grundsätze stehen offenbar auch dahinter, wenn Osthaus den Innenraum des Krematoriums als einen beschreibt, in dem die Raumteile in einem rhythmischen Verhältnis zueinander stehen, das sich dann in einem Flächendekor fortsetzt, der lesbar ist *als eine förmliche Rhythmenleiter von hellen und dunklen Bändern, die in sich wieder rhythmisch reich belebt sind*[46] – also eine Gliederung von größeren Einheiten, in denen sich dann Untergliederungen entfalten. Jones hat dieses Verhältnis beschrieben in seiner *Proposition 7: The general forms being first cared for,*

43 Gisela Moeller, Peter Behrens in Düsseldorf: Die Jahre von 1903 bis 1907 (Artefact 1, zugleich Diss. Univ. Bonn 1987), Weinheim 1991.

44 Karl Ernst Osthaus, Kritische Betrachtungen über das Hagener Baujahr 1907 (1908), in: Westfälisches Tageblatt 44, Nr. 13–16, 16.–18.1.1908, hier zitiert nach Karl Ernst Osthaus. Reden und Schriften. Folkwang – Werkbund – Arbeitsrat, hg. und kommentiert von Rainer Stamm, mit einem Beitrag von Rainer K. Wick (Kontexte 3), Köln 2002, S. 116–123.

45 Jones, The Grammar of Ornament (wie Anm. 10), S. 5.

46 Osthaus, Kritische Betrachtungen (wie Anm. 44), S. 118.

these should then be subdivided and ornamented by general lines; the interstices may then be filled in with ornament, which may again be subdivided and enriched for closer inspection.[47] Und konkret auf die Teppichmuster nimmt Osthaus Bezug, wenn er die *Ornamentik des Fußbodens* beschreibt als eine, *die sowohl in der Großzügigkeit des Gesamtentwurfs wie dem sprudelnden Reichtum der Einzelformen ihresgleichen sucht. Man möchte das entzückende Spiel der weißen und schwarzen Muster verfolgen, von denen man nicht weiß, welches das Positive, welches das Negative sei.*[48]

So wurde der Dekor des Gebäudes auch von Zeitgenossen wahrgenommen und beschrieben, in deutlichsten Worten von denen, die die vorangegangene Diskussion mitverfolgt und zumindest teilweise mitgetragen hatten, wie etwa Max Creutz, von 1908 bis 1918 Direktor des Kölner Kunstgewerbemuseums. Creutz war, bevor er als Nachfolger Otto von Falkes nach Köln gekommen war, wie der letztere Assistent von Julius Lessing in Berlin gewesen, also desjenigen Direktors des dortigen Kunstgewerbemuseums, der die Gewebesammlung seines Hauses publiziert und daneben das erste wissenschaftliche Buch über orientalische Teppiche vorgelegt hatte. Im »Kunstgewerbeblatt«, der im gesamten deutschsprachigen Raum verbreiteten Zeitschrift der Kunstgewerbevereine, schrieb Creutz über das Krematorium und seinen ornamentalen Dekor: *Die dunklen Streifen und Kreise reihen sich aneinander in unendlichen Reihen, sie treiben und drängen sich in fortlaufender Kraft über den Rahmen hinaus in den Raum und die Weite.*[49] Er leitete diesen Dekor von der orientalischen Ornamentik, namentlich von ihrer Textilkunst ab, die er – und darin folgte er Alois Riegl – in der Tradition der Spätantike sah: *Schon einmal in der spätantiken orientalischen Gewebeornamentik in dem Aneinanderreihen von Kreisen und Zwickelmotiven, dann in gleicher Weise in der gesamten orientalisch-arabischen und persischen Flächendekoration wurde dieses Prinzip der unendlichen Musterung erkannt und zur Anwendung gebracht, nur mit dem Unterschiede, daß die alte Kunst innerhalb eines abschließenden Rahmens die Motive vereinigt, während Behrens jeden Rahmen sprengt und die Musterung ins Unendliche fortspinnt. Durch die Kontraste des mustergleichen Grundes erreicht der Künstler diese neue Wirkung einer eigentlich modernen Anschauung.* Und konkreter: *Wie auf persischen Teppichen, wo wir einen Teil des Musters mit dem Auge erfassen und die Phantasie sich hineinspinnt in den Rhythmus der Blüten und Ranken, die in einer fremden Abstraktheit die Seele gefangen halten wie in einer seltsam geheimnisvollen Welt, so folgen wir auch Behrens in die neue Welt seiner Tektonik und Ornamentik* [...]. Behrens erreiche, so Creutz *bis in alle Einzelheiten der aneinandergereihten Ornamente eine Anweisung auf die Unendlichkeit.* Was den Künstler vor allem auszeichne, *sei die Schöpfung eines unbegrenzten Raumempfindens. Die unendliche Musterung der Webekunst des frühen Mittelalters, die ornamentale Anschauung der Spätantike mit ihrem mustergleichen Grunde haben in der Flächenkunst etwas Verwandtes mit der Art, die Behrens jetzt in letzter Konsequenz auf die Raumgestaltung übertragen hat. Er verbindet die Flächenkunst unendlicher Muster zu einer neuen Architektur.*

47 Jones, The Grammar of Ornament (wie Anm. 10), S. 5.
48 Osthaus, Kritische Betrachtungen (wie Anm. 44), S. 119.
49 Max Creutz, Das Krematorium von Peter Behrens in Hagen in Westfalen, in: Kunstgewerbeblatt NF 20 (1909), S. 41–45; Wiederabdruck in diesem Band S. 230–232. Die folgenden Zitate stammen ebenfalls aus diesem Text.

In der Tat bewirken die Ornamentmotive, zumeist einfache geometrische Formen, die aneinandergereiht oder ineinandergefügt werden, dass die Gliederungen des Baukörpers, seiner Wände und Stützen und schließlich der Dekorfelder im Fußboden als kohärentes System zueinander ins Verhältnis gesetzter Flächen in Erscheinung treten (Tafel 14–16, 18–19). Die Reduktion auf einen Schwarz-Weiß-Kontrast, von dem allein das farbige Mosaik mit seinem Goldgrund ausgenommen ist (Tafel 10), lässt diese Wirkung nur umso deutlicher hervortreten. Die Ornamentfelder, die Behrens an einigen Stellen wie Teppiche ausbreitet (Tafel 23–29), bereichern die strenge Komposition um Elemente, die die geometrischen Grundformen beinah spielerisch in kleinen Wellen, spitzovalen Blättchen und Rautenformen variieren. Die Muster sind so gestaltet, dass sie – wie die der beschriebenen orientalischen Teppiche – in alle Richtungen fortgeführt werden könnten. Ihre Herstellung aus entsprechend gestalteten Fliesen unterstreicht diesen Aspekt: Die Ornamentfelder sind aus Modulen zusammengesetzt. Im Hauptraum des Krematoriums sind die Musterflächen nicht von Bordüren eingefasst; sie gehen in der schwarzen Fläche des Fußbodens auf. Eine aus Fliesen gebildete Bordüre rahmt hier allein den Katafalk, den Ort, der den Körper des Verstorbenen aufnimmt (Tafel 11–13). Nur in einem Nebenraum wurden »Fliesenteppiche« mit zentrierten Kompositionen und Bordüren gelegt (Abb. 13). Waren die Ornamentfelder im Hauptraum im Sinne der Deutung von Max Creutz *als Anweisung auf die Unendlichkeit* intendiert, dann konnte darauf in einem Nebenraum verzichtet werden, ja sie hätten vielleicht sogar als der Funktion des Raumes unangemessen gelten müssen. Erwähnt sei schließlich, dass die Verwendung von Fliesen, also seriell hergestellter Industrieprodukte, zugleich auf grundlegende Aspekte des Bauens unter den Bedingungen des 20. Jahrhunderts verweist, die Peter Behrens in den folgenden Jahren namentlich als Mitglied des Deutschen Werkbundes immer wieder thematisierte; die Herstellung von Kleinserien, wie sie zweifellos in den Dekorfliesen des Krematoriums vorliegen, muss dabei als anspruchsvolle und auch kostspielige Produktionsform gelten.

Die Bedeutung des Krematoriums als Monument der Moderne wurde und wird zu Recht hervorgehoben; mit diesem Entwurf – wie auch mit anderen Bauaufgaben – ließ Peter Behrens überkommene Traditionen hinter sich. Dabei nahm er aber zugleich Voraussetzungen, ja Errungenschaften (wenn ein grundsätzliches Verständnis des Flächendekors als solches gelten darf) des 19. Jahrhunderts auf. Mit der Anlage von Mustersammlungen an den Kunstgewerbemuseen hatten ihre Gründer nicht beabsichtigt, ein unmittelbar verfügbares Ornamentrepertoire bereitzustellen; sie wollten vielmehr – dies formulieren zahlreiche Gründungsurkunden und Kommentare der Zeit – Studienorte schaffen, an denen sowohl ein theoretisches Verständnis als auch zukunftsweisende Perspektiven für eine moderne Produktgestaltung gewonnen werden konnten. Die Ergebnisse, die in diesem Sinne schließlich erreicht wurden, konnten und mussten anders aussehen, als für die Reformer der ersten Generation voraussehbar war. Die Debatten des 19. Jahrhunderts und die Objekterfahrungen, die ihnen zugrunde liegen, sind aber wohl als Resonanzraum der neuen Gestaltung, die Osthaus und Behrens verantworten, wahrzunehmen.

Abb. 13: *Peter Behrens, Fliesenfeld im Nebenraum des Krematoriums.*

Thomas Schilp

Leben – Bauen – Gestalten

Die Städte des Ruhrgebiets um 1900 und der »Hagener Impuls«

Prolegomena

Die folgenden Überlegungen[1] diskutieren Aspekte der Entwicklung des Ruhrgebiets in der Zeit um 1900. Zahlreiche und äußerst heterogene Spuren könnten dabei verfolgt werden – ein Unterfangen für einen Essay, das möglicherweise wegen Überhäufung von Entwicklungen und Fragestellungen bei manchem Leser ein gewisses Unbehagen erzeugt. Bei dem Thema Ruhrgebiet um 1900 geht es um den tiefgreifenden Prozess der Industrialisierung der Region während des langen 19. Jahrhunderts zwischen Französischer Revolution und Erstem Weltkrieg. Und mit diesem Zeitraum sind Kontexte angesprochen, in die auch Karl Ernst Osthaus mit seinem Denken und Handeln, mit dem »Hagener Impuls«, eingebunden war. Aus den wirtschaftlichen, sozialen und politischen Prozessen der Zeit um 1900 hat Osthaus seine Ideen, Visionen und Konzepte entwickelt. In dieser Zeit ging es auf der einen Seite um die technischen Innovationen und die damit einhergehenden innovativen Produktionsprozesse, die auch neue Möglichkeiten der Gestaltung, des Bauens und Lebens einräumten. Das Hagener Krematorium war ein Ergebnis dieser Entwicklung von Technik, Wirtschaft und Gesellschaft.

Auf der anderen Seite waren die Menschen des Ruhrgebiets in den neuen Produktionsprozessen zunehmend bloße Anhängsel der von ihnen bedienten Maschinerie. Das Ruhrgebiet war zu einer Region der Migration geworden: Für die Städte des Reviers ging es um 1900 daher auch um die Prozesse der Selbstfindung und Selbstdeutung in einer Region, die ja gerade erst entstand, oder besser: noch immer im Entstehen begriffen war. Wir haben es mit einer von Widersprüchen gezeichneten Region in schwieriger Zeit zu tun, mit Entwicklungen, die sich zum Teil antagonistisch gegenüberstanden.

Beim Revier um 1900 geht es um umfassende gesellschaftliche Wandlungsprozesse, um soziale Konflikte, die Verelendung der Massen oder die »soziale Lage« der ihrer ursprünglichen Herkunft und Umgebung entwurzelten Menschen, denn in die Städte des Ruhrgebiets wanderten massenhaft Menschen zu, allein für Arbeit und für das Überleben. Es geht um die Verbandsbildung der neuen sozialen Gruppen, der Arbeiter in den Gewerkschaften, aber auch der Vertreter der Kapitalseite in deren Verbänden. Es geht darum, dass die arbeitende Bevölkerung in die Region überhaupt erst zuwandern musste, da die überkommenen Kleinstädte und die weitgehend agrarisch geprägten Strukturen der Region um 1800 überhaupt nicht über die für die Industrialisierung geforderten personellen Ressourcen verfügten. Aber hier im Ruhrgebiet

1 Die Fassung des Vortrags der Tagung: »›Eines der wichtigsten Monumente unserer Zeit überhaupt‹. Das Krematorium von Peter Behrens in Hagen« wurde weitgehend beibehalten. Ich verzichte auf Anmerkungen und beschränke mich auf eine Auswahlbibliographie aus der reichen Literatur zum Thema am Ende des Aufsatzes.

lag die Steinkohle – verborgen unter der Erdoberfläche –, die Voraussetzung und Grundlage der Industrialisierung des Reviers. Dortmund hatte um 1800 rund 4.000 Einwohner, 1900 – noch ohne jede Eingemeindung – knapp 150.000 (Hagen im Jahr 1901 nach der Eingemeindung der Landgemeinden: knapp 70.000). Wenn man dieses Wachstum des 19. Jahrhunderts gedanklich einmal für die Zeit bis heute kontinuierlich fortsetzen würde, hätte Dortmund im Kernbereich 2012/2013 weit über 6 Millionen Einwohner. Deutlicher kann das dramatische Anwachsen der Bevölkerung im 19. Jahrhundert mit allen damit verbundenen Problemen kaum plausibel gemacht werden.

Die soziale Frage

Das Ruhrgebiet war ein Schauplatz der großen sozialen Fragen des 19. Jahrhunderts, die im Revier aufgrund der Quellenlage aber nur schwer zu bearbeiten sind, wenn wir im Vergleich nur einmal in das Buch von Friedrich Engels über die Lage der arbeitenden Klasse in England aus dem Jahre 1845 schauen.[2] Engels konnte schon als Zeitgenosse auf Berichte an das Englische Parlament und auf die vorausgegangenen Erhebungen zurückgreifen – auf genaue Beschreibungen und Statistiken der Wohn- und Arbeitsverhältnisse, typische Erkrankungen, Ernährungsfragen, Hygieneverhältnisse, Kinderarbeit und dergleichen mehr. In England hat die Problematik auch im literarischen und zugleich immer sozialkritischen Werk vor allem von Charles Dickens einen bleibenden Ausdruck gefunden, erinnert sei hier nur an die Romane »Oliver Twist« (1837) oder »David Copperfield« (1849). Für das Ruhrgebiet haben wir für die frühe Phase der Industrialisierung weder die Möglichkeit der Auswertung statistischer Erhebungen, noch sind literarische Zeugnisse überliefert; wir sind verwiesen auf zufällig überlieferte Einzelschicksale und eher allgemein gehaltene Befunde.

Ein Einzelzeugnis aus dem Jahre 1849, der frühen Phase der Industrialisierung also, möchte ich kurz vorstellen (Abb. 1):[3]

Brief aus Dortmund aus dem Jahre 1849, Transkription in Auszügen:

Dortmund, 5. 8. 1849
Viele Grüße von Herzen geliebten Eltern u(nd) Geschwister!

Zuerst theile ich Ihn(en) die Ansicht von Dortmund von der Nordseite mit, auf welcher der Banhof ligt. Ich erkläre Ihnen es etwas: Dies Haus, welches mit 1 gezeichnet ist, ist ein Gasthof am Banhof, in welchem meine Vorgestz(etz)ten loschiren. [...] *mit 4 ist das Gebeude, worin ich arbeite; der hohe Schorstein ist die Maschin, welche 3 bis 400 Menschen ernährt. Mit 5 ist das Gebeud, worin Theodor arbeit, welcher vor 4 Wochen auch hirher in Arbeit kam. Wir liegen in einem Kwartir zusam.* [...] *Hinter dem Bahnhof ligt die Kuweide; das Fih bleibt Tag u(nd) Nacht auf derselben u(nd) die Mädchen gehn nach der Milch dahin.* [...]

2 Friedrich Engels, Die Lage der arbeitenden Klasse in England. Nach eigner Anschauung und authentischen Quellen, Leipzig 1845 (erschienen als Karl Marx/Friedrich Engels, Werke, Bd. 2, Berlin 1972).

3 Stadtarchiv Dortmund, Best. 502.

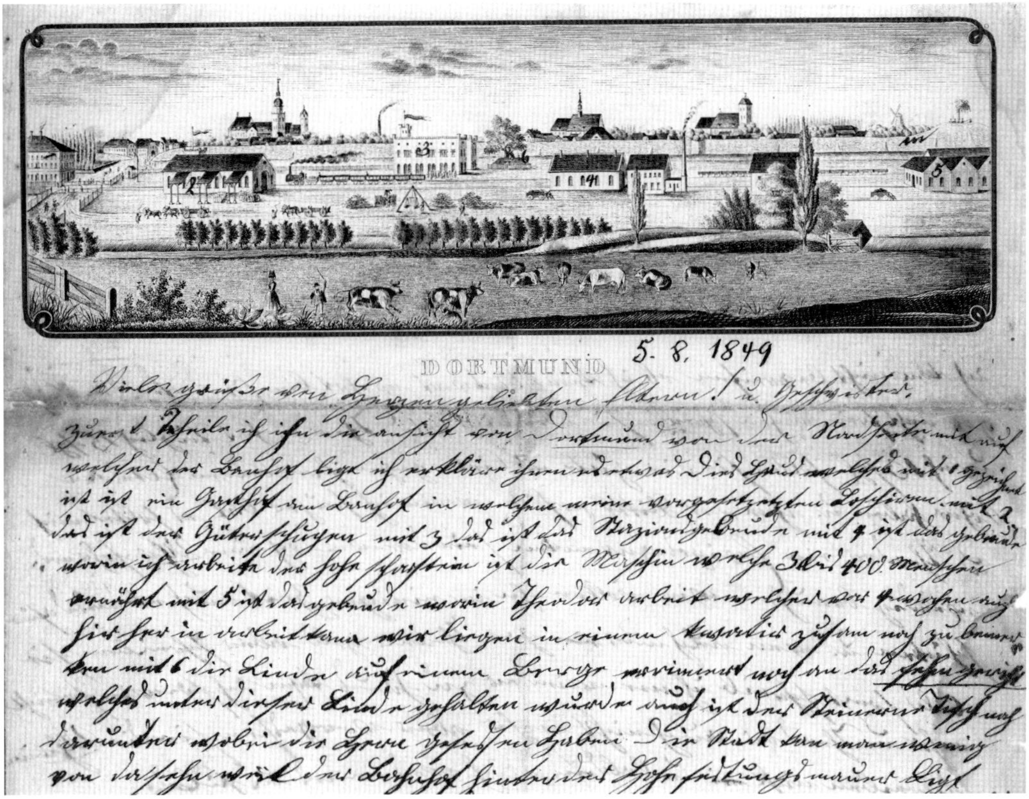

Abb. 1: *Brief aus Dortmund, 1849: Briefkopf mit Anfang des Brieftextes, Stadtarchiv Dortmund (Foto: Stadtarchiv Dortmund).*

> *Lieben Eltern,*
> *mit Sehnsucht hoffte ich auf einen Brief von Ihn(en), da ich Ihn(en) schon vor 5 Wochen geschriben hab, geden Mittag u(nd) Abend, wen ich zu Haus kam, frug ich immer, ob ein Brief an mich da wär, aber nein Ich kan nicht begreifen, ob ich keine Antwort wehrt bin; Sie dirfen den Brief gar nicht freimachen, schreiben Sie aber nur bald. Theodor hat täglich 15 Silbergroschen u(nd) ich 13 Silbergroschen. Sollten Sie die Güte u(nd) Liebe gegen Ihre beiden eltesten Söhne haben u(nd) ihne(n) die Bittte erfüln, worin ich früher bat, es sollten mich u(nd) Theodor ein ewiges Andenken sein, da wir doch eine Uhr sehr nodwendig brauchen. Wir wollen Ihn(en) in einiger Zeit auch etwas dafür schücken u(nd) wen auch nur ein par Thaler Geld. Aber schreiben Sie bald, sonst schreib ich nie wieder; zu Haus kom ich sowieso nicht mehr u(nd) Theodor auch nicht mehr. Aber vergessen Sie die Uhr im Schreiben nicht u(nd) bald u(nd) auch, was neues u(nd) viles. [...]*

Gestrichene Notiz am Rande auf S. 3:

> *Es hat Ihnen der vorige Brief gewiß nicht gefallen; es war aber alles so, wie ich habe geschriebn.*

Es folgen einige Zeilen von Theodor Berner:

Dortmund, d(en) 5ten August 1848(!)
Ich grüße alle und hoffe, daß Sie alle so gesund sin(d) wie ich; ich habe nach Fingsten zu Ihnen geschrieben und keine Antwort erhalten. Jetzt brauch ich 50 Reichstaler und schreibe wieder zu Haus und wenn ich keine 50 Reichstaler erhalte, so kann ich nicht gleich wieder schreibe(n). Es geht mir sonst recht gut und werde in 14 Tagen ausquartiren in eine eigene Stube, mit Paul abgemacht sehln (?).
Theodor Berner

Die Schlusspassage stammt wieder von der Hand des Paul Adolf Berner:

Der alte Fettermann in Gröben grüße ich u(nd) er soll die 50 Reichsthaler schicken, die Theodor bat.
Paul Berner, den 5ten August 1849
Adresse an mich
An Paul Adolph Berner
Beim Maurer Hern Joseph Kerle in
Dortmund im Wüstenhof, Nr. 562
Kreis Dortmund, Regirungsbezirk Arensberg,
Provfinz Westphalen.

Die Brüder Berner schreiben an ihre Familie. Sie beschreiben eine Ansicht des Dortmunder Bahnhofs mit Nebengebäuden und der Stadtsilhouette aus nördlicher Richtung, die im Kopf des Briefes abgebildet ist – die Brüder arbeiten im Bahnhof und haben in Dortmund gemeinsam Quartier bezogen, bei einem Maurer; möglicherweise teilen sie sich Zimmer und Bett mit anderen, da sie sich als Quartiergänger bezeichnen. Für eine Uhr erbitten die Brüder mit ihrem Brief Geld von den Eltern, wollen später dann selbst Geld nach Hause senden. Die briefliche Kommunikation mit den Eltern war offenbar unterbrochen worden, aus welchen Gründen auch immer; die Brüder klagen, auf ihre letzten Briefe keine Antwort mehr erhalten zu haben. Die Brüder drohen nun, den Kontakt zum Elternhaus ganz abzubrechen, falls nicht endlich eine Antwort in Dortmund eingehen wird. Sie sind zum Arbeiten nach Dortmund gekommen, erscheinen sozial entwurzelt.

Den Briefkopf ziert eine Ansicht des Bahnhofs und der Stadt Dortmund: Die auf das Mittelalter zurückgehende Stadtmauer ist im Norden erhalten und trennt wie ein Riegel den Bahnhof von der Stadt. Die Silhouette Dortmunds wird noch von den Kirchen und den Resten der Stadtbefestigung bestimmt. Insgesamt erscheint Dortmund mit der Kuhherde auf der Weide im Vordergrund der Ansicht in ein ländliches Idyll getaucht, wenngleich erste Schlote rauchen, und auch in Hörde seit 1841 schon mit der Hermannshütte die erste Eisen- und Stahlhütte den Betrieb aufgenommen hatte.

Selbstdeutungen der Kommunen

Es müsste im Rahmen des Themas eigentlich – ich beginne, in einen anderen Modus zu wechseln – um die Manifestierung politischen Willens und die Parteienbildung, auch um das neue Honoratiorentum gehen, um den durch nichts zu brechenden Fortschrittsglauben der Zeit, der alles Überkommene missachtete und in Euphorie nur das Neue, technisch Mögliche wollte. Alles Alte galt als überholt, als atavistisch und unbrauchbar; es müsste um die Zerstörung der Orte der Erinnerung der vorindustriellen, vormodernen Epoche gehen und gleichsam in einem Atemzug um die Historisierung der Selbstdeutung der Gesellschaften und der Menschen des Reviers, die am neuen Ort erst einmal gar keine eigene Orts-Geschichte hatten – Geschichte und Tradition hatte man im Herkunftsort zurückgelassen. Es müsste um den Wildwuchs der Industrieansiedlung und Wohnbebauung rund um Schacht und Hochofen, um die Bedeutung der Religion und der Kirche, neue Formen der Schule und Ausbildung gehen, um Prozesse der Zerstörung einer untergegangenen Kultur und zugleich der Akkulturation in Architektur und Städteplanung, um das entstehende kulturelle Leben der Neuen Städte und die neuen Formen der modernen Urbanität, die positiven Ansätze des neuen städtischen Lebens.

Und dennoch: Gegen 1900 wurden nach der Gründung der ersten Geschichts- und Heimatvereine im Ruhrgebiet aufgrund privater Initiativen nach zarten Anfängen in der Region erste örtliche Museen für Kunst- und Kulturgeschichte gegründet. Vater des Dortmunder kulturhistorischen Museums etwa war der Zeichenlehrer Albert Baum, der nach ehrenamtlicher Tätigkeit seit 1904 als hauptamtlicher Museumsleiter einen umfangreichen Bestand volkskundlicher und kunstgewerblicher Exponate zusammentrug. Archäologische Funde ergänzten die Sammlung. Um 1900 besann man sich also – anderen Trends entgegenlaufend – zusehends auch der in Vergessenheit geratenen Traditionslinien des eigenen Orts.

Mit der Tatsache, dass jeder Leser den Katalog leicht fortsetzen könnte, ist eine gewisse Beliebigkeit zu spüren, die freilich nicht unserem heutigen Denken, sondern der Zeit selbst entspringt; die kaum zu systematisierende Aufzählung von heterogenen Prozessen und Ereignissen deutet auf eigentlich Unvereinbares, das sich zu einer Zeit an einem Ort ereignete. Und es stellen sich noch ganz andere Probleme bei der Beschäftigung mit dieser Zeit: Wir gehen mit unserer heutigen Welt- und Selbstsicht auf diese Zeit um 1900 zu, die wir aus unserer Lebenswelt im Revier eigentlich ja noch kennen, oder besser: zu kennen glauben. Unsere Zeit formuliert Erwartungen an die Vergangenheit, die Zeit um 1900. So feierte die Kulturhauptstadt Ruhr.2010 in ihren offiziellen Verlautbarungen häufig – denke man nur an die feierliche Eröffnung auf Zollverein in Essen – und hauptsächlich das Malochertum der Bergleute und Stahlarbeiter als Grundtugend des Ruhrgebiets im Jahre 2010. Diese Tugend aber gibt es real gar nicht, weil Bergbau und Stahl fast vollständig aus dem größten Teil des Reviers verdrängt sind; vielleicht – und sogar wahrscheinlich – hat es die Tugenden in dieser gefeierten Form niemals gegeben. Auf jeden Fall feierte das Ruhrgebiet 2010 untergegangene oder vermeintliche Tugenden und Kulturformen als das Spezifikum der Region im Heute und Morgen, anstatt die Dynamik und den Wandel – den ständigen Zwang zum Wandel und den regionalen Umgang damit – zum Thema zu machen.

Doch möchte ich auf einen bislang nur beiläufig aufgegriffenen Gedanken zurückkommen: Die Zeit um 1900 wurde ganz unterschiedlich – je nach Lebensverhältnissen – gedeutet, an einem Ort erfolgten gleichzeitig ganz unterschiedliche Dinge, die von Gruppen unterschiedlich getragen und verarbeitet worden sind. Wenn ich allein für Dortmund – die Nachbarstadt Hagens – einmal Ereignisse und Zusammenhänge nur aufzuzählen beginne, so sind selbst diese willkürlich gewählt, da sie zunächst die eher »offiziellen« Daten und Ereignisse abschreiten. Vor gut 140 Jahren, am 2. Juli 1871, wurde auf einer Feier zur Einführung des Ersten Bürgermeisters Dr. Hermann Becker der Historische Verein für Dortmund und die Grafschaft Mark von den anwesenden Honoratioren gegründet. Becker, ein alter Dortmunder, war einer der wichtigsten Akteure des Vormärz und der Paulskirchenbewegung; nach 1848 hatte er mehrere Jahre, politisch verfolgt, in Festungshaft absitzen müssen. In diesem Jahr 1871 wurde das Stahlwerk Hoesch in Dortmund gegründet; die Steinkohlenzechen wanderten im Stadtgebiet nach Norden vor – aufgrund der neuen Methoden der Wasserhaltung durch den Einsatz der Dampfmaschine und mit den neuen technischen Möglichkeiten konnten die Schächte immer tiefer abgeteuft werden. 1872 die Gründung eines modernen Wasserwerks – die wild wachsende Wohnbebauung war zunächst quasi ohne Infrastruktur unter entsetzlichen hygienischen Verhältnissen erfolgt, denn der Bergbau hatte die zahlreichen Quellen im Stadtgebiet fast vollständig zum Erliegen gebracht. 1899 erstes Elektrizitätswerk; die Abwasserentsorgung wurde nach ersten Anfängen im Jahre 1880 eigentlich erst nach 1900 mit der Gründung der Emschergenossenschaft bewältigt. Seit den siebziger Jahren Gründung und Ausbau der Bierbrauereien auf industriellem Standard. 1878 Städtisches Südbad eröffnet. Schulgründungen in den 70er und 80er Jahren, vor allem zur polytechnischen Bildung; die Frauenbildung blieb weitgehend kirchlichen Einrichtungen überlassen.1883 Museumsgründung, 1885 Schlachthof (Dortmund hatte nun fast 80.000 Einwohner); 1887 erstes Konzert des Orchestervereins – die Geburtsstunde des städtischen Orchesters, das aber erst 1920 von der Stadt übernommen werden sollte. Ich breche die Auflistung an dieser Stelle ab.

Infrastruktur und Anfänge der Stadtplanung

An der Geschichte der Revierstädte – und in dieser exemplarischen Aufzählung für Dortmund schwingt dies mit – ist auffällig: Die Städte wurden von den Gründungswellen der Industrie und der folgenden arbeitenden Wohnbevölkerung regelrecht überrollt – neben den erfolgreichen Werken der Montanindustrie gab es natürlich auch viele gescheiterte Gründungen. In der Phase der Hochkonjunktur ins Leben gerufen, gingen diese häufig bei der kleinsten Krisenerscheinung in den Konkurs, und der Bankrott ließ außer Schulden und Bauruinen zahlreiche menschliche Katastrophen zurück. Wohnbebauungen folgten zunächst im Wildwuchs den Industriebetrieben, in der Regel der Unmittelbarkeit gehorchend, dass man ohne funktionierende Verkehrsmittel dort wohnen musste, wo man Arbeit fand. Die Kommunen hatten für Jahrzehnte nicht die erforderlichen Infrastukturen, und im Übrigen zunächst auch überhaupt gar kein Personal, so dass sie den realen Entwicklungen ihrer Städte für Jahrzehnte nur hinterher rennen konnten. Erst kurz vor 1900 setzten erste große städteplanerische Konzepte und Projekte ein und wurden in der Folge auch langsam realisiert. So in Dortmund die Nordstadt, zwischen den Stahlwerken »Union« im Westen und der »Westfalenhütte« Hoeschs im Osten gelegen. Noch zur Einweihung des Hafens durch Kaiser Wilhelm II. im Jahr 1899 war für den Weg des Kaisers vom Hafen auf den Marktplatz in das unter Hochdruck für den hohen Gast wiederhergestellte Rathaus noch gar keine Straße fertig gestellt – hier wurde mit großer Anstrengung in kurzer Zeit überhaupt erst eine entsprechende Straße zum würdigen Empfang des hohen Gastes gebaut.

Erst in dieser Zeit wurden nach der Bewältigung von Gas, Wasserver- und -entsorgung urbane Strukturen errichtet. In Dortmund wurde zum Beispiel der Fredenbaum im Norden der Stadt als Naherholungszentrum geplant und ausgebaut, die wohlhabenden Bürger der Stadt finanzierten nicht nur die nach historisierendem Zeitgeschmack erfolgte Wiederherstellung des Rathauses am Markt und des Ratssilbers für den Kaiserbesuch, sie sammelten auch für den Bau des Stadttheaters, das 1904 eingeweiht wurde und gerade rechtzeitig den abgebrannten privaten Kühnschen Saal im Stadtzentrum ersetzte.

In dieser Zeit wurden allenthalben in Dortmund städtebauliche Akzente gesetzt: 1899 wurden neben der Wiederherstellung des alten Rathauses am Markt (Abb. 2), das Stadthaus,

Abb. 2: *Das 1899 wiederhergestellte Dortmunder Rathaus am Markt (Foto 1906 mit Gaststätte »Krone« und Rathaus, Stadtarchiv Dortmund): Zum Besuch Kaiser Wilhelm II. anlässlich der Einweihung des Dortmund-Emshäfenkanals und des Dortmunder Hafens in der einstigen Reichsstadt wurde 1899 das Rathaus, das wenige Jahre zuvor wegen Baufälligkeit abgerissen werden sollte, unter Hochdruck nach den Plänen des Dortmunder Baurats Kullrich in historisierenden Formen wiederhergestellt. Die repräsentative Inneneinrichtung und auch ein wertvolles Ratssilber wurden von Dortmunder Industriellen, Honoratioren und Bürgern finanziert, um den Kaiser voll Bürgerstolz in den als angemessen empfundenen Formen zu empfangen.*

Abb. 3: *Dortmunder Stadttheater am Hiltropwall: Am 17. September 1904 wurde das von Martin Dülfer konzipierte Stadttheater mit einer Aufführung des Tannhäuser eingeweiht – eine neue Urbanität entsteht, um 1910. (Fotos: Stadtarchiv Dortmund).*

heute am Friedensplatz gelegen, sowie das Hafenamt errichtet – diese drei Gebäude repräsentierten städtisches Selbstbewusstsein und den neuen Bürgerstolz. Sie setzten Akzente in einer wahrnehmbaren Achse des Stadtbilds und reflektierten historisierend eine Besinnung der bürgerlichen Selbstdeutung auf die mittelalterliche Stadtgeschichte – die Stadt fand sich selbst gleichsam über Nacht in der Vergangenheit als Reichs- und Hansestadt wieder, sie entdeckte ihre Identität in der als ruhmreich empfundenen Geschichte der mittelalterlichen Stadt. Deren bauliche Überreste hatte man kurz zuvor fast alle durch Abbruch vernichtet – jetzt sah man sich gezwungen, für den Weg des Kaisers vom Hafen zum Rathaus diese Vergangenheit als Kulisse aus Holz, Pappe und Leinwand künstlich wieder zu erzeugen, ganz ähnlich wie heute das alte Europa in Ensembles in den Hotels und Casinos von Las Vegas nachempfunden wird. Der Dortmunder Hauptbahnhof wurde – wie auch der Bahnhof in Hagen (Abb. 17–19) – neu geplant und errichtet. Rund um das Stadttheater (Abb. 3) wurden moderne städtebauliche Akzente gesetzt, denn 1900 wurde hier die Synagoge (Abb. 4) eingeweiht, ein Bau, der internationales Aufsehen erregte und als europäischer Markstein der Judenemanzipation und -integration gefeiert wurde, da er verschiedene christlich belegte Stilformen in der Architektur eines jüdischen Gotteshauses vereinte. Die gegenüberliegende Oberpostdirektion schloss das Ensemble einer ersten »Stadtkrone« repräsentativ ab.

1904 wurde auch das Kaufhaus Althoff eröffnet, das als früher Warenhausbau ebenfalls europaweite Beachtung fand. In Hagen hatten die Gebrüder Alsberg 1875 in der Elberfelder Straße ein Textilkaufhaus gegründet; an gleicher Stelle wurde 1910–1911 von ihrem Nachfolger

Abb. 4: *Eine neue Urbanität Dortmunds entsteht: Vom Grafenhof am Hiltropwall ist auf der Postkarte ein modernes Stadtpanorama zu überblicken: Im Vordergrund rechts setzte die Dortmunder Synagoge, errichtet nach den Plänen von Eduard Fürstenau 1900, einen deutlichen Akzent. Am Wall gegenüber die Oberpostdirektion, dahinter – auf der rechten Seite des Walls – ist das Stadttheater zu erkennen. Im Hintergrund links neben der Synagoge der Turm der Petrikirche und auch das große Brauereigebäude, das heutige Dortmunder »U«. (Postkarte um 1910, Stadtarchiv Dortmund).*

Abb. 5: *Das Moderne Spezialkaufhaus von Wilhelm Leeser in Hagen, Elberfelder Straße, errichtet 1910–1911. Die Jugendstil-Fassade wurde 1998 restauriert.*

nilhelm Leeser ein »Modernes Spezialkaufhaus« errichtet (Abb. 5). Betrachten wir Fotos dieser Kaufhäuser aus der Gründerzeit, so ist zu verstehen, warum sie als Konsumtempel bezeichnet wurden – mit den kühnen Konstruktionen aus Stahl und Glas erinnern sie an die gebauten Lichttheologien der gotischen Kathedralen ebenso wie die »Kathedralen der Arbeit«, die monumentalen Werkshallen, die in Bauformen und schon mit ihrem Namen noch näher am architektonischen Vorbild der gotischen Kathedrale orientiert sind (Abb. 6–8). Auch Henry van de Velde, den Karl Ernst Osthaus – ebenso wie Peter Behrens – als Vertreter eines Neuen Bauens nach Hagen geholt hatte, entwarf Produktionsstätten – so den Maschinensaal für die Werkzeugfabrik der Brüder Vorster in Hagen-Wehringhausen (Abb. 9).

Abb. 6: *Zeche Zollern II/IV in Dortmund-Bövinghausen: Die Zeche Zollern II/IV in Dortmund-Bövinghausen ist in den Jahren um 1900 in außergewöhnlich repräsentativer Architektur errichtet worden. Das großzügige Ensemble, hier eine Aufnahme aus der Zeit um 1912, demonstriert selbstbewusst die ökonomische Macht des Bergunternehmens. Historisierende Bauformen wurden schließlich im Jugendstil vollendet. Eine architektonische Besonderheit ist zweifellos die Maschinenhalle der Zeche: Geplant zunächst als Massivbau, wurde sie 1903 in moderner Stahlgerüstbauweise mit Backsteingefachen errichtet. Das prächtige, farbig verglaste Portal zählt zu den Ikonen der Industriearchitektur des Reviers. Die Innengestaltung übernahm der Berliner Architekt Bruno Möhring mit viel Liebe zum Detail im aktuellen Jugendstil. (Foto: Stadtarchiv Dortmund).*

Abb. 7: *Dortmunder »Union« Stahlwerk: Die Dortmunder »Union« entstand 1872 aus einem Verband verschiedener Hüttenwerke, darunter die in der Nähe von Hauptbahnhof und später am Hafen gelegene »Dortmunder Hütte«. Ein Briefkopf der Union aus dem Jahr 1900 prahlt mit der räumlichen Ausdehnung des Werksgeländes. Blicke in die Werkshallen, hier in das Blechwalzwerk und das Thomas-Stahlwerk, verdeutlichen Macht und Kraft der Maschinen in den Kathedralen des Kapitals und der Arbeit. (Foto: Stadtarchiv Dortmund).*

Abb. 8: *Die Zeche Adolf von Hansemann wurde repräsentativ im historisierenden Stil der Backsteingotik errichtet: Die Lohnhalle von 1895 ist dem Uenglinger Tor der Stadt Stendal nachgebildet. Mit Zinnen bekränzt und einem Rundturm bekrönt, wurde hier einst der Lohn der Bergarbeiter berechnet, verwaltet und ausgezahlt. Die anschließende Waschkaue wurde als langgestreckte Halle erbaut. Der Namengeber der Zeche war Berliner Kommerzienrat und einst Mitglied des Verwaltungsrats der Zeche. (Foto: Stadtarchiv Dortmund).*

Abb. 9: *Henry van de Velde, Maschinensaal der Werkzeugfabrik, die die Brüder Vorster 1872 in Hagen-Wehringhausen gegründet hatten. Das Gebäude ist nicht erhalten.*

Gewerkschaftsgründung

Vor allem die Bergarbeiter hatten seit den siebziger Jahren des 19. Jahrhunderts immer wieder lautstark gegen ihre soziale Lage protestiert. Bergleute verstanden sich seit alters gleichsam als ein Stand. Der Abbau des staatlichen Direktionssystems seit 1851 privatisierte den Bergbau und in der Folge das tradierte Knappschaftswesen – der Bergmann wurde vom Knappen zum Bergarbeiter, der Bergmannsstand zu einer besonderen Gruppe der Industriearbeiter. Die ständige Zufuhr neuer Arbeitskräfte ins Revier heizte die Konkurrenz um Arbeit und die Konkurrenz der Bergunternehmer nach Arbeitskräften an. Das bewirkte einen Statusverlust und einhergehend mit der Privatisierung des Bergbaus soziale Verschlechterungen – fortwährend gab es Anlässe zu harten Auseinandersetzungen zwischen Bergleuten und Bergbaubesitzern, zu wilden Streiks und vehement vorgetragenen Forderungen. Die gute Wirtschaftskonjunktur der achtziger Jahre führte zu Überstundenschichten bei niedrigem Lohnniveau. Lohnerhöhungen um 15 % wurden jetzt ebenso gefordert wie bessere Arbeitsbedingungen in einheitlichen Acht-Stundenschichten. Dortmunder Bergarbeiterführern kam eine zentrale Rolle in diesen Auseinandersetzungen zu. So kam es zum ersten großen Bergarbeiterstreik im Jahre 1889 und in der Folge zu einer gewerkschaftlichen Organisation der Ruhrbergleute im »Verband zur Wahrung und Förderung bergmännischer Interessen für Rheinland und Westfalen«. Am 9. Mai waren in Dortmund-Dorstfeld drei Dortmunder Bergleute – Friedrich Schröder, Fritz Bunte und August Siegel – gewählt worden, um als Deputation dem Kaiser die Forderungen der Bergleute vorzutragen. Schon am 14. Mai 1889 wurden die drei Deputierten in einer Audienz vom Kaiser empfangen – ohne jede praktische Folge für die berechtigten Forderungen. Was die Bergleute indes erreichten: Die Anerkennung als Stand durch die Anerkennung als berufsständischer Verband machte sie zu Verhandlungspartnern.

Bergleute und ähnlich auch die Stahlarbeiter verstanden sich als Stand und weniger als Arbeiter – sie mussten Fachkenntnisse mitbringen, hatten in ihrer Arbeit ein hohes persönliches Risiko zu tragen – und dies sollte und wollte anerkannt sein. Vor allem die Fachkenntnisse waren für das Selbstverständnis als alter Stand der Bergleute oder Stahlarbeiter konstitutiv, eine Selbstdeutung, die in den entstehenden Zechenkolonien, die zur Bildung von Stammbelegschaften gegründet wurden, gelebt wurde und bis heute in der oft als kleinbürgerlich anmutenden Form des Knappenvereins im Revier gelebt wird.

Neue Wohnkonzepte

Die Lebens- und Wohnverhältnisse der zuwandernden Arbeitskräfte wurden zu einem andauernden Problem – es gab schlicht und einfach immer zu wenige Wohnungen, und die vorhandenen waren stets zu teuer. Gleichsam bis auf den letzten Quadratzentimeter wurden Wohnungen durch Untervermietungen ausgenutzt, um die Miete des Hauptmieters mitzutragen. Betten wurden pro Schlafeinheit so intensiv vermietet, dass sie eigentlich nie kalt werden konnten, mit oder ohne Kost, stets im Rhythmus der Arbeitsschichten auf die Stunde genau an verschiedenste Personen wechselnd. Ganze Quartiere in den Städten verslumten regelrecht.

Es ist hierin sicher ein Motiv für den Werkswohnungsbau zu sehen, der in der Zeit der Hochkonjunkturen seit den 90er Jahren bis zum Ersten Weltkrieg allenthalben entstand. Ein weiteres Motiv war sicher, nach dem lange geltenden Prinzip des »hire and fire« Stammbelegschaften an das Unternehmen zu binden. Nach dem Wildwuchs und den Missständen der Wohnverhältnisse setzten nun zögerlich städteplanerische Projektierungen auch für Wohnungsbauten ein.

Durch die Verbesserung der Wohnverhältnisse versuchten die Unternehmen, Arbeitskräfte zu binden – gute Arbeitskräfte sollten auf Dauer im Unternehmen gehalten werden. Berühmt ist das seit 1906 entstandene Wohnviertel »Margarethenhöhe«, gelegen im Essener Süden, aber doch fast in Fußnähe zu den Kruppschen Werken in Essen. Die Siedlung verdankt ihren Namen der sozial engagierten Margarethe Krupp, geb. Freiin von Ende (1854–1911), die zur Besserung der Wohnverhältnisse 1906 eine Stiftung gründete, die gleichermaßen Kruppschen Werksangehörigen wie auch der Essener Bevölkerung zugute kommen sollte – den »minderbemittelten Klassen«, den Arbeitern, Angestellten und Beamten, die sich ein Wohneigentum nicht leisten konnten. Bereits 1904 war ein 234 Hektar großes Areal aus Agrar- und Waldland erworben worden. Nach den Plänen des Darmstädter Architekten Georg Metzendorf wurde die Siedlung als »Gesamtkunstwerk« errichtet, das wir heute als Denkmal von europäischem Rang bewerten.

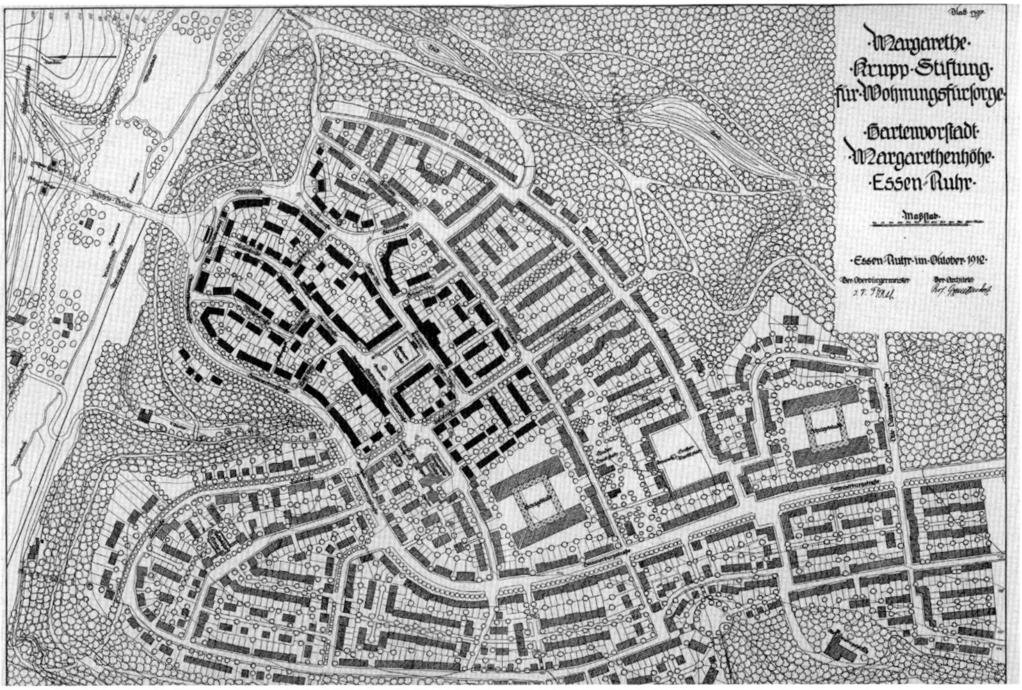

Abb. 10: *Siedlung Essener Margarethenhöhe: Plan der Siedlung Essener Margarethenhöhe, 1912. Die Siedlung, die sich in die Topographie einschmiegt, ist im Grundriss einer mittelalterlichen Stadt ähnlich geplant: Kleinräumige Grundstücksparzellierung, Zugang von der Stadt Essen durch eine Toranlage, Marktplatz, kleine Gärten. Die gebauten Teile sind dunkel, die projektierten in Schraffur dargestellt. (Foto aus: Margarethe Krupp-Stiftung für Wohnungsfürsorge. Margarethen-Höhe bei Essen, Darmstadt 1913)*

Der mittelalterliche Grundriss (Abb. 10) mit Marktplatz, Brunnen, Stadtbauten verdeutlicht eine Historisierung des Stadtbaus. Die Margarethenhöhe wurde im ersten Schritt durch eine große Brücke an den Verkehr der Stadt angeschlossen; von der Brücke aus öffnet sich die Siedlung durch ein Tor. Die Siedlung, die von der Margarethe Krupp-Stiftung für Wohnungsfürsorge errichtet wurde, war für 16.000 Menschen gedacht und plante eine kleinstädtische Infrastruktur mit. Georg Metzendorf formulierte zu diesem Großprojekt selbst: *Jeder Bewohner in dieser Siedlung soll seinen individuellen Bedürfnissen gemäß leben können. Ich vermeide alles –*

Abb. 11: *Siedlung Essener Margarethenhöhe: Zufahrtbrücke mit einer der beiden »Wartehallen«. Im Hintergrund ist der Zugang in die Siedlung durch die »mächtige«, aber »offene« Toranlage zu sehen. (Foto aus: Margarethe Krupp-Stiftung für Wohnungsfürsorge. Margarethen-Höhe bei Essen, Darmstadt 1913).*

Abb. 12: *Zechensiedlung »Alte Kolonie« in Dortmund-Eving: Die »Alte Kolonie« zeigt aufgelockerte Bebauung mit Gärten, die vor allem auch der Versorgung der Bergleute mit Gartenprodukten dienten. Das Wohlfahrtsgebäude versuchte um 1900, Standards eines modernen Lebens zu bieten. (Foto: Stadtarchiv Dortmund).*

soweit dies eben möglich ist – was als eine Numerierung der Bewohner oder ein Einzwängen in ein Schema gedeutet werden könnte. [...] Jede Wohnung soll eine zentrale Heizung, eine Lüftung, ein Bad und einen Garten haben.[4] Alle Versorgungseinrichtungen wurden mitgeplant, von Schulen und Kirchen angefangen über Gaststätten und Kneipen, Geschäfte, Säle für Veranstaltungen jedweder Art, zwei Marktplätze et cetera (Abb. 11). In Hagen projektierte Karl Ernst Osthaus mit der Arbeitersiedlung Walddorf ebenfalls ein Reformprojekt (Abb. 15).

Die »Alte Kolonie« der Zeche Minister Stein in Dortmund-Eving – im übrigen war »Minister Stein« die letzte Steinkohlenzeche, die 1987 in Dortmund geschlossen wurde – entstand seit 1898 und zählte rund 125 Wohngebäude mit 470 Wohnungen. Dieser Kolonie kam Vorbildcharakter zu. Im Zentrum der Kolonie wurde 1903 das »Wohlfahrtsgebäude« errichtet – es war öffentliches Zentrum der Kolonie mit Bäderhaus, Kindergarten, Bibliothek, Hauswirtschafts- und Kochschule, Wäscherei, zeitweise einem Ledigenheim, einem so genannten Beamtenkasino und mit einem Zechenkonsumgeschäft (Abb. 12).

Der »Hagener Impuls« und Karl Ernst Osthaus

Mit dem Begriff »Hagener Impuls« bezeichnete erst seit 1964 der niederländische Kunst- und Architekturhistoriker Nic Tummers zunächst die Hagener Schaffensphase des niederländischen Architekten Johannes Ludovicus Mathieu Lauweriks (1864–1932), vor allem dessen Bebauung der Straße »Am Stirnband«. Schon 1974 hat Tummers den Begriff wegen der Klarheit und Griffigkeit auf die Vorgänge in den Jahren von 1900 bis 1921 erweitert, durch die Hagen zum Ort und Schauplatz einer im internationalen Maßstab wichtigen Entwicklung wurde. Der Hagener Karl Ernst Osthaus (1874 geboren) hat bis zu seinem Tod 1921 versucht, seine Vision von Stadt, »die Schönheit wieder zur herrschenden Macht im Leben« werden zu lassen, als Ideengeber, Mäzen und Förderer, Organisator und Vermittler in Hagen umzusetzen. Osthaus hat sich in die öffentliche Diskussion eingemischt, was eine neue Urbanität sein könnte und sollte – für Hagen hat er die Diskussionen, die in allen Städten des Ruhegebiets geführt wurden, maßgeblich geprägt und beeinflusst. In diesen Jahren hat der »Hagener Impuls« internationale Akzente für moderne Formen der Stadtgestalt und die neuen Möglichkeiten der Stadtbaukultur gesetzt.

Die Problematik, die von der Industrialisierung regelrecht überrollten Kommunen des Reviers zu den neuen Formen der Urbanität zu führen, hat in Hagen eine besondere Ausprägung erfahren – Osthaus nämlich hat sich in fast alle Projekte der Urbanisierung eingemischt, die bauliche Formen annehmen mussten. Der »Hagener Impuls« projektierte nicht – wie etwa die Essener Margarethenhöhe (seit 1906/1907), die Darmstädter Künstlerkolonie Mathildenhöhe (1901) oder die Siedlung Hellerau bei Dresden (1908) – eine Vision des neuen Lebens in einer mehr oder weniger abgeschlossenen Enklave, sondern stellte den Versuch dar, das soziale Leben der modernen Industriestadt durch Elemente der Kunst und Architektur insgesamt zu formen. Die erhaltenen Zeugen des Hagener Impulses sind infolgedessen über die gesamte Stadt verteilt, und – was noch entscheidender ist – sie dienten und dienen unterschiedlichsten funktionalen Zusammenhängen. Osthaus machte Hagen zu einem Zentrum der Avantgarde in Kunst und Architektur des beginnenden 20. Jahrhunderts, er band Architekten und Künstler an Hagen,

4 Georg Metzendorf, Vorwort des Buchs: Margarethe Krupp-Stiftung für Wohnungsfürsorge. Margarethen-Höhe bei Essen. Erbaut von Professsor Georg Metzendorff, Text Dr. A. E. Brinckmann und Beigeordneter Rath, Darmstadt 1913.

Abb. 13: *Museum Folkwang, heute Osthaus Museum, Hagen. Diesen Bau, in dem die Familie Osthaus zunächst auch lebte, ließ Karl Ernst Osthaus zunächst vom Architekten seines Elternhauses, Carl Gérard (1843–1913) errichten, bevor er im Jahr 1900 die Innengestaltung Henry van de Velde übertrug. Den Vortragssaal gestaltete Peter Behrens (vgl. Abb. 2 im Beitrag von Birgit Schulte). (Foto: Roland Pieper, Münster).*

Abb. 14: *Johannes Ludovicus Mathieu Lauweriks, Siedlung am Stirnband, Hagen, erbaut 1911–1914.*

indem er Aufträge in und um Hagen vergab und vermittelte. Osthaus machte Hagen auf diese Weise zu einem der zentralen kulturellen Akzente des Ruhrgebiets.

Von erheblicher Bedeutung für den diskutierten Kontext scheint mir auch zu sein, dass die weitreichende Planung der modernen Stadt in Hagen unvollendet blieb. Der frühe Tod von Osthaus hat die Realisierung der Pläne, vor allem der Stadtkrone in Hagen-Emst, nicht zugelassen.

Die wichtigsten architektonischen Zeugen des »Hagener Impulses« im Stadtbild sind:

- Osthaus Museum mit dem Gebäude des alten Museum Folkwang (1902, 1975, 1992) mit der rekonstruierten Inneneinrichtung Henry van de Veldes – weltweit das erste Museum für zeitgenössische Kunst (Abb. 13).
- Der Hohenhof, die Villa von Karl Ernst Osthaus, ein »Gesamtkunstwerk« von Henry van de Velde aus den Jahren 1906–1908 (vgl. Abb. 3 im Beitrag von Jörg Probst).
- Die Künstlerkolonie am Stirnband, erbaut 1910 bis 1914 nach den Plänen von Johannes Ludovicus Mathieu Lauweriks – Grundlegungen des »rationalen Planens und Bauens«, wie es für Le Corbusier als Vorbild dienen sollte (Abb. 14).
- Arbeitersiedlung Walddorf, eine Konzeption im Dialog von Gartenstadtbewegung und Arbeiterwohnungsbau (1907–1912); Architekt: Richard Riemerschmid. Das Haus Nummer 12 ist bis heute im originalen Zustand erhalten (Abb. 15).
- Villa Cuno, gebaut 1910 von Peter Behrens mit der Unterstützung von Walter Gropius für den damaligen Oberbürgermeister Willy Cuno; die Villa wird heute als Kindergarten genutzt (vgl. Abb. 9 im Beitrag von Birgit Schulte).
- Krematorium von Peter Behrens in Hagen-Delstern (siehe die ausführliche Bilddokumentation in diesem Band).

Abb. 15: *Arbeitersiedlung von Richard Riemerschmid, 1907–1910 im Wasserlosen Tal in Hagen gebaut. Von den ursprünglich geplanten 87 Häusern wurde nur eine Straßenzeile errichtet. Die Siedlung wurde für die »Hagener Textilindustrie«, die Firma der Familie Elbers geplant. (Foto: Roland Pieper, Münster).*

Abb. 16: *Hagen, Theater mit den vier Figuren von Milly Steger an der Fassade (Foto: Roland Pieper, Münster).*

Abb. 17: *Hagen, Bahnhof, erbaut 1907–1910 (Foto: Roland Pieper, Münster).*

Abb. 18: *Johan Thorn Prikker, »Der Künstler als Lehrer für Handel und Gewerbe«, Glasfenster im Hagener Bahnhof, 1911 (Foto: Roland Pieper, Münster).*

Abb. 19: *Hagen, Bahnhof, Aufnahme aus dem Fotoarchiv von Karl Ernst Osthaus.*

- Theatergebäude mit den vier monumentalen Figuren von Milly Steger aus dem Jahr 1911 (Abb. 16).
- Hauptbahnhofsgebäude im Neobarockstil (Abb. 17), das Glasfenster von Johan Thorn Prikker (1911–1912): »Der Künstler als Lehrer für Handel und Gewerbe« gibt dem Hauptbahnhof ein eigenes und anderes Antlitz (Abb. 18). Das Foto der Bahnhofshalle mit der Glas-Stahl-Konstruktion (Abb. 19) stammt aus dem Fotoarchiv von Karl Ernst Osthaus.
- Verwaltungsgebäude der Firma Schenker von den Architekten Leopold und Heinrich Ludwigs, 1911 (Abb. 20).

Abb. 20: *Leopold und Heinrich Ludwigs, Verwaltungs- und Lagergebäude der Firma Lenkering (heute Schenker), 1911, Hagen.*

Für die Stadt Hagen scheint in den aktuellen Zeiten der Krise der kommunalen Finanzen viel von den Visionen des Karl Ernst Osthaus in Vergessenheit geraten zu sein, wenn wir nur an die Diskussion im Winter 2011/12 denken, das Gemälde »Der Auserwählte« (1890) von Ferdinand Hodler, das den Ausgangspunkt für die Gestaltung des Empfangsraums im Hohenhof gebildet hatte, aus seinem ursprünglichen Zusammenhang zu entfernen.[5]

5 Vgl. die Diskussionen in der lokalen, regionalen und überregionalen Presse; stellvertretend Rainer Stamm, Museum und Markt ein gefährlicher Flirt, in: Frankfurter Allgemeine Zeitung, 21.12.2011.

Ausgewählte Literatur:

Rolf Blank/Stephanie Marra/Gerhard E. Sollbach, Hagen. Geschichte einer Großstadt und ihrer Region, Essen 2008.

Ulrich Borsdorf (Hg.), Essen. Geschichte einer Stadt, Essen 2002.

Ottfried Dascher, Grundzüge der wirtschaftlichen Entwicklung Dortmunds im 19. Jahrhundert, in: Dortmund. 1100 Jahre Stadtgeschichte, Festschrift, hg. von Gustav Luntowski und Norbert Reimann, Dortmund 1982, S. 203–230.

Entwurf der Vergangenheit – Perspektive für die Zukunft. 90 Jahre Gartenvorstadt Margarethenhöhe. Städtebauliches und kulturgeschichtliches Symposium 7. Dezember 1996, hg. von der Margarethe Krupp-Stiftung für Wohnungsfürsorge und Ruhrlandmuseum der Stadt Essen, Essen/Bottrop 1997.

Rouven Lotz, Der Hagener Hohenhof. Das Landhaus für Karl Ernst Osthaus von Henry van de Velde, Hagen 2009.

Rouven Lotz, Der Hagener Impuls. Hagen als Knotenpunkt eines europäischen Netzwerks der Moderne, in: Markus Harzenetter, Walter Hauser, Udo Mainzer und Dirk Zache (Hg.), Fremde Impulse. Baudenkmale im Ruhrgebiet, Münster 2010, S. 74–81.

Gustav Luntowski, Das Jahrhundert der Industrialisierung (1803 bis 1904), in: Ders., Günther Högl, Thomas Schilp und Norbert Reimann, Geschichte der Stadt Dortmund, Dortmund 1994, S. 213–352.

Margarethe Krupp-Stiftung für Wohnungsfürsorge. Margarethen-Höhe bei Essen. Erbaut von Professsor Georg Metzendorf, Text Dr. A. E. Brinckmann und Beigeordneter Rath, Darmstadt 1913.

Rainer Metzendorf und Achim Mikuscheit, Margarethenhöhe – Experiment und Leitbild, hg. von der Margarethe Krupp-Stiftung, Essen/Bottrop 1997.

Karl Ernst Osthaus. Reden und Schriften. Folkwang – Werkbund – Arbeitsrat, hg. und kommentiert von Rainer Stamm, mit einem Beitrag von Rainer K. Wick (Kontexte 3), Köln 2002.

Thomas Schilp, Städtische Identität durch Erinnerung an das Mittelalter: 11. August 1899 – Kaiser Wilhelm II. besucht Dortmund zur Hafeneinweihung, in: Dortmunds Tor zur Welt. Einhundert Jahre Dortmunder Hafen, hg. von Karl-Peter Ellerbrock, Essen 1999, S. 48–62.

Birgit Schulte, Henry van de Velde in Hagen, Hagen 1992.

Dies., Die Grenzen des Frauseins aufheben. Die Bildhauerin Milly Steger, Hagen 1998.

Andrea Sinzel, »Die Idee aber will weiter wachsen.« Planung und Bau der Arbeitersiedlung ›Walddorf‹ durch Richard Riemerschmid (Hagener Hefte zur Kunst & Kulturgeschichte 3), Hagen 2002.

Nic.-H. M. Tummers, Der Hagener Impuls. J. L. M. Lauweriks' Werk und Einfluss auf Architektur und Formgebung um 1910, Hagen 1972.

Barbara Welzel (Hg.), mit Texten von Birgitt Borkopp-Restle, Birgit Franke, Rouven Lotz und Barbara Welzel sowie Illustrationen von Frank Georgy, Hagen erforschen. Eine Stadt als Laboratorium, Essen 2010.

Barbara Welzel, Karl Ernst Osthaus. Zur Archäologie einer Utopie, in: Joseph Imorde und Andreas Zeising (Hg.), Teilhabe am Schönen. Kunstgeschichte und Volksbildung zwischen Kaiserreich und Diktatur, Weimar 2013, S. 225–244.

Birgit Schulte

»Wir haben nicht so viele Meister seiner Kunst ...«

Karl Ernst Osthaus und Peter Behrens

Den heissen Wunsch aber wollen wir nicht begraben,
Peter Behrens einst vor die grössten Aufgaben gestellt zu sehen,
die eine Nation zu vergeben hat.
Wir haben nicht so viele Meister seiner Kunst,
dass wir sie ungestraft vergeuden dürften.

Karl Ernst Osthaus 1908[1]

Fast genau so lange, wie er in Hagen wirkte, stand Karl Ernst Osthaus (1874–1921) in engem Kontakt mit Peter Behrens (1868–1940).[2] Ihre erste Begegnung datiert in das Jahr 1901, das letzte Zeugnis ihrer Freundschaft ist der Nachruf für Osthaus von Peter Behrens in der Frankfurter Zeitung im April 1921.

In diesem Artikel erinnerte sich Peter Behrens an den ersten Kontakt mit dem charismatischen jungen Museumsgründer:

Ich lernte ihn zu meiner Darmstädter Zeit, als wir damals Jüngsten in der Kunst eine neue Zeit heraufbeschwören wollten und es damit nicht so leicht hatten, [...] eines Abends in Berlin kennen. Einen hochaufgeschossenen jungen Mann, der, wie mir schien, mit reichen Kenntnissen von Kunst und anderer Wissenschaft versehen, mir in allen meinen kühnsten Phantasien zustimmte. [...] Weltanschauungsideen waren es auch damals, die uns bewegten, für die wir symbolischen Ausdruck auf allen Gebieten der Kunst im kleinsten Gegenstand und im monumentalen Wollen [...] suchten. Und alles dieses verstand der merkwürdige junge Mann aus der westfälischen Industriestadt Hagen, stimmte ihm zu, bekräftigte es und erzählte, dass er in seiner Stadt ein Museum gebaut habe [...], um auch die allermodernste Kunst darin aufzunehmen. Einem solchen Menschen zu begegnen, musste wie ein Ereignis wirken, auch wenn man noch nichts von der Art seines Sammelns und all seinen anderen Plänen wusste.[3]

1 Karl Ernst Osthaus, Peter Behrens, in: Kunst und Künstler 6 (1908), S. 116–124, hier S. 124.
2 Zur Biographie von Karl Ernst Osthaus, siehe Herta Hesse-Frielinghaus u. a., Karl Ernst Osthaus. Leben und Werk, Recklinghausen 1971; Rainer Stamm (Hg.), Karl Ernst Osthaus. Reden und Schriften. Folkwang, Werkbund, Arbeitsrat, Köln 2002; Birgit Schulte, Mekka und Himmelszeichen im westlichen Deutschland. Karl Ernst Osthaus und die Moderne im Hagener Folkwang-Museum, in: dies. (Hg.), Werke der klassischen Moderne aus dem Karl Ernst Osthaus Museum, Hagen 2006, S. 9–18. Zur Zusammenarbeit zwischen Osthaus und Behrens, vgl. Herta Hesse-Frielinghaus, Peter Behrens und Karl Ernst Osthaus. Eine Dokumentation nach den Beständen des Osthaus-Archivs im Karl Ernst Osthaus Museum, Hagen 1966.
3 Peter Behrens, Karl Ernst Osthaus, in: Frankfurter Zeitung, 19.04.1921.

Karl Ernst Osthaus seinerseits resümierte, Bezug nehmend auf die Darmstädter Ausstellung »Ein Document Deutscher Kunst« im Jahr 1901, auf der er das Wohnhaus von Peter Behrens bewundert hatte, dass *sich Keiner gründlicher mit jenen die Zeit bewegenden Theorien aus einander gesetzt* habe als Peter Behrens. Osthaus konstatierte, dass Behrens' Haus, *in dem schon alle Handwerke vertreten waren* [...] *dort das wichtigste Ereignis* bildete.[4]

Dass Osthaus sich für Behrens' durchkomponiertes Darmstädter Domizil derart begeistern konnte, liegt darin begründet, dass er der individuellen Wohnhausarchitektur eine eminente Bedeutung beimaß, vor allem unter erzieherischen und sozialreformerischen Aspekten.[5] Osthaus beließ es nicht bei der kritischen Analyse der Zustände in Wohn- und Städtebau um 1900, sondern er strebte danach, ein Paradigma reformierten Wohnens zu schaffen. In der westfälischen Industriestadt Hagen nahm Osthaus zu Beginn des 20. Jahrhunderts, als Museumsgründer, Mäzen, Stadtplaner, Werkbundmitglied und Kulturvermittler, mit seinem Folkwang-Gedanken die Vorstellung ernst, dass Kunst und Leben miteinander versöhnbar seien. Unter dem Etikett »Hagener Impuls« wurden Osthaus' Initiativen im Rückblick zu einem festen Begriff der jüngeren Kunstgeschichte. Zahlreiche Bauwerke sind in Hagen erhalten, die unmittelbar von seinem Wirken zeugen, darunter verschiedene Bauten von Peter Behrens.

Eine Chronologie der gemeinsamen Projekte von Karl Ernst Osthaus und Peter Behrens in Hagen demonstriert jedoch, dass es nicht allein um private Wohnhausarchitektur ging, sondern ihre Kooperation darüber hinaus die Gestaltung des Alltags, öffentliche Bauten sowie städtebauliche Konzepte einbezog. Die Architekturprojekte, die Osthaus mit verschiedenen Künstlern initiierte, betrachtete er als Bestandteil seiner Sammlung. Diese Auffassung fand ihren Niederschlag in dem Sammlungskatalog, der 1912 zum zehnjährigen Bestehen des Folkwang-Museums erschien. In der katalogüblichen Rubrik »Graphik« wird selbstverständlich Behrens' Farbholzschnitt »Der Kuss« (1896/97) aus der Zeitschrift »Pan« (IV 2) aufgeführt. Im Anhang verzeichnet die Liste »Architektur und Raumkunst« sieben Arbeiten von Behrens: den Vortragssaal im Folkwang-Museum, Haus Schede, den Tapetenladen Klein, das Krematorium, Haus Schröder, Haus Cuno sowie Haus Goedecke.[6] Zusammen mit den anderen aufgeführten Bauten namhafter Architekten, unter ihnen Johan L. M. Lauweriks, Richard Riemerschmid und Henry van de Velde, vermitteln sie den Eindruck, als betreibe Osthaus in Hagen als Außenstelle des Folkwang ein dezentrales Freilichtmuseum vorbildlicher Baukunst.

Der Vortragssaal im Folkwang-Museum, 1904–1906

In Osthaus' ästhetischem Sendungsbewusstsein manifestierte sich ein deutliches Bewusstsein für die Zugehörigkeit zu einer intellektuellen Kultur-Elite, deren Geschmacksurteil in die Gesellschaft hineingetragen werden sollte. Um das Volk, gemäß seiner sozialutopischen Folkwang-Idee, an Qualität und Urteilsfähigkeit heran zu führen, entprivatisierte Osthaus seinen Besitz, indem er ihn in ein für jedermann zugängliches Museum einbrachte. Intensive Vermittlungsar-

4 Osthaus, Behrens (wie Anm. 1), S. 117, S. 118.

5 Karl Ernst Osthaus, Der Wert des Hauses, in: Die künstlerische Gestaltung des Arbeiter-Wohnhauses. 14. Konferenz der Centralstelle für Arbeiter-Wohlfahrtseinrichtungen am 5. und 6. Juni 1905 in Hagen i. W., Schriften der Centralstelle für Arbeiter-Wohlfahrtseinrichtungen Nr. 29, Berlin 1906, S. 1–6.

6 Museum Folkwang. Band I. Moderne Kunst. Plastik, Malerei. Graphik, bearb. von Kurt Freyer, Selbstverlag des Museums, Hagen 1912, S. 6, S. 25, S. 45.

beit war essentieller Bestandteil seiner Projekte, und so durfte ein Vortragssaal im Folkwang-Museum nicht fehlen, für den Behrens Ende 1903 den Auftrag erhielt (Abb. 1 und 2).[7]

Es muss betont werden, so Osthaus, dass dieser Raum im Rohbau bereits fertig stand, als der Künstler seine gestaltende Hand daran legte, doch genügten geringe Änderungen der Grössenverhältnisse, um ihn seinen Zwecken gefügig zu machen. Die Raumform des Saales ist mit verblüffend wenigen Worten zu beschreiben: gegen zwei neben einander gestellte Würfel ist ein Halbzylinder gelegt; eine Halbkugel von gleichem Umfang bildet als Kuppel den Abschluss. [...] *Wir bemerken* [...] *ein rhythmisches Leben, das auf wechselreichen Kombinationen einer Einheitsform beruht. Diese Einheitsform ist ein Quadrat von 75 Centimetern.* [...] *So findet der aus Luftwürfeln aufgetürmte Saal sein Widerspiel an jedem Körper, jeder Linie.* [...] *Ebenso taucht der Flächenniederschlag der Kuppel in den Reifen des Kronleuchters, im Halbrund der*

Abb. 1: *Peter Behrens, Folkwang-Museum, Vortragssaal (kriegszerstört).*

7 Zum Vortragssaal vgl. Ulrike Ittershagen, Der Vortragssaal im Folkwang-Museum von Peter Behrens, in: Birgit Schulte, Henry van de Velde in Hagen, Hagen 1992, S. 77–83. Auftragserteilung um die Jahreswende 1903/04; Behrens schickt Osthaus erste Pläne am 24.12.2004; Einweihung Anfang Oktober 1906. Ausführung durch die Firma Heinrich Pallenberg aus Berlin. Nach Übernahme des Museumsgebäudes durch die Elektromark 1922 wurde die Einrichtung entfernt.

grossen Bank, den Friesschildern und den Marmorintarsien des Kamins wieder auf. [...] *Auch könnte man die Erscheinung, dass die gleiche Form durch die verschiedenartigsten Materiale* [sic] *und Farben ausgedrückt wird, mit den Variationen eines musikalischen Thema* [sic] *in Parallele stellen. Dass Dunkel und Hell sich hierbei häufig umkehren, entspricht nur des Künstlers Grundauffassung, keine Form sei ohne Gegenform denkbar, der Entwurf müsse also von vornherein Positiv und Negativ eines Ornaments in gleichem Masse berücksichtigen.*[8]

Behrens' Raffinesse im Detail offenbarte sich vor allem in der gestalterischen Lösung der beiden Flügeltüren aus Eichenholz, die außen die organisch-fließende Gestaltung van de Veldes zeigen, die das gesamte Folkwang-Museum strukturiert, während zum Saal hin quadratisch abgestufte Kassetten aufdoubliert wurden. Auch farblich setzte sich der Vortragssaal von den Museumsräumen ab. Behrens wählte ein dunkles Graublau für die Wände, die Kuppel ist mit goldenen Rosetten auf weißem Grund dekoriert, Goldborten durchziehen die dunklen Vorhänge. Das Rosettenmotiv im Quadrat wiederholt sich in der Wandgliederung, in dem Fries des oberen Wandabschlusses sowie am Kaminsims (Abb. 2). Auf den Brüstungen der halbrunden Bankreihe wachen zehn Tierallegorien des Bildhauers Rudolf Bosselt, den Behrens als Leiter der Bildhauerklasse nach Düsseldorf berufen hatte.

In seinem feierlich anmutenden Vortragssaal hielt auch Peter Behrens selbst im April 1909 einen Vortrag über das Thema »Kunst und Technik«.[9]

Entwürfe für die Hagener Textilindustrie, ab 1904

In die Rubrik »Kunst und Technik« gehörte beispielsweise die Kooperation von Behrens mit der Hagener Textilindustrie, die durch Osthaus' Vermittlung zustande kam. Im Juni 1904 war im Folkwang die Ausstellung »Textilindustrie« zu sehen, mit traditionellen Stoffen aus Persien, Java, Japan und Indien, ergänzt durch Wand- und Vorhangs-Kattune nach Entwürfen von Peter Behrens. Die Gegenüberstellung von überlieferten Mustern und neuen Künstlerstoffen ermöglichte neue Perspektiven sowohl auf die Tradition als auch auf die Moderne. Die fruchtbare Kooperation zwischen der »Hagener Textilindustrie Gebrüder Elbers« und einem der führenden Gestalter wurde anerkennend in der Lokalpresse vermerkt: *Die Industriegeschichte der letzten Jahre hat gelehrt, dass diejenigen Manufakturen die besten Geschäfte machen, die klug genug waren, sich ihre Muster aus erster Quelle, d. h. bei stilschaffenden Künstlern zu holen.* [...] *Peter Behrens schöne, im Charakter der Fläche (d. h. ohne Perspektive) stilisierte Entwürfe geben der Gewebeausstellung im Folkwang-Museum ihren modernen Abschluß.*[10]

Auf der Weltausstellung in St. Louis sowie der Gartenbauausstellung in Düsseldorf 1904 waren Räume mit Behrens-Kattunen der Hagener Textilindustrie ausgestattet. Auf Bitten Behrens' setzt sich Osthaus bei Elbers für die Ausweitung der Sparte Künstlerstoffe ein, die Rede ist unter anderem von Blusenkattunen.[11]

8 Osthaus, Behrens (wie Anm. 1), S. 118, S. 120.

9 Vortrag am 4.4.1909; vgl. Westfälisches Tageblatt 05.04.1909; Rheinisch-Westfälische Zeitung 6.4.1909; Karl Ernst Osthaus-Archiv im Osthaus Museum Hagen (im folgenden: KEO-A) Z 100/5.

10 Hagener Zeitung 11.6.1904; KEO-A Z 100/3.

11 Vgl. Hesse-Frielinghaus, Behrens (wie Anm. 2), S. 5.

Abb. 2: *Peter Behrens, Museum Folkwang, Vortragssaal, Kaminwand, Foto aus dem Bestand des Deutschen Museums für Kunst in Handel und Gewerbe.*

Abb. 3: *Hagener Raum auf der Deutschen Kunstgewerbeausstellung in Dresden 1906 (Foto: Archiv).*

Der »Hagener Raum«, den Osthaus, durch Vermittlung von Behrens, im Sommer 1906 auf der Dritten Deutschen Kunstgewerbeausstellung in Dresden präsentierte (Abb. 3), war mit Wandbekleidungen, Vorhängen, Kissen- und Möbelbezügen aus bedruckten Kattunen der Hagener Textilindustrie ausgestattet.[12] Diese wurden jedoch nicht von Behrens, sondern von Emil Rudolf Weiss gestaltet, dem Osthaus die Raumkonzeption übertragen hatte. Im gleichen Jahr malte Weiss für das Folkwang-Museum ein Portrait von Peter Behrens in strenger en-face-Ansicht (heute im Museum Folkwang, Essen).

Panoramazimmer im Erkeranbau auf Gut Schede in Wetter an der Ruhr, 1904/05

Während der Planungsphase für den Vortragssaal im Folkwang war Behrens mit einer kleinen, aber dennoch herausfordernden Bauaufgabe betraut. Anlässlich der Hochzeit von Hermann Harkort mit Elisabeth Funcke, einer Cousine von Karl Ernst Osthaus, sollte deren biedermeierliches Gutshaus in Wetter im Innern umgestaltet werden. Wie im Folkwang-Gebäude,

12 KEO-A KÜ 407: Peter Behrens empfiehlt der Leitung der Kunstgewerbeausstellung die Teilnahme von Karl Ernst Osthaus, Schreiben vom 14.04.1905. Vgl. Birgit Schulte, Emil Rudolf Weiss und Karl Ernst Osthaus – die Hagener Jahre, in: Emil Rudolf Weiss 1975–1942. Malerei, Graphik, Buch- und Schriftgestaltung, Sindelfingen/Lahr/Hagen 1992, S. 45–53.

Abb. 4: *Peter Behrens, Panoramazimmer auf Gut Schede.*

kam es auch hier zu einem Nebeneinander der Raumkonzeptionen von van de Velde und Behrens. Während van de Velde Treppenhaus, Wohnraum, Herren- und Speisezimmer sowie einen Wintergarten im Erdgeschoss neu einrichtete, erhielt Behrens den Auftrag für ein Wohnzimmer im Obergeschoss (Abb. 4).[13]

Dem Architekten wurde ein massiver Eingriff in die Bausubstanz des Anbaus gestattet. An der Nordwestecke entstand ein – bauphysikalisch nicht unproblematischer – halbkreisförmiger Erkerausbau, der durch ein vom Boden bis zur Decke reichendes, gebogenes Panoramafenster sowie über einen vorgelagerten schmalen Balkon einen Ausblick über das Tal erlaubt. Wie im Folkwang basiert die geometrische Raumkonzeption auf dem Kreis-Quadrat-Modul. Die Möbelausstattung mutet trotz ihrer formalen Schlichtheit luxuriös an, die Farbgestaltung ist extravagant: Mobiliar sowie Wandpaneele in indigoblau gebeiztem Ahorn kontrastieren mit

13 Auftrag Januar 1904, Fertigstellung Anfang 1905. Vgl. KEO-A KÜ 407. Vgl. Ulrike Ittershagen, Gut Schede und das Privatkontor Harkort in Wetter, in: Schulte, van de Velde (wie Anm. 7), S. 227–239; Manfred Speidel, Raum und Geometrie. Innenräume und Wohnhäuser von Peter Behrens, in: Ausstellungskatalog Peter Behrens. »Wer aber will sagen, was Schönheit sei?« Grafik, Produktgestaltung, Architektur, hg. von Hans-Georg Pfeifer, Düsseldorf 1990, S. 82–95.

goldenen Messingbeschlägen und hellgelben Vorhangstoffen und Wandbespannungen. Die Raumkomposition wird vollendet durch das Kreis-Quadrat-Ornament des Teppichs, das exakt die Standorte von Tisch und Stühlen bestimmt.

Entwurf für ein Hagener Milchhäuschen, 1905

Einer eher marginalen, doch durchaus außergewöhnlichen Bauaufgabe widmete sich Behrens 1905. Auf Osthaus' Initiative entwarf er ein Milchhäuschen, einen kleinen, kioskartigen Bau.[14] Doch die »Gemeinnützige Gesellschaft für Milchausschank im Rheinland und Westfalen« akzeptierte den Entwurf nicht und entschied sich stattdessen für das standardisierte, so genannte Normalmilchhäuschen.

Umbau des Tapeten- und Linoleumgeschäfts Josef Klein, Hagen, Kampstraße, 1905–1907

Eine zwar nicht große, aber anspruchsvolle Aufgabe stellte 1906/1907 die Neugestaltung von Eingangspassage und Ladenraum des Tapeten- und Linoleumgeschäftes Josef Klein im Hagener Stadtzentrum dar, die Behrens erneut der Fürsprache von Osthaus zu verdanken hatte (Abb. 5–6).[15] Behrens gestattete durch hohe Schaufenster einen Blick in den eleganten Verkaufsraum. Anstelle einer traditionellen Auslage baute er halbhohe Brüstungen ein, in deren Rahmenkonstruktion Wandstoffe, Tapeten und Linoleum-Muster eingespannt werden konnten. Osthaus bewertete diese raffinierte Lösung als richtungweisend für die Schaufenstergestaltung:

Der Ware gebe man eine Lage, die ihr gemäß ist und ihre Vorzüge ins rechte Licht stellt. [...] *Das klassische Vorbild einer solchen Anlage gab Peter Behrens in der Hagener Tapetenhandlung von Josef Klein, wo die Rückwand einen einzigen, durch mehrere Fenster führenden Rahmenfries für Tapetenmuster bildet.*[16]

Die kassettierte Stuckdecke, in die die Beleuchtungskörper eingelassen waren, der schwarzweiße Marmorkamin und die textile Wandbespannung zwischen weißen Schleiflack-Paneelen verbanden sich zu einem festlichen Raumeindruck. Osthaus beschrieb mit enthusiastischen Worten ebenfalls die Eingangsgestaltung:

Von überraschender Schönheit ist die [...] *Eingangsgalerie. Durch den prächtigen Vierklang von zweifarbigem Marmor, Glas und Bronze leiten vornehme Ornamente die reichsten Melodien; es muß fast Wunder wirken, daß man das Gefühl, zwischen Läden zu stehen, nicht verliert. Aber gerade darin offenbart sich glänzend die Kraft der Charakteristik, die dem Künstler eignet; er mag Theater, Kirchen oder Fabriken bauen, immer wird er den richtigen Ton treffen, ohne daß man sagen kann, wo eigentlich der Akzent des Besonderen liegt.*[17]

14 KEO-A KÜ 410. – Der Entwurf ist nicht erhalten.

15 Projektbeginn Oktober 1905; Fertigstellung der Pläne Dezember 1905; Ausführung 1906–1907. – Vgl.: KEO-A KÜ 409 und Z 100/14. – Karl Ernst Osthaus, Kritische Betrachtungen über das Hagener Baujahr 1907, in: Westfälisches Tageblatt, 4. Jg., Nr. 13–15, vom 16.–18.1.1908. Das Geschäft existiert nicht mehr.

16 Vgl. Karl Ernst Osthaus, Das Schaufenster, in: Die Kunst in Industrie und Handel, Jahrbuch des Deutschen Werkbundes, 2. Jg., Jena 1913, S. 59–69, S. 65. KEO-A KÜ 429.

17 Osthaus, Kritische Betrachtungen (wie Anm. 15), o. S.

Abb. 5: *Peter Behrens, Umbau des Tapeten- und Linoleumgeschäfts Josef Klein in Hagen, Eingangssituation, Foto aus dem Bestand des Deutschen Museums für Kunst in Handel und Gewerbe.*

Abb. 6: *Peter Behrens, Umbau des Tapeten- und Linoleumgeschäfts Josef Klein in Hagen, Verkaufsraum, Foto aus dem Bestand des Deutschen Museums für Kunst in Handel und Gewerbe.*

Projekt für eine Evangelische Predigtkirche in Hagen-Wehringhausen 1906–1907

Auch dem Kirchenbau widmete sich Behrens in Hagen. Für die Evangelische Gemeinde Wehringhausen konzipiert er eine Predigtkirche, zunächst als Langhausversion, dann als oktogonalen Zentralbau (Abb. 7).[18] Doch die Realisierung scheiterte am konservativen lokalen Geschmack, und Osthaus resümierte wütend:

18 Langhausvariante: März–August 1906; Oktogon: Oktober 1906–Februar 1907. Anfang 1906 erhielt Behrens, durch Vermittlung von Osthaus, den Auftrag zu einem Vorentwurf. Zur Baukommission gehörte neben dem amtierenden Pfarrer Kayser auch Osthaus' Cousin Heinrich Eduard Osthaus. Beim Zweiten Kongress für Kirchenbau in Dresden im September 1906 wurden die Pläne positiv bewertet. Auf Empfehlung eines anderen Pfarrers wurde im Presbyterium am 19. September 1906 Fritz Schumacher mit einem Gegenentwurf beauftragt, während Behrens seine Pläne überarbeiten sollte. Bis Oktober 1906 entwickelte Behrens einen Bau über achteckigem Grundriss. Am 27. Februar 1907 entschied sich die Gemeinde für Schumachers Entwurf. Am 10. Juli 1907 beschloss der Kirchenvorstand die Beteiligung von regionalen Architekten: Baurat Siebold sowie Regierungsbaumeister Plange. Die Wahl fiel auf den neobarocken Entwurf des Elberfelder Architekten Plange.

Abb. 7: *Peter Behrens, Entwurf für eine Evangelische Predigtkirche in Hagen-Wehringhausen.*

Seit Georg Bähr seine Dresdener Frauenkirche erbaute, hat der Protestantismus keinen genialeren Kirchenbau erlebt. Erlebt? Er wird ihn nicht erleben, jedenfalls nicht so und nicht in Hagen. Presbyterium und Gemeindevertretung haben die Kirche – abgelehnt.[19]

Behrens' Ziel war *vor allen Dingen [...] eine gute Eingruppierung der Gesamtanlage in das Stadtbild*, außerdem lag *der Gedanke zugrunde, dass der Prediger die Gemeinde in einer Kreisanordnung um sich versammelt sieht.*[20] Behrens ordnete die Sitzreihen amphitheatralisch an, ausgerichtet auf Kanzel und Altar, umgeben von Sängeremporen. Karolingische Kirchenbauten standen Pate, ebenso San Vitale in Ravenna. Die Anlage des campanileartigen Turmes wiederholte Behrens bei der Anlage des Krematoriums.

19 Karl Ernst Osthaus, Eine Predigtkirche von Peter Behrens, in: Westfälisches Kunstblatt, Bielefeld, 2. Jg. 1908, H. 1; S. 2–5, S. 5. Siehe auch Karl Ernst Osthaus, Zum Kirchenbau in Hagen, in: Westfälisches Kunstblatt, Bielefeld, 2. Jg. 1908/09; H. 9, S. 158–160. Vgl. die Fürsprache von David Koch, Das Projekt von Peter Behrens zu einer evangelischen Kirche in Hagen i. W., in: Die Rheinlande 1907, S. 172–175.

20 Peter Behrens an Karl Ernst Osthaus, 20.07.1907; KEO-A KÜ 416.

Bebauungsplan und Villenbauten für Hohenhagen

Parallel zu dem Kirchenprojekt wurde Behrens von Osthaus in die Planungen für Hohenhagen einbezogen. Nachdem für die siebenköpfige Osthaus-Familie der Wohnraum im innerstädtischen Folkwang-Gebäude zu eng wurde, beauftragte Osthaus 1906 den Folkwang-Architekten Henry van de Velde, in dem Areal am Stadtrand den neuen Familien-Wohnsitz zu planen. Der weitgefasste Rahmenplan im Vorfeld seines Wohnhausbaus ist Indikator für eine Interessenverlagerung im Wirken von Osthaus. Sein Interesse galt zunehmend der Architektur und dem Städtebau. Mit Maßnahmen in diesen Bereichen glaubte er den Rahmen gestalten zu können, innerhalb dessen im Zusammenspiel aller Künste ein »Gesamtkunstwerk Gesellschaft« entstehen könnte. Vom Arbeiterwohnhaus über die Künstlervilla bis hin zu einem neuen Folkwang-Kulturkomplex im Zentrum, bestehend aus Museen, Bibliothek, pädagogischen Einrichtungen und Kulturtempel, reichten die umfassenden Planungen zu seiner – in Ansätzen realisierten – konkreten Kultur- und Sozialutopie.[21]

Nach dem Vorbild der Künstlerkolonie auf der Mathildenhöhe in Darmstadt (1901) plante Osthaus eine eigene Gartenvorstadt und Künstlerkolonie, die er »Hohenhagen« taufte.[22] Er erwarb außerhalb der Stadt ein etwa 80 Hektar großes Gelände in Eppenhausen. Einerseits schätzte er die landschaftlich reizvolle Lage, andererseits den Vorzug eines Straßenbahnanschlusses zur Innenstadt. Zentrum der Anlage sollte der Hohenhof sein. Der Wohnsitz des *spiritus rector* Hohenhagens, 1908 im Wesentlichen vollendet, behauptete die wichtigste Funktion als paradigmatischer Bezugspunkt im städtebaulichen Ensemble der geplanten Gartenvorstadt. Aufgrund des Ausbruchs des Ersten Weltkrieges sowie der schweren Krankheit und des frühen Todes von Karl Ernst Osthaus konnten lediglich noch eine Häuserzeile von Jan Mathieu Lauweriks sowie drei Villenbauten von Peter Behrens verwirklicht werden. Die drei Architekten hatten jeweils zuvor Teilbebauungspläne für ein Areal vorgelegt, van de Velde im Osten, Behrens im Westen und Lauweriks im Norden.

Peter Behrens arbeitete ab Oktober 1906 bis zum Sommer 1907 an seinem streng geometrisch-axial konzipierten Bebauungsplan.[23] Neben Wohnhäusern plante er eine zentrale

21 Zu Osthaus' Anspruch im Zusammenhang mit der Gartenvorstadt vgl. Lutz Niethammer, Am Ursprung des Wasserlosen Tales. Grenzen des Mäzenatentums beim Bau einer Gartenstadt, in: Der westdeutsche Impuls 1900–1914. Kunst und Umweltgestaltung im Industriegebiet: Die Folkwang-Idee des Karl Ernst Osthaus, Hagen 1984, S. 187–232. Niethammer spricht in diesem Zusammenhang von einem *patriarchalischen Projekt* und einer *imperialistischen Sozialreform* des *philantropischen Kulturunternehmers* (S. 206 f.). Vgl. auch Birgit Schulte, Auf dem Weg zu einer handgreiflichen Utopie. Die Folkwang-Projekte von Bruno Taut und Karl Ernst Osthaus, Hagen 1994.

22 Vgl. Karl Ernst Osthaus, Die Donnerkuhle (undat. Manuskript, um 1906; KEO-A), in: Schulte, van de Velde (wie Anm. 7), S. 159–173. In diesem Zusammenhang siehe auch Osthaus' Werbeanzeige für die Gartenvorstadt Hohenhagen, abgedruckt in: Museum Folkwang, Bd. 1, Moderne Kunst, Plastik, Malerei, Graphik, bearbeitet von Dr. Kurt Freyer, Hagen 1912 (Reprint: Essen 1983), S. 49. Vgl. Peter Stressig, Hohenhagen – »Experimentierfeld modernen Bauens«, in: Hesse-Frielinghaus, Karl Ernst Osthaus (wie Anm. 2), S. 385–510, S. 399.

23 Peter Behrens' Ausarbeitung des Bebauungsplans für Hohenhagen 1906/07; baureife Pläne: Haus Schröder September 1908; Haus Cuno Mai 1909; Haus Goedecke Oktober 1911. KEO-A KÜ 413, KÜ 414 und KÜ 416.

Platzanlage, die »Goldene Pforte«, mit einem giebelbekrönten Torbau und einem über eine dreistufige Terrassenanlage zu erreichenden Neubau des Folkwang-Museums sowie ein Waldtheater am Ende einer Allee südwestlich des Hohenhofes. Behrens, so Osthaus *reizt die Gesetzmäßigkeit der Körper und Räume. Im Hause Cuno hat er die Fatalität eines spitzen Blockwinkels durch eine interessante Kreisdrehung der ganzen Anlage überwunden.* [...] *Haus Schröder beginnt eine Gruppe von drei Häusern, die hufeisenförmig mit einwärts gekehrten Fassaden eine zusammenhängende Gartenfläche umschließen sollen. Haus Goedecke benutzt eine Versetzung im Gefällswechsel der Amselgasse zu einem reizvollen Straßenabschluß.*[24]

Abb. 8: *Peter Behrens, Haus Schröder, Hohenhagen (kriegszerstört).*

Das 1908/09 zuerst erbaute Haus für den Zahnarzt Dr. Schröder, das im Zweiten Weltkrieg zerstört wurde, war ein zweigeschossiger, axialsymmetrisch gegliederter Bau, dessen Räume um eine großzügige Wohnhalle angeordnet waren (Abb. 8). Die dunkel verputzte, horizontal gegliederte Fassade erhebt sich über einem Bruchsteinsockel, die helle Einfassung der Fenster betont demgegenüber die Vertikale. Zur Gartenseite dominiert ein pfeilergestützter Balkon über einer vorgelagerten Terrasse.

Auf dem relativ schwierig geschnittenen Dreiecksgrundstück an der Einmündung des Stirnbands in die Haßleyer Straße errichtete Behrens im Auftrag von Osthaus 1909/10 das Wohnhaus für den damaligen Oberbürgermeister Willy Cuno (Abb. 9). Eine geschwungene Innentreppenanlage, die sich aus dem Eingangsbereich entwickelt und durch lange, schmale Fensterstreifen erhellt ist, bestimmt die klassizistisch strenge Fassadengestaltung mit dem

24 Karl Ernst Osthaus, Die Gartenvorstadt an der Donnerkuhle, in: Die Durchgeistigung der deutschen Arbeit. Jahrbuch des Deutschen Werkbundes, 1 (1912), S. 93–96, S. 96.

Abb. 9: *Peter Behrens, Villa Cuno, Hohenhagen.*

halbkreisförmig heraustretenden Mittelrisalit. Der kubische Baukörper ist von einer strengen Schlichtheit, lediglich der Materialkontrast zwischen dem rustikalen Bruchsteinsockel und den glatt verputzten darüberliegenden Geschossen belebt die Schauseite. Die Bauleitung hatte Walter Gropius inne, der sich jedoch aufgrund der mangelhaften Konstruktion im März 1910 mit Behrens überwarf.[25] Bis 1911 musste sich der Bauherr Osthaus mit der Mängelbeseitigung befassen.

25 Am 6.3.1910, während der Bauausführung für Haus Cuno, gibt Gropius den Mängelbeschreibungen von Osthaus bezüglich der Häuser Schröder und Cuno Recht und teilt mit, er habe sich am Vortag von Behrens getrennt. KEO-A P 89/38; siehe auch P 88 und P 89. Am 19.3.1910 teilt Gropius Osthaus mit, er werde Behrens verlassen. KEO-A KÜ 318/5. In einem Brief an Osthaus vom 2.2.1919 bezeichnet Gropius Behrens als *Architektenhochstapler*. KEO-A KÜ 347. Auch Osthaus war sich der Schwierigkeiten bewusst: *Es war damals ein Wagnis, zu Peter Behrens zu gehen. Die ganze deutsche Architektenwelt beinahe lief Sturm gegen den Dilettanten Behrens, den kecken Umstürzler, der mit wenigen Gleichgesinnten eine Jahrhunderte verrottete Stilmode ins Wanken zu bringen suchte. Wer sich damals zu Behrens wandte, der wusste, dass er sich in Gegensatz zu jedermann, zur öffentlichen Meinung und dass er sich zum Gespött aller gemacht hätte, wenn das Wagnis, das er unternahm, missglückte.* Karl Ernst Osthaus anlässlich der Einweihung des katholischen Gesellenheims in Neuss am 19.11.1910; zitiert nach Fritz Neumeyer, Mies van der Rohe. Das kunstlose Wort. Gedanken zur Baukunst, Berlin 1986, S. 117, Anm. 69. Es ist höchst wahrscheinlich, dass Ludwig Mies, seit Oktober 1908 im Büro Behrens tätig, in die Realisierung der Villenbauten eingebunden war. Vgl. Wolf Tegethoff,

Abb. 10: *Peter Behrens, Haus Goedecke, Gartenseite.*

In der Nähe des geplanten Naturtheaters, von dessen Planung heute noch eine kleine Treppenanlage am Ende der Straße »Unter Kastanien« zeugt, baute Behrens 1911/12 das Haus für den Bauinspektor Goedecke, einen rechtwinkligen Zweiflügelbau mit zweigeschossigem Wohn- und eingeschossigem Bürotrakt, in deren Winkel eine Terrasse angelegt ist. Da der Haupteingang an die wenig repräsentative Schmalseite verlegt ist, kann die vollständige Größe der Anlage nur vom Garten aus erfasst werden (Abb. 10). Der schlichte, verputzte Bau mit einem niedrigen Sockel aus Ziegelmauerwerk zeigt deutlich, dass sich der sparsame Bauherr mit seinen praktischen Nutzungsansprüchen und professionellen bautechnischen Kenntnissen gegenüber den anspruchsvollen ästhetischen Vorstellungen von Behrens und Osthaus durchsetzen konnte, die regelmäßig gravierende konstruktive Mängel und bauphysikalisch bedingte substantielle Schäden zur Folge hatten.

Die Gartenvorstadt an der Donnerkuhle zu Hagen, resümierte Osthaus 1912 rückblickend im Jahrbuch des Deutschen Werkbundes, *stellt einen Versuch dar, die im Werkbund lebendigen Gedanken auf das Problem des Städtebaus zu übertragen.* [...] *So handelt es sich jetzt darum, Kunst zu schaffen, in dem man Zusammenhänge und Beziehungen herstellt. Der Vorhang*

Weg und Umwege zur Moderne, Mies van der Rohes Frühwerk und der »Preußische Stil«, in: Ausstellungskatalog Mies in Berlin. Ludwig Mies van der Rohe. Die Berliner Jahre 1907–1938, hg. von Terence Riley und Barry Bergdoll, Berlin/New York, 2001, S. 135–151, S. 137.

gewinnt einen neuen Wert durch seine Beziehung zur Tapete, der Garten durch seine Beziehung zum Haus, das Haus durch sein Verhältnis zur Straße und zur Stadt.[26]

Die Idealplanungen für Hohenhagen mit dem zentralen neuen Folkwang-Museum dachte er sich als *Freiluftmuseum für moderne Baukunst, Malerei und Plastik.*[27]

Auch Behrens beurteilte die realisierten Wohnhäuser in Hohenhagen als Ausweis seines baukünstlerischen Schaffens. Als das kunstsinnige Ehepaar Helene Kröller-Müller und Anton Kröller 1911 an Behrens ihr Vorhaben herantrugen, in Wassenaar bei Den Haag in den Niederlanden eine luxuriöse Villa mit integrierten Ausstellungsräumen für ihre Kunstsammlung zu bauen, wandte sich Behrens an Osthaus wegen einer Empfehlung. Mit Frau Kröller-Müller pflegte auch Karl Ernst Osthaus seit 1910 einen intensiven Austausch im Zusammenhang mit dem Aufbau ihrer Kunstsammlung. Peter Behrens hatte die Bekanntschaft vermittelt, in der Hoffnung, dass das kunstsinnige Paar ihm, auf Osthaus' Empfehlung hin, ihr Projekt anvertrauen würde. Um Osthaus auf den Besuch der beiden in Hagen vorzubereiten, wo sie sich seine Villenbauten in Hohenhagen ansehen wollten, schrieb Behrens seinem Förderer Osthaus im Februar 1911:

Ich würde [...] *großen Wert darauf legen, dass Sie sich persönlich um ihn annähmen. Ich bitte Sie darum, ihm das Haus Cuno und Schroeder selbst zu zeigen und hierbei von den gemeinschaftlichen künstlerischen Prinzipien, um die ich mich bemühe, zu sprechen. Die Leute, namentlich die Frau, sind der Kunst sehr zugänglich und würden darum zweifellos großes Interesse haben, auch Ihr Haus und das Museum zu sehen. Ich glaube meinen Plan am besten zu verwirklichen, wenn ich die Herrschaften Ihrer Behandlung anvertraue.*[28]

Osthaus ging voller Elan auf diesen Wunsch ein: *Selbstverständlich bin ich mit Vergnügen bereit, ihren hoffnungsvollen Holländer mit allen Seifen zu waschen.*[29] Seine Behandlung trug Früchte: Begeistert und beeindruckt reisten Kröller-Müllers zurück und beauftragten Behrens mit dem Entwurf.[30] Behrens reüssierte jedoch nicht mit seinem Konzept. In der Folge wurde sein Assistent Ludwig Mies, der bereits seit dem Sommer 1911 in das Projekt involviert war, ab 1912 mit der Überarbeitung der Pläne für die Museumsvilla beauftragt.[31] Jedoch weder sein Entwurf noch das parallel entwickelte Konzept von Hendrik Petrus Berlage wurden realisiert. Schließlich betraute das Ehepaar Kröller-Müller im Jahr 1919 Henry van de Velde mit der Planung für ihr Museum in Hoge Veluwe.[32]

26 Osthaus, Gartenvorstadt (wie Anm. 24), S. 93.
27 Osthaus, Gartenvorstadt (wie Anm. 24), S. 96.
28 Behrens an Osthaus, vom 23.2.1911; KEO-A KÜ 422/236.
29 Osthaus an Behrens, vom 25.2.1911; KEO-A KÜ 422/238.
30 Vgl. Brief Osthaus an Behrens vom 2.3.1911; KEO-A KÜ 422/241.
31 Vgl. Birgit Schulte, Dem Zeitalter der Stilmoden entgegengesetzt. Verbindungslinien zwischen Mies van der Rohe und Karl Ernst Osthaus, in: Helmut Reuter und Birgit Schulte (Hg.), Mies und das neue Wohnen. Räume, Möbel, Fotografie, Ostfildern 2008, S. 41–53.
32 In seiner Monographie über Henry van de Velde blendet Karl Ernst Osthaus, obwohl er kontinuierlich mit Helene Kröller-Müller in Kontakt stand, die langwierige Vorgeschichte mit der Beteiligung von Behrens, Berlage und Mies aus, wenn er im Schlusskapitel über die Berufung eines bedeutenden Künstlers für das Museumsprojekt schreibt, für *Frau Kröller war es nicht lange zweifelhaft, dass dies nur van de Velde sein konnte*. Karl Ernst Osthaus, Van de Velde. Leben und Schaffen des Künstlers, Hagen 1920, S. 141.

Pläne zu einer Bühnenreform 1909

Neben den Bildenden Künsten und der Architektur, befasste sich Osthaus ebenfalls mit den darstellenden Künsten. Im Jahr 1909 engagierte er sich für eine Bühnenreform, die er beispielhaft in Hagen realisieren wollte. In einem Vortrag im Folkwang-Museum im Februar wandte sich Osthaus vehement gegen *die Gesinnung einer auf Illusion und Historismus gerichteten Inszenierung*. Er forderte das Experiment einer künstlerischen Vision auf der Bühne und plädierte für eine Rückkehr zur Kunst auf einer Stilbühne, denn *ein Kunstwerk untersteht nicht den Gesetzen der Wirklichkeit, es trägt seine Gesetze in sich.*[33] In seiner Rede beschwor Osthaus die innovativen Ideen von Behrens: *So sehen wir die neue Kunst der Bühne nahen, wie sie Peter Behrens vor Jahren schon uns ausmalte. Geboren aus Dichtung und Musik, bezogen auf den Darsteller, gestaltet von der Kunst der Architekten.* Schließlich gewann Osthaus Peter Behrens, der schon 1900 das Theater als das *höchste Kultursymbol* propagiert hatte,[34] für die Realisierung des Konzeptes einer »Reliefbühne« für das Schauspiel »Diogenes« von Otto Erich Hartleben, das zur Eröffnung der neuen Stadtgarten-Halle in Hagen am 26. Juni 1909 aufgeführt wurde.[35] Die Inszenierung übernahm Behrens persönlich, außer der Bühne entwarf er auch Requisiten, Kostüme und Frisuren.

Anhand einer zeitgenössischen Rezension lässt sich die Bühnengestaltung nachvollziehen:

Nicht das Phantom eines griechischen Theaters, auch kein üppiger Guckkasten geputzt mit halbphantastischem, halbarchäologischem Schmuck. […] *Es ist kein Traum und kein Symbol, sondern die zur Ordnung gewordene Abstraktion. Der Hintergrund besteht aus vier ruhigen Pfeilern, die ohne Übergang ein ruhiges Epistyl tragen, mattgelb mit roten Borden. In den Seitenwänden schlichte Eingänge. Weiter nichts. Dieser Teil der Bühne kann durch einen Vorhang abgeschlossen werden. Auf der Vorderbühne, die in dunklerer Farbe, in schwerem Lila gehalten ist,* […] *zwei Seiteneingänge, den antiken Parodoi entsprechend. Nirgends stören Einzelheiten* […] *unser Auge.*[36] Die Schauspieler traten durch die vorgelagerten Proszeniumseingänge auf und bewegten sich ausschließlich auf einer Ebene, jedes Vor- und Zurück sollte vermieden

33 Karl Ernst Osthaus, Die Kunst der Bühne. Reform des Städtischen Schauspielhauses in Hagen?, in: Westfälisches Tageblatt, 45. Jg., Nr. 45–48, vom 23.–26.02.1909; handschriftlich korrigierte Fassung des Beitrags: KEO-A Z 100/6.

34 Peter Behrens, Feste des Lebens und der Kunst. Eine Betrachtung des Theaters als höchsten Kultursymbols, Leipzig 1900; vgl.: Elisabeth Motz, Pathos und Pose, Peter Behrens' Theaterreform, in: Peter Behrens. »Wer aber will sagen, was Schönheit sei?« (wie Anm. 13), S. 38–51.

35 In Behrens' Neubabelsberger Atelier arbeiteten vom 24.–29. Mai sowie vom 14.–20. Juni 1909 auch Walter Gropius und Ludwig Mies an den Planungen für die Reformbühne, wie eine detaillierte Rechnung Behrens' an Osthaus belegt, eine »Kostenaufstellung der Diogenesaufführung bei den Sommerfestspielen in der Städtischen Festhalle zu Hagen«, vom 1. Juli 1909. Kostenaufstellung Büro Behrens an Karl Ernst Osthaus vom 01.07.1909; KEO-A NAC 2, 120/28.

36 Zitiert nach A. Jolles, Diogenes, in: Neue Rundschau, August 1909, S. 1227. KEO-A Z 100/9. Vgl. Walter Erben, Karl Ernst Osthaus: Lebensweg und Gedankengut, in: Hesse-Frielinghaus, Karl Ernst Osthaus (wie Anm. 2), S. 15–115, darin Kapitel V: Das Jahr des Theaters, S. 59–65. Vgl. Abb. des Bühnenbildes, in: Kraft-Eike Wrede, Karl Ernst Osthaus und das Theater. Peter Behrens' Inszenierung des »Diogenes« von Otto Erich Hartleben für die Hagener Sommerschauspiele (1909), Sonderveröffentlichung Heft 5, Karl Ernst Osthaus Museum Hagen 1984, S. 19–21.

werden. Die Verfremdung des Bühnenstücks mittels der extrem stilisierten Aufführung fand bei einigen Kritikern Zustimmung, andere bemängelten das Experiment der Reliefbühne als Versuch mit unzureichenden Mitteln.[37]

Das Eduard Müller-Krematorium 1906–1908

Das größte architektonische Ereignis des letzten Jahres, so Karl Ernst Osthaus 1908, *ist nicht nur das erste künstlerisch erhebliche Gesamtkunstwerk, das in unserer Stadt entstanden ist, sondern, seiner Klarheit ungeachtet, eines der wichtigsten Monumente unserer Zeit überhaupt. Und nicht etwa deshalb, weil es, dank der künstlerischen Ökonomie seines Schöpfers, mit unverhältnismäßig geringen Mitteln in den edelsten Materialien erbaut werden konnte, sondern weil es durch die wirkliche Durchdringung von Zweck und Form der hehrste und vollkommenste Ausdruck seiner Bestimmung geworden ist.*[38] Da der exzeptionelle Bau (Tafeln A–H sowie Tafeln 1–47) in verschiedenen Beiträgen dieser Publikation ausführlich behandelt wird, wird im Folgenden, als Hintergrundfolie für die Detail-Betrachtungen, im Wesentlichen der Focus auf die spannende Baugeschichte gerichtet.

Der private »Hagener Verein für Feuerbestattung« unter Vorsitz seines Gründers, des Hagener Sanitätsrates Dr. Eduard Müller, dessen Namen der Bau seit 1929 ehrenhalber trägt,[39] beschloss im Jahr 1905 den Bau eines Krematoriums, des ersten im damaligen Preußen. Aufgrund der massiven Auseinandersetzungen bezüglich der Feuerbestattungsfrage sowie der generellen Streitigkeiten zwischen Bauherr Müller auf der einen und Architekt Behrens und Mäzen Osthaus auf der anderen Seite, firmierte der Bau lange unter dem Prädikat »Kampf-Crematorium«.[40]

Den ersten Entwurf lieferte 1905 der im Vereinsvorstand aktive Architekt F. Sander (Abb. 11–12). Er konzipierte einen breit gelagerten Kuppelbau im eklektizistischen, historisierenden Stil, der an das Berliner Reichtagsgebäude erinnert, nebst einer verfallenen Ruine als Wärterhäuschen. Ein burgfriedartiger Turm verhüllt den Schornstein, der praktischerweise die Wärterwohnung heizen sollte. Entsetzt von diesen Planungen engagierte Osthaus auf seine Kosten Peter Behrens, der einen Gegenentwurf vorlegte (Tafel B). Osthaus' Überzeugungsarbeit war es zu verdanken, dass Behrens sein Konzept, wenn auch nicht in allen Details, realisieren konnte.[41]

Für die Gestaltung eines Krematoriums, bestehend aus Andachts- beziehungsweise Trauerhalle und Verbrennungsanlage, existierten keine architektonischen Vorbilder. Peter Behrens

37 Kritiken von A. Jolles und Wilhelm Schäfer; zitiert nach: Wrede, Theater (wie Anm. 36), S. 24.

38 Osthaus, Kritische Betrachtungen (wie Anm. 15). Gegen Ende der Bauarbeiten hatte Ludwig Mies, beschäftigt im Büro von Behrens, zeitweilig die Bauleitung inne. Vgl. Schulte, Mies (wie Anm. 31), S. 41–53.

39 Anlässlich des 75. Geburtstages von Eduard Müller (1854–1929) am 8.3.1929 wurde das Krematorium zu seinen Ehren nach ihm benannt.

40 Timothy Pursell, The Burial of the Future: modernist architecture and the cremationist movement in Wilhelmine Germany, in: Mortality, 8,3 (August 2003), S. 234–250, S. 236.

41 Vgl. KEO-A KÜ 408, KÜ 409, KÜ 410, KÜ 411, KÜ 412. Am 10.2.1906 hält Behrens im Folkwang-Museum den Vortrag »Architekt und Künstler«. Sein Honorar stiftet er für den Krematoriumsbau; KEO-A KÜ 411. Auch die ersten Skizzen für die Auftraggeber fertigt er ohne Honorar an; KEO-A KÜ 408.

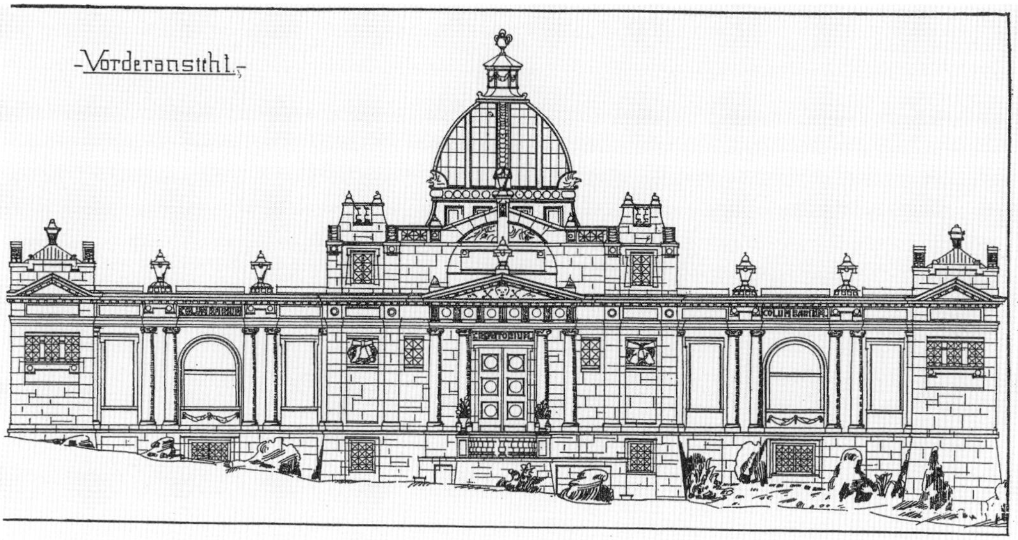

Abb. 11: *F. Sander, Entwurf für das Hagener Krematorium (Foto: Archiv).*

Abb. 12: *F. Sander, Entwurf zu einem Wärterhaus und zu einem Kamin für das Hagener Krematorium (Foto: Archiv).*

formulierte seine ersten Gedanken zu dieser Herausforderung in einem Brief an Karl Ernst Osthaus vom 31. Mai 1905:

Für die Bearbeitung einer Aufgabe, wie die vorliegende, (müssen) alle Kräfte eingesetzt werden, damit auch in jeder Hinsicht die Anlage für später eine vorbildliche bleibt und somit auch die künstlerische Lösung der Aufgabe für die ganze Bewegung einen Schritt vorwärts bedeutet. [...] *Auf der anderen Seite glaube ich, dass einer hohen Idee nichts mehr schaden kann, als wenn sie in einem Gewande auftritt, das sich von dem alltäglich Hergebrachten nicht unterscheidet oder wenn hierbei Wirkungen romantisch-spielerischer Art, die mit dem Ernste nicht im Zusammenhange stehen, mitsprechen.*[42]

Vor allem schien es ihm *erforderlich, dass die Zweckbestimmung des Gebäudes nach aussen klar zum Ausdruck gelangt.*[43] Er forderte *eine monumentale, schlichte Geschlossenheit, strengste Monumentalität und vornehme Einfachheit*. Behrens klassifizierte den Bau, dessen Verwirklichung *hohen kulturellen Zielen* dienen sollte, als *ideales Monument*. Als Erprobung des idealen Monumentes, konstruiert mittels der variablen Anwendung stereometrischer und ornamentaler Elemente, diente Behrens die Realisierung des Tonhauses für die Ausstellung »Deutsche Kunst« in Köln 1906.[44]

Zwei gegensätzlich anmutende Baukörper strukturieren das Krematorium (Tafel 1–5). Ihr Größenverhältnis folgt dem goldenen Schnitt, wie Grundriss und Längsschnitt erkennen lassen (Tafel C). Der vordere Teil, schlicht weiß verputzt, beherbergt die Trauerhalle. Rustikales Bruchsteinmauerwerk charakterisiert den hinteren Teil, dessen gesteigerte Höhe und Breite sowie apsidialer Abschluss, der den Katafalk aufnimmt, seine Bedeutung als Hülle für den Toten unterstreichen. In den niedrigeren seitlichen Anbauten an den rückwärtigen Trakt befanden sich links die Leichenhalle und rechts zwei Räume für Angehörige und Besucher. Für den an den rückwärtigen Trakt angebauten, rechteckigen Schornstein stand das Motiv des Campanile Pate.

Die Hauptfassade beeindruckt durch ihre Eleganz. Die Vorhalle, getragen von sechs dunklen rechteckigen Pfeilern, wird von einem Dreiecksgiebel mit Rundfenster überhöht. Ursprünglich waren die Außenwände des vorderen Baukörpers mit schwarz-weißen Marmorplatten nach Florentiner Vorbild verkleidet (Tafel A). Rechteckfelder strukturierten über einem Rustikasockel das Erdgeschoss, das Emporengeschoss war durch quadratische Felder gegliedert, die seitlich die Rundfenster aufnahmen. Darüber bildete ein ornamentales Metopen-Triglyphenband den Abschluss zum Dach.

Der Marmorschmuck war der Auslöser für heftige Streitigkeiten zwischen Bauherrn und Architekten. Obwohl er zunächst die aufwändige Plattenverkleidung konzipiert hatte, schlug Peter Behrens Eduard Müller vor, auf deren Anbringung zu verzichten, um mit dem Hagener Krematorium nicht zuletzt auch ein Paradigma für eine ökonomische Lösung der komplexen Bauaufgabe vorzuführen. Behrens plädierte stattdessen für einen eleganten Putz.[45] Müller beharrte hingegen auf dem repräsentativen, kostspieligen Bauschmuck und folgte ausgerech-

42 Behrens aus Düsseldorf an Osthaus am 31.05.1905; KEO-A KÜ 408/1.

43 Behrens aus Düsseldorf an Osthaus am 31.05.1905; KEO-A KÜ 408/1.

44 Behrens schlug im August 1905 die Verquickung beider Bauvorhaben aus Kostengründen vor; KEO-A KÜ 409/2. Siehe auch Gisela Moeller, Peter Behrens in Düsseldorf. Die Jahre von 1903 bis 1907, Weinheim 1991, S. 447–448.

45 KEO-A KÜ 408/7. Müller wollte im Dezember 1906 den Bau stoppen und unvollendet der Öffentlichkeit vorstellen, doch Osthaus und Behrens opponierten heftig gegen dieses Ansinnen, da sie ein Paradigma für künftigen modernen Krematoriumsbau nicht mit einem derartigen Eklat

net dem Vorschlag des einstigen Behrens-Kontrahenten Sander bezüglich der ausführenden Firma. Die Anbringung erfolgte jedoch nicht mit der gebotenen Technik und Sorgfalt, so dass der aufwändige Schmuck bereits nach 18 Monaten im Jahr 1910 der Witterung zum Opfer und herab fiel – diese traurige Tatsache ließe sich beinahe als subtile Rache Sanders gegenüber Behrens deuten. Im Dezember 1910 sah sich Behrens somit gezwungen, ein Konzept für den Außenputz zu entwickeln.[46] Müller plädierte für eine schwarz-weiße Struktur analog den Marmorplatten, doch Behrens entschied sich für einen rein weißen Putz aus geometrischen Feldern mit abgesetzten Bändern, um eine subtile Licht-Schattenwirkung zu erzielen (Tafel 8–9). So beschränkt sich heute die Anschauung der geometrischen Schwarz-Weiss- Ornamentik auf das feierlich anmutende Innere des Krematoriums (Tafel 10 und 14). Blickfang ist die Apsis mit dem Goldmosaik von Emil Rudolf Weiss, unter der sich, durch Stufen erhöht, der Katafalk vor einem Säulenhalbrund aus schwarzem Marmor erhebt. Schwarz-weiße geometrische Ornamente, komponiert aus den Grundelementen Kreis und Quadrat, strukturieren den Fliesenboden und die Sgraffittowände. Die umlaufende Orgelempore mit der Säulenbrüstung setzt eine waagerechte Zäsur. Das durch die seitlichen runden Marmorfenster (Tafel 31) einfallende Licht verleiht den polierten Flächen einen schimmernden Glanz.

Vor allem bei der Betrachtung der historischen Aufnahmen des Krematoriums vor dem Verlust des Marmorschmucks (Tafel A und D) drängen sich, in zweierlei Hinsicht, italienische Vorbilder auf.[47] Zum einen die elaborierte, strenge Geometrie des Dekorationsstils bei Sakralbauten der florentinischen Renaissance und Protorenaissance wie Santa Maria Novella, Baptisterium San Giovanni oder San Miniato al Monte. Außerdem bei letztgenanntem San Miniato, einer dreischiffigen Basilika mit halbrunder Apsis, die exponierte Lage auf einem Hügel im Südosten von Florenz.[48] Auch das Hagener Krematorium, über dem Friedhofsgelände gelegen, erhebt sich, weithin sichtbar, prominent oberhalb einer Treppenanlage.

Erst am 20. Mai 1911 wurde in Preußen der »Gesetzentwurf betreffend Feuerbestattung« mit knapper Mehrheit verabschiedet. Nichtsdestotrotz besichtigten zwischen 1907 und 1911 30.000 interessierte Besucher gegen ein Eintrittsentgelt in Höhe von fünfzig Pfennig das außergewöhnliche Bauwerk, bevor es seine eigentliche Funktion aufnahm – angezogen nicht zuletzt auch durch den Marmorskandal. Ihnen wurde sowohl der Klang der Orgel als auch die Funktion des Katafalks vorgeführt. Eine Anekdote des in Paris lebenden Malers Hans Purrmann veranschaulicht die eigenartige Atmosphäre derartiger Veranstaltungen:

Es war an einem Sonntagnachmittag, es regnete, der halbgefrorene Boden war kaum zu begehen. Doch drang Osthaus in mich, Matisse zu einem Besuch zu überreden, der sich dann auch aus Höflichkeit dazu bereit fand. Oben angekommen, ertönte uns das feierliche Tremolo einer Orgel entgegen, und beim Eintreten sah Matisse im Dämmerlicht den mit einem Kranz bedeckten Sarg langsam zur Inzineration versinken. […] *Und gegen mich gerichtet, erschreckt, im Flüsterton: »Mon dieu, un mort!« In Paris blieb mir nicht erspart, ihn von den sonderbaren*

und einem hässlichen, unvollendeten Bau enden lassen wollten. Vgl. KEO-A KÜ 415/1, KÜ 415/3 und KÜ 415/6. Den Streit beschreibt *en detail* Pursell, Burial (wie Anm. 40), S. 242–246.

46 Zu Planung und Ausführung des Außenputzes vgl. KEO-A P 285/4, P 285/3, KÜ 421/4; P 285/2; KÜ 415/7.

47 1896 hatte Behrens mit Otto Erich Hartleben zum ersten Mal Italien bereist, 1904 absolvierte er eine Studienreise nach Florenz.

48 Baubeginn 1013; Fassade ab 1090 bis 12. Jahrhundert; Kanzel und Boden 1207; Apsismosaik Christus zwischen der Jungfrau und dem heiligen Minias 1297; heutiger Glockenturm 1523.

Abb. 13: *Karl Albiker, »Trauernde« vor dem Krematorium.*

Deutschen sprechen zu hören, die zum Sonntagsvergnügen gegen Bezahlung sich eine Leichenfeier vorführen ließen, die überhaupt keine war.[49]

Nach der Legalisierung der Kremation erwarb die Stadt Hagen 1911 das Krematorium von dem Hagener Feuerbestattungsverein, da private Vereine keine Krematorien betreiben durften.[50] Die Kaufsumme in Höhe von 30.000 Mark lag weit unter den verausgabten Baukosten.[51] Am 16. September 1912 wurde eine katholische Professorengattin namens Seibel aus Krefeld als erste Verstorbene auf preußischem Boden eingeäschert (siehe den Eintrag im Einäscherungsregister, Tafel 42).[52]

Osthaus setzte sich im Sommer 1911 dafür ein, dass für die baulichen Erweiterungen mit den notwendigen Nebengebäuden erneut Peter Behrens engagiert werden sollte. Behrens' ursprüngliche Planung der Gesamtanlage hatte zur Rechten des Krematoriums ein lang gestrecktes, erhöht liegendes Kolumbarium vorgesehen, in Form eines pfeilergestürzten Wandelganges (Tafel B). Ein tiefer liegendes Nebengebäude mit Rustika-Mauerwerk sollte eine über Stufen erreichbare Terrasse begrenzen. Auf der linken Seite des Hauptgebäudes sollte eine Treppenanlage zu einem weiteren Nebengebäude hinter dem Campanile-Schornstein führen.

49 Hans Purrmann, Über Henri Matisse, in: Henri Matisse Farbe und Gleichnis. Gesammelte Schriften, hg. von Peter Schifferli, Frankfurt am Main 1960, S. 121–154, S. 147.

50 Vgl. KEO-A P 369.

51 Die Baukosten lagen bereits vor der Marmorverkleidung und der Anschaffung des Ofens im Dezember 1906 bei 60.000 Mark; vgl. Pursell, Burial, (wie Anm. 40), S. 244.

52 Anzahl der Kremierungen 1912: 8; 1914: 78; 1922: 96; 1926: 142. Vgl. Ewald Figge, Friedhöfe und Krematorien, in: Das Buch der Stadt Hagen, Monographien deutscher Städte, Bd. 26, Berlin 1928, S. 252–254.

Abb. 14: *Karl Baumann, Wandbild im Raum für die Angehörigen.*

Oberbürgermeister Willy Cuno ignorierte Osthaus' Vorschlag zur Weiterbeschäftigung von Behrens.[53] Dennoch initiierte Osthaus, mit Unterstützung des »Verbandes der Kunstfreunde in den Ländern am Rhein« die Schenkung der lebensgroßen Bronzeplastik einer »Trauernden« von Karl Albiker, die jedoch erst 2007 den ihr ursprünglich zugedachten Platz neben dem Krematorium finden sollte (Abb. 13).[54]

Die Zusatzbauten, eine Leichenhalle inclusive Obduktionsräumlichkeit (1912), ein kleines Columbarium sowie ein Wärterhaus, deren Fertigstellung bis 1927/28 dauerte, konzipierte schließlich im Wesentlichen Stadtbaurat Ewald Figge. 1951 ergänzte das Hagener Hochbauamt als rechten Flügel einen Raum für die Angehörigen, geschmückt mit einem Wandbild des Hagener Malers Karl Baumann (Abb. 14).[55] Der seitlich links an das Krematorium angefügte Erweiterungsbau für die heutige Verbrennungsanlage, gestaltet von dem Hagener Architekten Helmut Claas, stammt aus dem Jahr 1984. Auch die untere Treppenanlage wurde verändert.

53 Vgl. KEO-A V 140 und P 332.

54 KEO-A V 140. Karl Albiker: »Die Trauernde«, auch »Die Klage«, 1911, Bronze, 1,40 Meter. Die Plastik stand lange im Hagener Volkspark, durch Vandalismus verlor sie den linken Arm. Nach der Restaurierung wurde sie, im Zusammenhang mit der Hundertjahrfeier für das Krematorium, im September 2007 mit Unterstützung des Karl Ernst Osthaus-Bundes und privater Förderer neben dem Krematorium aufgestellt.

55 Das Wandbild zeigt zwei trauernde Frauen.

2002 wurde auf Initiative des Osthaus Museums die Originalbestuhlung rekonstruiert (Tafel 43), um den ästhetischen Anspruch der Trauerhalle als Gesamtkunstwerk zu akzentuieren.[56]

Gegenseitige Wertschätzung

Als Peter Behrens 1907, mitten in den Querelen um das »Kampf-Crematorium«, von Düsseldorf nach Berlin wechselte, zog er in einem Dankes-Brief an Osthaus ein äußerst positives Resümee ihrer bisherigen Zusammenarbeit:

Das Erfreulichste meines Aufenthaltes in der hiesigen Gegend war aber in jeder Beziehung die Nachbarschaft von Hagen. Sowohl in menschlicher Beziehung war es für mich ein Gewinn, Ihre Freundschaft erworben zu haben, den ich nie vergessen und unterschätzen werde, als auch in künstlerischer Beziehung mir die eigentlichen und interessanten Aufgaben dort zuteil wurden. Es liegt mir daran, Ihnen das heute mitzuteilen, und Ihnen zugleich für dies alles meinen herzlichsten Dank zu sagen. Ich füge nun die Hoffnung und die Bitte hinzu, daß das zwischen uns entstandene Verhältnis durch meinen Fortgang von hier in keiner Weise geändert werden möge. An meiner besten Absicht, es zu erhalten, fehlt es nicht.[57]

Zwei Jahrzehnte lang unterstützten sich Osthaus und Behrens kontinuierlich gegenseitig in ideeller wie praktischer Hinsicht, durch Aufsätze, Vorträge und Ausstellungskooperationen sowie durch die Zusammenarbeit im Deutschen Werkbund,[58] als dessen Vertreter Peter Behrens bei der Trauerfeier für Karl Ernst Osthaus am 11. April 1921 im Folkwang-Museum die Trauerrede auf den von ihm so geschätzten *mutig unternehmenden Förderer der modernen Kunst*[59] hielt.

Unermüdlich hat Karl Ernst Osthaus als Mediator zwischen den Fronten fungiert. Immer wieder hat er den wegweisenden Bau gelobt, um ihm ein positives Image zu verschaffen. Mit emphatischen Worten lobte er die außergewöhnlichen *Elemente einer Raumwirkung,* [...] *deren erschütternde Macht wohl nur zu ahnen vermag, wer sich je, im Crematorium zu Hagen etwa, der Kunst des Meisters hingegeben hat.*[60]

56 Im Jahr 2011 wurde ein rollstuhlgerechter Zugang konzipiert.

57 Behrens an Osthaus am 31.07.1907; KEO-A KÜ 416.

58 Besonders in den Sammlungen und Ausstellungen des »Deutschen Museums für Kunst in Handel und Gewerbe«, 1909 von Karl Ernst Osthaus gegründet, waren Arbeiten von Behrens vertreten. Siehe auch Fritz Meyer-Schönbrunn, Peter Behrens, Monographien Deutscher Reklame-Künstler, Band 5, hg. vom Deutschen Museum für Kunst in Handel und Gewerbe, Hagen, Dortmund 1913.

59 Peter Behrens, Karl Ernst Osthaus, in: Frankfurter Zeitung, 19.04.1921.

60 Karl Ernst Osthaus, Eine Predigtkirche von Peter Behrens, in: Westfälisches Kunstblatt, Bielefeld, 2 (1908), H. 1, S. 2–5.

Barbara Schellewald

Medium der Moderne?

Das Mosaik im Krematorium in Hagen

> *Das Auge sieht die Welt überlegen bildartig an – in eine Fläche gerückt. Damit aber sehen wir wieder die großen Zusammenhänge der Dinge.*
>
> Max Creutz 1909 im Kunstgewerbeblatt

Einleitung

Das Goldmosaik, das die Apsis des Krematoriums schmückt (Tafel 32), hat eine durchaus wechselvolle Entstehungsgeschichte; sie soll den Ausgangspunkt unserer Überlegungen bilden. Beteiligt waren Karl Ernst Osthaus, Peter Behrens, der beauftragte Künstler Emil Rudolf Weiss, die ausführende Berliner Mosaikwerkstatt Puhl & Wagner sowie am Rande der eigentliche Bauherr, der Verein für Feuerbestattung, vertreten durch den Arzt Dr. Eduard Müller.[1]

Behrens als Architekt war durch Osthaus ins Spiel gekommen. Zu welchem Zeitpunkt jedoch beide mit dem Auftrag, ein Mosaik zu entwerfen, an Weiss herantraten, ist nur indirekt aus den Archivalien zu rekonstruieren.[2] Ein Brief von Behrens an Osthaus vom 16. Oktober 1905 übermittelt unter anderem die finanziellen Eckdaten.[3] Osthaus selber wollte mit einer Summe von 1.000 Mark zur Finanzierung des Projektes beitragen.[4] Die Ausstattung des Raumes mit einem Goldmosaik und dessen Sujet wurden schlussendlich akzeptiert, wiewohl der Vorsitzende des Vereins, Eduard Müller, durchaus Bedenken gegen eine allzu moderne Gestaltung vorgetragen hatte.[5] Nicht ganz ohne Brisanz ist die Tatsache, dass Müller seine Vorbehalte ausgerechnet an

1 Das Mosaik hat nur im Zuge der Untersuchungen zum Krematorium wie auch zum Werk von Emil Rudolf Weiss bisher Beachtung gefunden. In den folgenden Passagen werden eine Reihe neuer Dokumente präsentiert, die sich in der Berlinischen Galerie in Berlin, die das Archiv der Mosaikfirma beherbergt, finden. Ich möchte mich an dieser Stelle sehr herzlich bei Frank Schütz bedanken, der meine Recherchen vor Ort engagiert unterstützt hat.

2 Zu Weiss siehe Barbara Stark, Emil Rudolf Weiss, 1875–1942, Lahr 1994; Emil Rudolf Weiss, 1875–1942. Malerei – Graphik, Buch und Schriftgestaltung, hg. von Barbara Stark, Ausstellungskatalog der Galerie der Stadt Sindelfingen, Galerie der Stadt Lahr und des Karl Ernst Osthaus-Museums Hagen, Sindelfingen 1992; Birgit Schulte, Emil Rudolf Weiss und Karl Ernst Osthaus – die Hagener Jahre, in: Stark, Ausstellungskatalog Weiss, S. 45–53. Alle Angaben zur Biographie sind diesen Publikationen entnommen.

3 Belegt bei Schulte, Weiss (wie Anm. 2), S. 49 bzw. S. 53 Anm. 43, Brief im Karl Ernst Osthaus-Archiv im Osthaus Museum Hagen (im Folgenden: KEO-A) Kü 409/7.

4 Stark, Weiss, 1994 (wie Anm. 2), S. 66. Die Mosaikfirma erhielt einen Barbetrag von 1.000 RM, wie aus einem Brief an Peter Behrens vom 17. Februar 1931 ersichtlich: Berlinische Galerie, Berlin, Archiv der Vereinigten Werkstätten für Mosaik und Glasmalerei Puhl & Wagner, Gottfried Heinersdorff (im Folgenden zitiert als APWGH).

5 Brief von Behrens an Osthaus vom 31.1.1906 (irrtümlich bei Schulte mit 1905 angegeben); KEO-A Kü 411/5, siehe Schulte, Weiss (wie Anm. 2), S. 49 bzw. S. 53 Anm. 46.

dem Schweizer Künstler Ferdinand Hodler exemplifizierte, sollte doch dessen Œuvre im Zuge des Entwurfsprozesses eine maßgebliche Rolle spielen.[6]

Am 29. Februar 1906 setzte sich Osthaus selber in einem langen Brief an Puhl & Wagner mit den nicht ganz einfachen Umständen des Auftrages auseinander.[7] Unter anderem unterbreitete er der Anstalt den Vorschlag, der Verein für Feuerbestattung könne eine Summe von 3.000 Mark für das Mosaik übernehmen, ausbezahlt allerdings in Anteilscheinen für das Krematorium.[8]

Weiss war 1903 als junger Künstler, vermutlich durch die Vermittlung von van de Velde, von Osthaus an die Malschule des Folkwang-Museums in Hagen berufen worden. Zuvor hatten zwei seiner Blumenbilder Eingang in die Sammlung von Osthaus gefunden. Während seiner Hagener Zeit bis 1906 führte Weiss eine Reihe von unterschiedlichsten Aufträgen für Osthaus aus, unter anderem ein Wandbild für den Musiksaal des Folkwang-Museums. Nach seinem Weggang aus Hagen reüssierte er vornehmlich als Typograph und Illustrator für verschiedene renommierte Verlage. Insgesamt ist sein Œuvre eher als disparat zu bezeichnen. Der Mosaikentwurf für Hagen bleibt in diesem Kontext singulär. Während Behrens die Planungen für das Tonhaus auf der Kölner Flora schon im August 1905 mit dem Krematorium verschränkte, hat Weiss seinen Entwurf für das Mosaik, den Archivalien nach zu urteilen, erst im Januar 1906 konkretisiert. Das Mosaik wurde in einer ersten Fassung in Köln auf der »Deutschen Kunstausstellung« 1906 im Tonhaus vorgeführt, im Anschluss sollte es nach Hagen in das Krematorium transloziert werden.

Mit konkreten Planungsdokumenten wendet sich Peter Behrens am 29. Januar 1906 an die Berliner Mosaikfirma Puhl & Wagner.[9] Die Firma erhält Bauzeichnungen sowohl für das Krematorium in Hagen wie auch für den Kölner Ausstellungspavillon. Behrens kündigt in diesem Brief zugleich an, dass er sich in den nächsten Tagen mit Weiss absprechen und dann wieder melden werde. Puhl & Wagner waren bereit, das Mosaik in Köln zu einem großen Teil auf eigene Kosten auszuführen, gleichsam als Werbung für ihre eigenen Aktivitäten. In einem späteren Streit zwischen Behrens und der Firma in den dreißiger Jahren sollte dieser Umstand allerdings gegen Behrens gewendet werden.[10] Am 22. Oktober 1906 erteilt Dr. Müller Puhl & Wagner den Auftrag, nunmehr das Mosaik von Köln nach Hagen zu übertragen (Abb. 1).[11] Der Architekt Paul Sander bittet schließlich am 30. November 1906 um die genauen Maße des Radius der Apsis, damit alle vorbereitenden Maßnahmen für den Transfer des Mosaiks nach Hagen getroffen

6 Im Grunde ist es allerdings nicht überraschend, dass Hodler so prominent erwähnt wird. Die Vorliebe von Osthaus für Hodler war in Hagen zu diesem Zeitpunkt längst bekannt.

7 Berlinische Galerie, Berlin, APWGH. So wird unter anderem eingangs ausführlich dargelegt, dass die Feuerbestattung in Preußen offiziell noch nicht genehmigt ist.

8 Für Peter Behrens wie für Fritz Schumacher betont er, dass beide Herren ein besonderes Interesse für Mosaik hegten.

9 Brief von Peter Behrens an Puhl & Wagner vom 29.1.1906, Berlinische Galerie, Berlin, APWGH.

10 Briefe von Puhl & Wagner an Osthaus vom 24.10.1906, 29. 11. 1906 und 22. 2. 1907 dokumentieren diesen problematischen Verlauf der Entstehungsgeschichte (KEO-A F1 150), angeführt bei Schulte, Weiss (wie Anm. 2), S. 49 bzw. S. 53 Anm. 48. Der Brief an Peter Behrens von der Mosaikfirma stammt vom 17. 2. 1931, Berlinische Galerie, Berlin, APWGH.

11 Brief vom 22.10.1906 von Herrn Dr. med. Müller, für den Verein für Feuerbestattung, an Puhl & Wagner, Berlinische Galerie, Berlin, APWGH. Auf die finanzielle Situation des Vereins weist er im Besonderen hin.

Abb. 1: *Emil Rudolf Weiss, Apsis mit Mosaik im Tonhaus auf der Flora, Köln (Foto: Archiv).*

werden könnten.[12] Alsbald sollten jedoch immense Schwierigkeiten die Abnahme mit Transport und nachfolgender Re-Installation belasten. Ein erster Brief von Osthaus vom 2. Dezember 1906 nach Berlin nimmt nur indirekt darauf Bezug.[13] In einem folgenden Schreiben vom 19. Januar mahnt Osthaus jedoch die Werkstatt, ihm über die aktuelle Situation Aufklärung zu verschaffen.[14] Bekannt ist, dass sich bei der Abnahme in Köln derart gravierende Schäden einstellten, dass das Mosaik für Hagen in der Werkstatt erneut gesetzt werden musste. Die daraus resultierenden Mehrkosten wurden von Puhl & Wagner mit der opulenten Summe von rund 15.000 Mark veranschlagt. Weder der Bauherr, der Verein für Feuerbestattung, noch andere Geldgeber glichen diese Summe aus.[15] Lediglich die oben angeführten Anteilscheine für das Krematorium im Wert von 3.000 Mark sowie 1.000 Mark von Osthaus wurden schlussendlich ausgezahlt.[16] Um Ostern 1907 konnte das Mosaik schließlich an die heutige Stelle gelangen. Osthaus war mit dem Ergebnis mehr als zufrieden. Am 6. Mai teilt er der Firma mit, er sei freudig überrascht von der wunderbaren Wirkung des Mosaiks; in Köln sei durch das Oberlicht das Flimmern des Goldes beeinträchtigt gewesen. Weiss hatte zu diesem Zeitpunkt Hagen längst Richtung Berlin verlassen. Zuvor hatte er noch Puhl & Wagner gebeten, das Mosaik in einer fortgeschrittenen Fertigungsphase dem Kaiser vorzuführen; er hoffte auf Folgeaufträge.[17] Diese Pläne ließen sich allerdings nicht realisieren.

Den finanziellen Misserfolg suchten Puhl & Wagner mit einer Produktwerbung wettzumachen. Die Realisierung des Hagener Mosaiks wurde auch in der Broschüre ihrer amerikanischen Tochterfirma »Ravenna Mosaics« für den dortigen Markt vorgestellt (Abb. 2).

12 Brief von Paul Sander an Puhl & Wagner vom 30.11.1906, Berlinische Galerie, Berlin, APWGH.

13 Brief von Karl Ernst Osthaus an Puhl & Wagner vom 2.12.1906, Berlinische Galerie, Berlin, APWGH.

14 Brief von Karl Ernst Osthaus an Puhl & Wagner vom 19.1.1907, Berlinische Galerie, Berlin, APWGH.

15 In einer späteren Zusammenarbeit mit Peter Behrens nimmt die Firma, wie oben erwähnt, auf diese frühen Ereignisse Bezug (siehe Anm. 10). Dort heißt es, man habe die hohen Kosten von 15.000 Mark selber tragen müssen. Außerdem seien die 30 Anteilscheine (im Wert von 3.000 Mark) wertlos geworden, da das Krematorium von der Stadt übernommen worden sei.

16 Der Beleg für die Auszahlung von Osthaus datiert vom 2. 5.1907 (Berlinische Galerie, Berlin, APWGH).

17 Dies ist die Schlusspassage seines noch ausführlich zu diskutierenden Briefes vom 1.3.1906 (Berlinische Galerie, Berlin, APWGH). Dort heißt es: *Ich hoffe einerseits, dass meine Arbeit mosaikgemäss in Ihrem Sinne ist und Ihnen selber eine anregende Aufgabe bietet, wie ich andererseits hoffe, durch meine demnächstige Übersiedelung nach Berlin (im Mai) vielleicht einmal wieder mit Ihnen zusammen eine schöne Aufgabe zu lösen. Es wäre mir im höchstem Maasse interessant und wertvoll, wenn Sie es vielleicht ermöglichen könnten, dem Kaiser bei einem Besuch Ihrer Anstalt die ausgeführte Arbeit zu zeigen. Es wäre das natürlich nur gut, wenn er die Arbeit entweder so weit vorgeschritten, oder noch besser fertig zu sehen bekäme* [...].

Abb. 2: *Foto der Apsis aus Prospekt von »Ravenna Mosaics« (Foto: Berlinische Galerie, Berlin).*

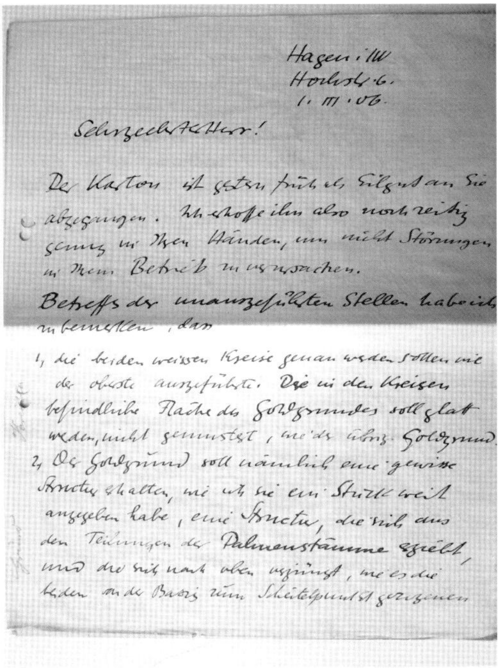
Hagen i/W
Hochstr. 6.
1. III. 06.

Sehr geehrter Herr!

Der Karton ist gestern früh als Eilgut an Sie abgegangen. Ich hoffe ihn also noch zeitig genug in Ihren Händen, um nicht Störungen in Ihrem Betrieb zu verursachen.

Betreffs der unausgeführten Stellen habe ich zu bemerken, dass

1, die beiden weissen Kreise genau werden sollen wie der oberste ausgeführte. Die in den Kreisen befindliche Fläche des Goldgrundes soll glatt werden, nicht gemustert, wie der übrige Goldgrund.

2, Der Goldgrund soll nämlich eine gewisse Structur erhalten, wie ich sie ein Stück weit angegeben habe, eine Structur, die sich aus den Teilungen der Palmenstämme ergiebt, und die sich nach oben verjüngt, wie es die beiden an der Basis zum Scheitelpunkt gezogenen

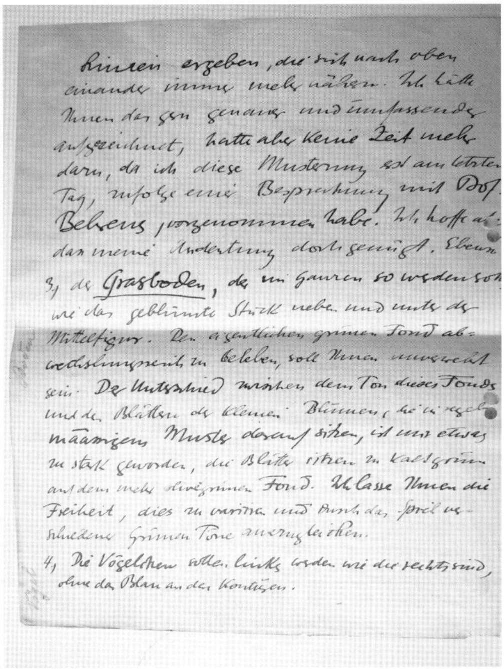
Linien ergeben, die sich nach oben einander immer mehr nähern. Ich hätte Ihnen das ganz genau und umfassend aufgezeichnet, hatte aber keine Zeit mehr dazu, da ich diese Musterung erst am letzten Tag, infolge einer Besprechung mit Prof. Behrens, vorgenommen habe. Ich hoffe aber, dass meine Andeutung dort genügt. Ebenso

3, der Grasboden, der im Ganzen so werden soll wie das geblümte Stück neben und unter der Mittelfigur. Den eigentlichen grünen Fond abwechslungsreich zu beleben, soll Ihnen unverwehrt sein. Der Unterschied zwischen dem Ton dieses Fonds und der Blüten der kleinen Blumen, die im regelmässigen Muster darauf sitzen, ist mir etwas zu stark geworden, die Blüten sitzen zu kaltgrün auf dem mehr bläulichgrünen Fond. Ich lasse Ihnen die Freiheit, dies zu variieren und durch das Spiel verschiedener Grünen Töne auszugleichen.

4, Die Vögelchen sollen links werden wie die rechts sind, ohne das Blau an den Konturen.

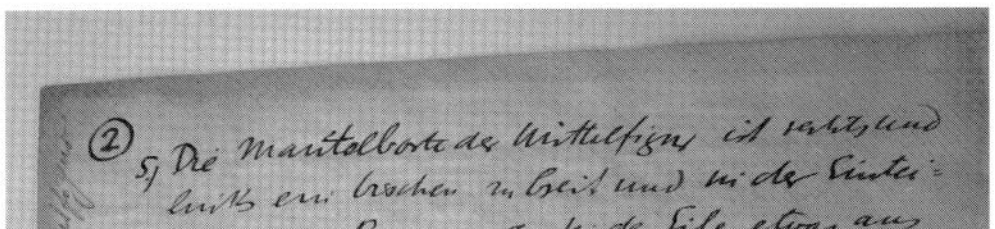
② 5, Die Mantelborte der Mittelfigur ist rechts und links ein Weniges zu breit und in der Einteilung des Ornaments in der Eile etwas aus dem Geleis gekommen. Sie können das, dem querlaufenden Stück (von Schulter zu Schulter, über die Brust) nach aber leicht präcisieren.

6, Den Kopf der Mittelfigur selbst möchte ich im Prinzip genau so gelegt haben wie der Kopf des Kaisers Justinian auf beifolgender Fotografie.

7, Ebenso ist die Art, wie die Gewänder auf der Fotografie gelegt sind, mir massgebend, speciell, was die Behandlung der Falten angeht. Diese bestehen in der Regel aus einem dunklen Kernstreifen, der entweder einseitig ein heller, oder auf beiden Seiten je ein heller Streifen begleitet. Dieses Princip ist natürlich nicht systematisch durchzuführen, sondern, wo ich es ja auch aufgemalt habe, frei zu behandeln und nach Empfindung durch hineinragende helle- und hinaustretende dunkle Steinchen zu beleben. Ich bitte, sich ziemlich genau an die Art, wie ich die Steine angedeutet habe, zu halten, namentlich

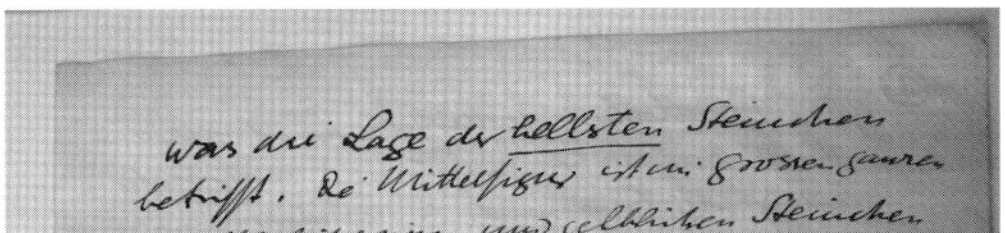
was die Lage der hellsten Steinchen betrifft. Die Mittelfigur ist im grossen ganzen aus bläulich weissen und gelblichen Steinchen zu machen, was nicht hindern soll, mal ein mehr rötliches, rosarotes, violettes, oder grünliches als pikanten Fleck irgendwo einzulegen. – In der blauen und namentlich in der grünen Figur kann das Spiel zwischen hellen und dunklen Steinchen etwas kontrastreicher sein, als auf meinem Original. Es sind mir die hellgrün aufgemalten Steinchen eine Spur zu dunkel aufgetrocknet. Die blaue Figur ist dagegen in dieser Beziehung richtig, aber es würde zu schaden wohl auch ein helleres Steinchen nicht.

8, Die Goldsteinchen in der blauen und grünen Figur bitte ich recht klein zu nehmen, damit das Goldnetz nicht die Modellierung des Blau resp. Grün zu sehr aufhebt.

9, In der Schrift soll die unterste Zeile etwas nach rechts zu rücken, bis Anfang und Ende der Zeile genau gleich

Abb. 3 a–f: Brief von Emil Rudolf Weiss an Fa. Puhl & Wagner, 1. März 1906, Berlinische Galerie, Berlin (Fotos: Barbara Schellewald).

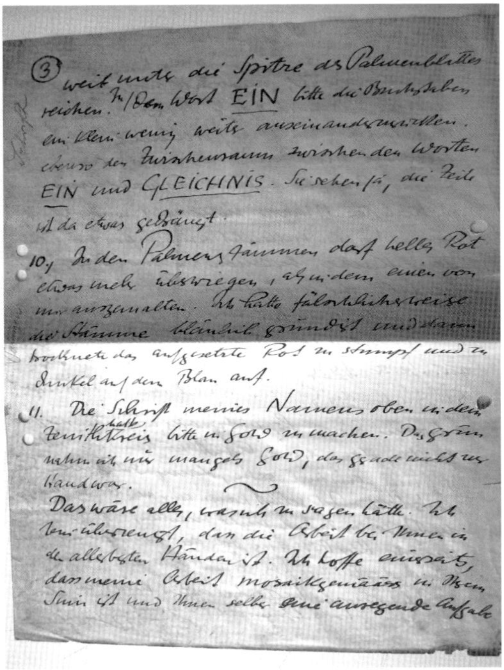

③ weit unter die Spitze des Palmenblattes reichen. In dem Wort EIN bitte die Buchstaben ein klein wenig weiter auseinanderzustellen, ebenso den Zwischenraum zwischen den Worten EIN und GLEICHNIS. Sie sehen ja, die Zeile ist da etwas gedrängt.

10., In den Palmenstämmen darf helles Rot etwas mehr überwiegen, als in dem einen von mir ausgemalten. Ich hatte fälschlicherweise die Stämme bläulich grundiert und dann trocknete das aufgesetzte Rot zu stumpf und zu dunkel auf dem Blau auf.

11. Die Schrift meines Namens oben in dem Zenithkreis bitte in Gold zu machen. Das Grün nahm ich nur mangels Gold, das gerade nicht zur Hand war.

Das wäre alles, was ich zu sagen hätte. Ich bin überzeugt, dass die Arbeit bei Ihnen in den allerbesten Händen ist. Ich hoffe einerseits, dass meine Arbeit mosaikgemäss in Ihrem Sinn ist und Ihnen selbst eine anregende Aufgabe

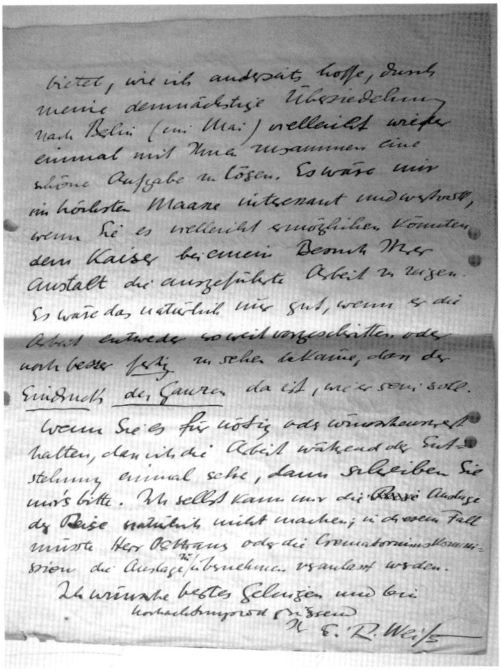

bietet, wie ich andererseits hoffe, durch meine demnächstige Übersiedelung nach Berlin (im Mai) vielleicht wieder einmal mit Ihnen zusammen eine schöne Aufgabe zu lösen. Es wäre mir im höchsten Maasse interessant und erwünscht, wenn Sie es vielleicht ermöglichen könnten, dem Kaiser bei einem Besuch Ihrer Anstalt die ausgeführte Arbeit zu zeigen. Es wäre das natürlich nur gut, wenn er die Arbeit entweder so weit vorgeschritten oder noch besser fertig zu sehen bekäme, dass der Eindruck des Ganzen da ist, wie er sein soll.

Wenn Sie es für nötig oder wünschenswert halten, dass ich die Arbeit während der Entstehung einmal sehe, dann schreiben Sie mir's bitte. Ich selbst kann nur die Rosse'sche Auslage der Reise natürlich nicht machen; in diesem Fall müsste Herr Osthaus oder die Crematoriumskommission die Auslage zu übernehmen veranlasst werden.

Ich wünsche bestes Gelingen und bin hochachtungsvoll grüssend
Ihr E. R. Weiss

Emil Rudolf Weiss und sein Entwurf für das Mosaik I

Zwei Briefe von Weiss an seinen Freund Karl Hofer bezeugen seine Vorbereitungen für den Karton, den er an die Berliner Mosaikfirma liefern sollte. Am 9. Januar 1906 schreibt er an diesen:

Ich sende Dir morgen noch 20 Mark mit dem Auftrag, mir dafür Photos nach Mosaiken zu kaufen; byzantinischen und solchen aus Ravenna, Venedig, Mon Reale und Sizilien, nach Deinem Geschmack. Ich soll nämlich für die Kuppel eines Krematoriums (...) den Entwurf für ein Mosaik machen und möchte mir doch einiges anschauen wegen Kuppelteilung und des Stils der Sache.[18]

Einen Monat später, am 3. Februar 1906, heißt es:

Ich hab gestern bei Behrens in Düsseldorf wieder einen ganzen Berg Photos nach Mosaiken durchgesehen – fabelhafte Sachen darunter, – ich teile Deine Ansicht über die byzantinischen Mosaiken nicht ganz – die einzelne Figur ist ja ganz wurscht – es kommt nur auf die Raumwirkung des Ganzen *an.*[19]

Den Karton sandte er (als Eilgut) schließlich am 28. Februar 1906 nach Berlin an die Mosaikfirma.[20] In seinem Begleitbrief (Abb. 3a–f) kommentierte er diesen nicht nur, sondern legte ausführlich seine Anweisungen für die Ausführung durch die Werkstatt dar. Bevor wir uns

18 Zitiert bei Stark, Weiss, 1994 (wie Anm. 2), S. 67.

19 Ebenda. Bemerkenswert ist in diesem Zusammenhang, dass Behrens offenbar über eine ganze Sammlung derartiger Aufnahmen verfügte. Die Tatsache, dass er wiederholt mit Puhl & Wagner kooperierte, basiert sicherlich auch auf diesem Interesse.

20 Der Karton hat sich leider nicht erhalten. Weder im Nachlass der Firma in der Berlinischen Galerie noch im Nachlass des Künstlers haben sich Indizien dafür finden lassen, dass er noch erhalten ist. Zum Brief siehe Anm. 17.

mit diesen intensiver auseinandersetzen, scheint es jedoch sinnvoll, einen kurzen Blick auf die Geschichte des Mediums Mosaik zu werfen.

Das Medium Mosaik im 19. und 20. Jahrhundert und die Firma Puhl & Wagner in Berlin

Die Frage, warum für Osthaus beziehungsweise Behrens die Wahl auf diese künstlerische Technik fiel, lässt sich nur auf den ersten Blick mit dem Vorbild der Architektur von San Miniato al Monte in Florenz für das Krematorium begründen (Abb. 4–5). Zwar schmückt die dortige Apsis ein Mosaik, das vermutlich um 1300 gesetzt wurde; es zeigt jedoch ein für diesen sakralen Kontext gängiges Thema, einen thronenden Christus, der von den fürbittenden Figuren von Maria und dem Hl. Miniatus flankiert wird. Direkt an der Seite des Thrones sind die vier Evangelistensymbole zu erkennen.[21] Wenn sich Osthaus im Rahmen seiner späteren kunsthistorischen Dissertation an der Universität Würzburg durchaus mit der byzantinischen Kunst vertraut zeigt, so konzentriert er sich hier denn auch auf andere Werke, insbesondere auf die Baukunst und die Hagia Sophia.[22]

Die Entscheidung für das als besonders langlebig geschätzte Medium Mosaik ist vielmehr insbesondere vor dem Hintergrund einer zeitgenössischen Konjunktur zu erklären. Mosaiken sind kostbare, in der Herstellung aufwändige Kunstwerke, die vor allem seit der Spätantike und im Mittelalter der glanzvollen Ausgestaltung sakraler und profaner Orte dienten. Dies trifft im Besonderen auf den byzantinischen Kulturraum zu, wo es das Mittel der Wahl für die Ausstattung zum Beispiel kaiserlicher Bauten war. Für eine kontinuierliche Tradition seit der Spätantike ist außerhalb von Byzanz vor allem Italien anzuführen, insbesondere Ravenna und Rom. Im 19. Jahrhundert wurde die Faszination für dieses Medium vornehmlich durch die an Byzanz geschulten opulenten Ausstattungen in Venedig, Ravenna und auf Sizilien ausgelöst.[23]

So nimmt es denn nicht wunder, dass Weiss gerade von diesen Monumenten Fotos bestellte. Reisebeschreibungen von bildenden Künstlern, Literaten, Architekten wie auch Angehörigen der Aristokratie oder des Kaiserhauses in Berlin lösten ein Interesse an neuen Mosaiken und damit einen Produktionsbedarf aus. Aufgrund des hohen Kostenaufwandes war dieser Nachfrage nicht mit mittelalterlichen Verfahrenstechniken, bei denen vor Ort Stein für Stein (Tessera oder Smalte) in den Putz eingesetzt wurde, zu begegnen, zumal die entsprechenden, auf diese Handwerkskunst spezialisierten Werkstätten außerhalb von Rom und Venedig nicht zur Verfügung standen.

Es war Antonio Salviati (1816–1890), der das Medium des Mosaiks zu neuem Leben erwecken sollte. Erst durch ihn wurde eine industrielle Fertigung von Mosaiken möglich. Mit Hilfe

21 Siehe Joachim Poeschke, Mosaiken in Italien, 300–1300, München 2009, S. 41 und Abb. 39. Das Mosaik ist nur rudimentär in seinem originären Zustand übermittelt, da es durch spätere Überarbeitungen gekennzeichnet ist.

22 Karl Ernst Osthaus, Grundzüge der Stilentwicklung, in: Karl Ernst Osthaus. Reden und Schriften. Folkwang – Werkbund – Arbeitsrat, hg. und kommentiert von Rainer Stamm, mit einem Beitrag von Rainer K. Wick (Kontexte 3), Köln 2002, S. 210–242, hier S. 215–218.

23 Siehe allgemein J. B. Bullen, Byzantium rediscovered, London/New York 2003; zu den Anfängen dieses Phänomens Barbara Schellewald, »Le byzantinisme est le rêve qui a bercé l'art européen dans son enfance«. Byzanz-Rezeption und die Wiederentdeckung des Mosaiks im 19. Jahrhundert, in: Mitteilungen des Kunsthistorischen Institutes in Florenz 52 (2008), S. 123–148.

von Lorenzo Radi entwickelte er ein indirektes Setzverfahren. Dabei werden nicht mehr die einzelnen Glassteine vor Ort in den vorbereiteten Grund gesetzt, sondern Teile des späteren Mosaiks werden in der Werkstatt in einem Negativverfahren seitenverkehrt auf einen Trägergrund (zum Beispiel Transparentpapier) aufgetragen. Das Transparentpapier ruht auf den Kartonvorlagen. Der an der Vorderseite mit einem löslichen Kleber haftende Träger wird nach der Übertragung des Mosaiks auf die Wand abgezogen. Die Trennung von Herstellungs- und Anbringungsort war in vielerlei Hinsicht zukunftsträchtig; Zeit- und Kostenaufwand wurden

Abb. 4: *San Miniato al Monte (Foto: Archiv).*

Abb. 5: *San Miniato al Monte, Apsismosaik (Foto: Archiv).*

damit um einen erheblichen Teil reduziert. Salviati reüssierte mit seinem Verfahren nicht zuletzt, weil er dieses in London auf der Weltausstellung von 1862 zur Schau stellte. Seine Werbekampagne war höchst erfolgreich; selbst das englische Königshaus bediente sich seiner Dienste. Die venezianische Firma hatte über längere Zeiträume eine Art Monopolstellung inne. Aber auch in Deutschland wurde der Bedarf an Mosaiken und den dazu benötigten Materialien größer, so dass in Berlin August Wagner, einer der Gründer der Mosaikfirma Puhl & Wagner, gemeinsam mit Wilhelm Wiegmann und späterhin dessen Schwager, dem Ingenieur Fritz Puhl, erste Versuche zur Glasfabrikation für Mosaiken unternahm. Nach einer Reihe von Experimenten folgte schließlich 1889 die Gründung ihrer Firma, 1891 ein erster öffentlicher Auftrag. Zudem wurden auch Mosaizisten aus Venedig für die Werkstatt angeheuert.[24] Die Firma konnte in den folgenden Jahren ein mächtiges Auftragsvolumen an sich ziehen. Sie perfektionierte die Setztechnik von Salviati, fertigte Kopien spätantiker und mittelalterlicher Mosaiken an und produzierte nach neuen Kartons für höchst unterschiedliche Auftraggeber. Die Firma expandierte bis auf den amerikanischen Markt. Die dortige Tochterfirma »Ravenna Mosaics« wurde in den zwanziger Jahren in St. Louis, Mississippi, gegründet; 1928 wurde sie in New York ansässig, bevor sie um 1940 wieder an ihren Gründungsort zurückkehrte.[25] Der zumindest bis zum Zweiten Weltkrieg andauernde Erfolg war vermehrt durch die Tatsache begründet, dass zeitgenössische Künstler eigene Entwürfe vorlegten, die einem veränderten ästhetischen Anspruch Folge leisteten. So war es die Berliner Firma, die für das Stockholmer Rathaus, das Stadshuset, in den zwanziger Jahren nach dem Entwurf von Einar Forseth den Goldenen Saal mit Mosaiken ausstattete.[26] Dank ihres ausgezeichneten Renommees dürfte die Entscheidung für den Auftrag in Köln beziehungsweise Hagen nach Berlin ergangen sein.

Es sind zwei aneinander gekoppelte Phänomene, die als Ausgangsbasis des Entwurfes von Weiss zu reflektieren sind: zum einen das Mosaik als künstlerische Technik, zum anderen eine mit diesem Medium im 19. Jahrhundert einhergehende positive Byzanzrezeption. Während diese bis etwa um 1900 primär historistisch konnotiert ist, zeichnet sich an der Wende zum 20. Jahrhundert ein subtiler Wandlungsprozess dieser Rezeption ab, die unter dem Anspruch einer Moderne steht. Einzig ein Beispiel soll die historistische Geschichte beleuchten: Für die

24 Wagner schildert selbst diese Gründungsgeschichte in: August Wagner, Deutsches Mosaik. Vortrag gehalten am 31. Juli 1940 beim Beuth-Tisch im Verein zur Förderung des Gewerbefleisses von 1821, publiziert in: Der Beuth-Tisch 1940 (Vorträge), Berlin 1941, S. 3–20. – Wände aus farbigem Glas. Das Archiv der Vereinigten Werkstätten für Mosaik und Glasmalerei Puhl & Wagner, Gottfried Heinersdorff, hg. von Berlinische Galerie, Ausstellungskatalog, Berlin 1989.

25 Ravenna Mosaics betrieb nicht nur Werbung mit den Kopien, sondern vor allem mit seinen neuen Mosaiken, wie zum Beispiel auch mit dem Hagener Mosaik (siehe unten). Im Metropolitan Museum in New York waren in einem Raum eine Reihe derartiger Nachbildungen ausgestellt. Aber auch in Berlin versorgte die Firma ansässige Museen, zum Beispiel das Kaiser-Friedrich-Museum. Siehe Barbara Schellewald, Der Blick auf den Osten – eine Kunstgeschichte à part. Oskar Wulff und Adolph Goldschmidt an der Friedrich-Wilhelms-Universität und die Folgen nach 1945, in: Horst Bredekamp und Adam Labuda (Hg.), In der Mitte Berlins. 200 Jahre Kunstgeschichte an der Humboldt-Universität, Berlin 2010, S. 207–228, hier S. 216–217. Diese Kopien spielen für die Neuproduktionen insofern eine erhebliche Rolle, als sie für die Verbreitung der Farbwirkung der Mosaiken Sorge trugen, die in den Schwarz-Weiss-Fotografien nicht transportiert werden konnte. Weiss dürfte derartige Kopien in Berlin gesehen haben.

26 Bullen, Byzantium (wie Anm. 23), S. 10–12, Fig. 4.

Apsis der Schatzkammer im sogenannten Klosterhof Glienicke bei Berlin ließ der preußische Kronprinz Karl in den 50er Jahren des 19. Jahrhunderts ein Mosaik mit einer Darstellung des thronenden Christus setzen. Als Vorlage diente eindeutig eine Zeichnung des Architekten Friedrich Salzenberg, der im Auftrag Friedrich Wilhelms IV. nach Konstantinopel gereist war. Die dort von den Brüdern Fossati kurz zuvor für eine kurze Zeitspanne freigelegten Mosaiken in der Hagia Sophia publizierte er in einem großformatigen Werk. Das Berliner Mosaik zielt auf eine mediale und ikonographische Adaption des Vorbildes. Die ästhetische Formulierung hingegen ist schon bei Salzenberg gänzlich nazarenisch überformt.[27]

Emil Rudolf Weiss und sein Entwurf für das Mosaik II

Zu Beginn des 20. Jahrhunderts und vor allem im Hagener Krematorium mit seinem überkonfessionellen Anspruch richtet sich das Augenmerk gerade nicht auf eine traditionelle christliche Ikonographie. Die Vorbilder werden demnach nicht inhaltlich virulent, so wie Weiss selber formuliert, die Figur, das Thema sei ihm »wurscht«. Was aber interessiert ihn dann an den byzantinischen Mosaiken?

Bevor wir dieser Frage weiter nachgehen, sei ein weiterer Aspekt erwähnt: Goldgrundmosaiken sind traditionell an Orten zu finden, die entweder als sakrale gekennzeichnet sind oder, sofern sie einer profanen Sphäre angehören, Anspruch auf eine sakrale Überhöhung des Ortes oder etwa eines dargestellten Herrschers erheben. Die Entscheidung für ein Mosaik rekurriert in Hagen unzweifelhaft auch auf diese Tradition und nutzt sie, um jenseits einer explizit christlichen Ikonographie den Aspekt der Transzendenz im Zielpunkt des Gebäudes wie in einem Sakralbau zu inszenieren. In seinem Brief an Puhl & Wagner legte Weiss seine Überlegungen dazu ausführlich dar. Im Zentrum seines Entwurfes stehen die zu Beginn festgelegten drei Jünglinge, die Osthaus wie folgt beschreibt: *drei knieende Jünglinge, einen segnenden zwischen einem erwachenden und einem entschlafenden, Sinnbilder des Werdens und Vergehens.*[28] Das als Inschrift darüber gesetzte Motto *Alles Vergängliche ist ein Gleichnis* entstammt dem Schluss von Johann Wolfgang von Goethes Faust II. Die Allegorie der Vergänglichkeit, die durch die drei Lebensstufen der männlichen Figuren inszeniert wird, ist der Funktion eines Krematoriums freilich in jeder Hinsicht angemessen. Inwiefern Thematik und Medium auf das Anforderungsprofil eines solchen Bauwerks in besonderer Weise zu antworten vermögen, wird uns abschließend noch kurz zu beschäftigen haben.

Weiss und vor allem Behrens verbinden mit einer spezifischen Ausformung des Goldgrundes ein besonderes Anliegen (Abb. 3 a–b):[29]

Der Goldgrund soll nämlich eine gewisse Structur erhalten, wie ich sie ein Stück weit angegeben habe, eine Structur, die sich aus den Teilungen der Palmenstämme ergiebt, und die sich nach oben verjüngt, wie es die beiden an der Basis zum Scheitelpunkt gezogenen [Tafel 34 und 32] *Linien ergeben, die sich nach oben einander immer mehr nähern. Ich hätte Ihnen das gern genauer und umfassender aufgezeichnet, hatte aber keine Zeit mehr dazu, da ich diese Musterung erst am letzten Tag, zufolge einer Besprechung mit Prof. Behrens, vorgenommen habe.*

27 Schellewald, Byzanz-Rezeption (wie Anm. 23), S. 134–137.
28 Zitiert nach Schulte, Weiss (wie Anm. 2), S. 49.
29 Brief vom 1.3.1906 (wie Anm. 17).

Aus dieser Passage ersehen wir nicht nur die Sorgfalt, mit der die Ausführung des Goldgrundes bedacht wurde, sondern zugleich die Absprache mit Peter Behrens. Die gezielte Musterung ist auf eine spezifische ästhetische Wirkung angelegt, die sich erst mit dem Licht entfaltet, das sich auf den Glastesserae bricht. Bei kaum einem anderen Medium avanciert das wechselnde Licht zum integralen Bestandteil einer Bilderzeugung. Dies ist insofern zu betonen, als bei der alten Setztechnik die Tesserae jeweils schräg in das Bett gesetzt wurden, so dass das Licht sich an jedem einzelnen Stein brach. Bei einer in der Werkstatt vorgenommenen Setzung hingegen bedarf es kompensatorischer Maßnahmen, um in etwa analoge Effekte zu erzielen.

Dennoch liegt es nahe, nach Vorlagen für die schuppenartigen Muster, die sich aus den in Halbkreisbögen angeordneten Goldtesserae (Tafeln 38 und 39) ergeben, zu suchen, an denen Weiss sich orientiert haben könnte. In der Tat lassen sich heute sowohl auf der Süd-Empore der Hagia Sophia in Istanbul auf einem Deesismosaik aus der zweiten Hälfte des 13. Jahrhunderts (Abb. 6) wie auf einem Stiftermosaik in der Chorakirche, um 1320 datiert, ebenfalls in der Hauptstadt des byzantinischen Reiches, analoge Techniken nachweisen. Trotz der Unterschiede im Detail – die Schuppen im Mosaik der Hagia Sophia sind weitaus feiner dimensioniert – bleibt die zugrundeliegende Intention identisch. Die in die Zwickel der Bögen in Hagen eingesetzten Blütenmotive hingegen sind singulär. Es ist jedoch eher unwahrscheinlich, dass Weiss von diesen beiden genannten Mosaikausstattungen Kenntnis gehabt haben kann. Das Mosaik der Hagia Sophia war zu diesem Zeitpunkt unter einer Tünche verborgen, dasjenige der Chorakirche nur wenigen Zeitgenossen bekannt.[30] Alle drei Beispiele vereint eine gezielte Wirkungsästhetik, die vermutlich in Hagen unabhängig von den byzantinischen Monumenten zu einer analogen Lösung geführt hat.

Weiss hat überdies noch eine zweite Komponente genutzt, um die Strahlkraft des Goldmosaiks zu unterstreichen: So sind die Gewänder der einzelnen Figuren systematisch mit eingebundenen Goldtesserae belebt (Tafel 33 und 35–37); je nach Lichteinfall kann sich ihr Glanz eigenständig entfalten. Weiss trägt auch für die sorgfältige Ausführung dieser Details Sorge, wenn er schreibt: *Die Goldsteinchen in der blauen und grünen Figur bitte ich recht klein zu nehmen, damit das Goldnetz nicht die Modellierung des Blau resp. Grün zu sehr aufhebt.*[31] In einem zweiten Brief vom 12. desselben Monats erfahren wir, dass ihm in der Zwischenzeit eine Probe des Goldgrundes zugegangen ist, die er für sehr gelungen hält. Weitere Modifikationen werden der Firma angetragen. Wie sehr ihm die Wirkung des Mosaiks am Herzen liegt, unterstreicht der letzte Satz des Briefes, in dem er formuliert:

Ich habe deshalb auch in den Ornamenten der Borte das Gold hauptsächlich in die Mitte gelegt, um es in dem Licht zugewendeten Teil des Wulstes zu haben, so dass dieses als glänzende Linie zur Geltung kommt.[32]

30 Die Mosaiken in der Hagia Sophia wurden während der Restaurierungsarbeiten 1847–1849 von Gaspare Fossati kurzfristig freigelegt. Dabei entstand 1848 von Giuseppe Fossati eine Zeichnung, die sich dezidiert dieser schuppenartigen Setztechnik zuwendet. Die Zeichnung wurde allerdings damals nicht publiziert; Die Hagia Sophia in Istanbul. Bilder aus sechs Jahrhunderten und Gaspare Fossatis Restaurierung der Jahre 1847 bis 1849, hg. von Volker Hoffmann, Ausstellungskatalog, Bern, Historisches Museum und Winckelmann-Museum, Stendal, Bern 1999, Katalog-Nr. 35, S. 192 mit Abb.

31 Weiss, Brief vom 1.3.1906 (wie Anm. 17); Unterstreichung im Original.

32 Brief vom 12.4.1906 von Weiss an Puhl & Wagner, Berlinische Galerie, Berlin, APWGH.

Abb. 6: *Istanbul, Hagia Sophia, Süd-Empore, Deesis, Detail (Foto: Barbara Schellewald).*

Während Weiss an dieser Stelle Wert auf sehr präzise Angaben legt, überlässt er in anderen Teilen, zum Beispiel dem Grasboden wie auch dem grünen Fond insgesamt, die Konkretisierung den ausführenden Mosaizisten: *Ich lasse Ihnen die Freiheit, dies zu variieren und durch das Spiel verschiedener grüner Töne auszugleichen.*[33]

Während ihm inhaltliche Adaptionen eher fremd sind, sucht er für die Ausführung nach Anregungen in prominenten Mosaiken, deren Motive seiner eigenen Konzeption dienlich sein könnten:

Den Kopf der Mittelfigur möchte ich im Prinzip so gelegt haben wie der Kopf des Kaisers Justinian auf beifolgender Fotografie. [...] *Ebenso ist die Art, wie die Gewänder auf der Fotografie gelegt sind, mir massgebend, speziell, was die Behandlung der Falten angeht. Diese bestehen in der Regel aus einem dunklen Kernstreifen, den entweder einseitig ein hellerer, oder auf beiden Seiten je ein hellerer Streifen begleitet.*[34]

Diese Anordnung der Steinchen ist ihm ein Stilprinzip, bei dem die Farben eben nicht vermischt werden, sondern in graduellen Abstufungen je für sich existieren (Tafel 37). Das sich dabei ausbildende Lineament ist letztlich keine an die Einzelfigur gebundene individuelle Erscheinung, sondern ein strukturelles Prinzip, mittels dessen sich das gesamte Bild konstituiert. Es sind eben diese Eigenheiten, die für Weiss das Vorbild der Spätantike attraktiv erscheinen lassen. Freilich orientierten sich auch andere Künstler an diesen Phänomenen, wie noch zu zeigen sein wird, und transferierten sie in das Medium der Malerei. Nicht allein die thematische

33 Weiss, Brief 1.3.1906 (wie Anm. 17).
34 Ebenda; Unterstreichungen im Original.

Neubesetzung, sondern durchaus auch ein formalästhetisches Anliegen lenkt den Blick auf einen in Hagen von Osthaus hoch geschätzten Zeitgenossen, der gerade im Themenbereich der Allegorie seit den 90er Jahren des 19. Jahrhunderts besonders hervorgetreten war: der Schweizer Künstler Ferdinand Hodler (1853–1918).

Karl Ernst Osthaus, Ferdinand Hodler und die Wiener Secession

Zu Ferdinand Hodler hatten sowohl Osthaus wie Weiss offenbar Kontakt. Weiss wurde seit 1902 durch den Winterthurer Kaufmann Theodor Reinhart finanziell unterstützt.[35] Ausstellungen Hodlers in Zürich und Basel im Jahr 1903 waren zwar ökonomisch nicht erfolgreich, sorgten aber für eine Einladung zur Wiener Secessionsausstellung 1904,[36] wo der Künstler als Ehrengast 31 seiner Werke in einem eigenen Saal präsentieren konnte.[37] Unter diesen befanden sich »Der Tag« (Version I), aber auch »Die Nacht« und »Eurythmie«. Dass Weiss sich in Wien intensiver mit diesem Œuvre auseinandergesetzt hat, bezeugt ein Brief an seinen Freund Karl Hofer:

Über Hodler hatte ich eine große Freude. Er ist seit langer Zeit wieder ein ganz großer und starker Eindruck, einer der stärksten meines Lebens (...). Dabei halte ich aber auch ihn, trotz seiner unbezweifelbaren Größe und absoluter Selbständigkeit nur für einen Meilenstein am Weg, nicht für ein Ziel. Aber was für eine Anregung zur Arbeit und was für eine Bestätigung und Bekräftigung eigener Absichten ist die Existenz und die Kunst eines solchen Kerls wie Hodler.[38]

Die beiden Künstler scheinen jedoch auch eine nähere Begegnung gehabt zu haben. In einem Brief an Osthaus, in dem Hodler sich für die Zusendung der Zeitschrift »Dekorative Kunst« bedankt, schließt er mit der Bitte um einen *freundlichen Gruss an Herrn Weiss.*[39] Die Märznummer der Zeitschrift »Die Rheinlande« von 1905 enthielt einen von Max Osborn verfassten Text über die Arbeiten von Weiss. Nach der Lektüre des ihm von Osthaus zugesandten Heftes ließ Hodler gegenüber Osthaus in einem weiteren Brief am 16. April 1905 verlauten, dass er das ihm aus Wien bekannte Bild »Das Liebespaar« von Weiss ob seines Perlentones besonders schätze. Auch die Blumenbilder von Weiss wirkten vermutlich durch ihre Farbe.[40] Das besondere Interesse von Osthaus an Hodlers Werken ist nicht nur über den ersten Ankauf des »Frühlings« bezeugt, sondern weit mehr durch das großformatige Bild »Der Auserwählte«, das im Hohenhof in Hagen, dem Wohnhaus der Familie, die Raumgestaltung maßgeblich bestimmte.[41] Nicht alle teilten jedoch diese Vorliebe von Osthaus, denn eben im Zuge der Planung des

35 Stark, Weiss, 1994 (wie Anm. 2), S. 50.
36 Ebenda, S. 51.
37 Jura Brüschweiler, Ferdinand Hodler (Bern 1853–1918 Genf). Chronologische Übersicht: Biographie, Werk, Rezensionen, in: Ferdinand Hodler, Ausstellungskatalog Nationalgalerie Berlin, Staatliche Museen Preussischer Kulturbesitz, Musée du Petit Palais, Paris und Kunsthaus Zürich, Zürich 1983, S. 133–137.
38 Der Brief wird zitiert bei Stark, Weiss, 1994 (wie Anm. 2), S. 52.
39 KEO-A, NAC 1, 157, zitiert in: Karl Ernst Osthaus-Museum, Hagen, Briefe an Karl Ernst Osthaus, Hagen 2000, S. 27.
40 KEO-A, NAC 1, 162, zitiert in Briefe (wie Anm. 39), S. 31. Hodler kannte die Originale nicht, sondern konnte nur aufgrund der Abbildungen sein Urteil formulieren.
41 Siehe ebenda.

Krematoriums hatte der Vorsitzende Dr. Müller, wie oben erwähnt, seine Abneigung gegen eine zu »moderne« Version vorgetragen.

Es steht außer Zweifel, dass Weiss das Bildkonzept für seine Allegorie der Vergänglichkeit an Hodler schulte. Letzterer hatte seine Studien für die in Wien ausgestellte erste Version der »Allegorie des Tages« schon in den späten neunziger Jahren des 19. Jahrhunderts aufgenommen. Das querformatige Gemälde mit den fünf nackten, am Boden sitzenden Frauenfiguren (Abb. 7) kennzeichnet eine ornamentale Grundfiguration. Während die zentrale Figur ihre Arme in einer parallel geführten Geste nach oben hebt, verschränken die ihr in einem Halbkreis zugewandten Figuren die Arme und Hände in voneinander differierenden Haltungen. In einer dritten Version reduzierte Hodler die Figurengruppe auf nur drei Personen. Im Vergleich zwischen Hodlers Bilderfindung und dem Hagener Mosaik (Tafel 32) scheinen sich die beiden Bildkonzepte aufeinander zu bewegt zu haben. Dennoch bleiben gravierende Unterschiede zu benennen, die einerseits dem Funktionskontext, andererseits dem anderen Medium und dessen Genese geschuldet sind. Bei Weiss sind es nur drei prachtvoll gewandete Jünglinge. Während die beiden äußeren spiegelsymmetrisch sich auf ihr rechtes beziehungsweise linkes Knie stützen, bleiben ihre Gesten aufgrund ihres intendierten Zustandes, des Schlafens oder gerade Erwachens verhalten, allein der mittlere hebt die Arme parallel nach oben. Der Blick ist wie bei Hodlers junger Frau nach unten geneigt. Signifikant für Hodlers Protagonisten wie auch für diejenigen des Hagener Mosaiks ist die fehlende Kommunikation der Figuren mit ihren Betrachtern. Die Welt der Figuren ist gegenüber denjenigen, die den Raum einnehmen und das Werk anschauen, nicht durch eine Blickverbindung geöffnet. Diese Differenz ist insofern hervorzuheben, als in spätantiken oder byzantinischen Mosaiken die Konzentration auf den Betrachter eine *conditio sine qua non* ist.

Es ist kaum ein Zufall, dass Weiss sich für diese neue Aufgabe so stark an Hodler orientierte. Im Umkreis der Secessionsausstellungen lässt sich eine Reihe von Bezugnahmen auf spätantike oder auch mittelalterliche (byzantinische) Mosaiken konstatieren. Ein Modernediskurs, der mit oder im Rekurs auf Byzantinisches[42] operiert, stellt auf einer ganz generellen Ebene in diesem

42 Der Begriff des Byzantinischen wird in diesem Kontext in einem sehr allgemeinen Sinne zu verwenden sein. Diese Unschärfe entspricht partiell den zeitgenössischen Diskursen. Allenfalls in der aufkommenden wissenschaftlichen Literatur wird der Begriff zunehmend an Schärfe gewinnen. Nun steht außer Zweifel, dass es zwischen wissenschaftlichen Publikationen, Kunstkritikern, Kunsthistorikern und Künstlern diverse Austauschprozesse und Auseinandersetzungen gegeben hat. Die oben angeführte Studie von Bullen (Byzantium; wie Anm. 23) bietet dazu einen Überblick. Dennoch dürfte weder bei Hodler noch bei Weiss eine tiefergehende Beschäftigung mit Byzanz vorauszusetzen sein. Die oben zitierte Passage von Weiss ist durchaus ernst zu nehmen. Sein Interesse ist rein formal begründet. Seine Kenntnisse bezieht er vornehmlich aus Fotografien. Andere Künstler sollten eine intensivere Beschäftigung pflegen. Wenige Jahre später wird Henri Matisse ab circa 1910/1911 eine dauerhafte Neigung zu byzantinischen Artefakten pflegen. Die seit 1908 existierende Freundschaft mit dem Amerikaner Thomas Whittemore etwa sollte noch bei der Konzeption der Ausstattung der Kapelle in Vence ihre Wirkung zeigen. Whittemore restaurierte die Mosaiken der Hagia Sophia. Von ihm erhielt Matisse Fotografien der Mosaiken, die ihn während der Arbeit im Atelier begleiteten (siehe Rémi Labrusse und Nadia Podzewkaia, Naissance d'une vocation. Aux sources de la carrière byzantine de Thomas Whittemore, in: Dumbarton Oaks Papers 54 [2000], S. 43–69). Etliche analoge »Fälle« ließen sich aufzeigen.

Abb. 7: *Ferdinand Hodler, Allegorie des Tages, 1906, Kunstmuseum Bernd (Foto: Museum).*

Zeitraum keinen Einzelfall dar.[43] In den theoretischen oder auch kunstkritischen Schriften des frühen 20. Jahrhunderts basiert ein derartiger Verweis vornehmlich auf formalästhetischen Prinzipien. Ohne an dieser Stelle den komplexen Sachverhalt ausführlich reflektieren zu können, sei ein Hinweis auf Ludwig Hevesi erlaubt, der schon 1901 angesichts Hodlers Bild »Erwachen« in einem Bericht zur Wiener Sezession kommentierte:

> *Wie müsste das wirken vom Hochaltar einer modernen Kirche herab, weithin durch den Raum sichtbar, durch den Raum schallend gleichsam, als weisse Harmonie. Vor alters, in byzantinischen Zeiten, hatte man diese Empfindung. Nur führte man das damals in Mosaik aus. Unwillkürlich stellt man sich Hodlers Szene mit den sechs Engeln und dem knienden Kinde, dem »Auserwählten« als Mosaik vor.* [Hervorhebung B. Sch.]. *Der Parallelismus dieser sechs weissen Gestalten, die zu dem auserwählten Kinde niedergeschwebt sind, könnte sich auch fortsetzen, um eine ganze Basilika herum, als Fries, wie in San Apollinare Nuovo zu Ravenna* [...].[44]

Ebenso schwärmt der Künstler Cuno Amiet geradezu von diesen schwellenden Linien und Formen in Hodlers Bildern.[45]

43 Siehe Bullen, Byzantium (wie Anm. 23) und Rémi Labrusse, Byzance et l'art moderne. La référence byzantine dans les cercles artistiques d'avant-garde au début du XXe siècle, in: Jean-Michel Spieser (Hg.), Présence de Byzance, Fribourg 2007, S. 55–89. Hingewiesen sei an dieser Stelle etwa auf die viel zitierte Schrift von Julius Meier-Graefe (Entwicklungsgeschichte der modernen Kunst: Vergleichende Betrachtungen der bildenden Künste als Beitrag zu einer neuen Ästhetik, 3 Bde., Stuttgart 1904, Bd. 1, S. 32–36), in der er ein Kapitel dem Mosaik widmet. In diesem betont er nicht nur die Relation zwischen Linien und Flächenverhältnissen, sondern insbesondere das aufscheinende ornamentale Potential. Letztlich steht eine übergreifende Studie zu diesem Phänomen in der Moderne jedoch noch aus.

44 Ludwig Hevesi, Aus der Sezession, vom 23. November 1901, in: ders., Acht Jahre Sezession (März 1897–Juni 1905). Kritik – Polemik – Chronik, Wien 1906, S. 353–358, hier S. 353–354.

45 Siehe Bernhard von Waldkirch, Gestures and Visions. Ferdinand Hodler and Art in the Twentieth Century, in: Ferdinand Hodler. Towards a Masterpiece, hg. von Loa Haagen, Ausstellungskata-

Wie sehr das künstlerische Klima während der Wiener Secession die Haltung von Weiss geprägt haben dürfte, vermag zusätzlich ein kurzer Blick auf Gustav Klimt zu unterstreichen. Dieser hatte im März 1903 auf einer Reise nach Italien die ravennatischen Denkmäler für sich entdeckt. Die leuchtenden Goldmosaiken hatten es ihm im Besonderen angetan.[46]

Am 16. November desselben Jahres kommentiert erneut Ludwig Hevesi, nun die Ausstellung der »Jurisprudenz« von Klimt, die er nach einer Reise nach Sizilien ganz anders wahrnimmt: *Ich war nämlich erst seit vier Tagen aus Sizilien zurück. Ich hatte noch den ganzen Mosaikenrausch im Leibe, den man aus der Cappella Palatina und dem Gemach des Königs Roger, aus Monreale und Cefalù mitnimmt.* [...] *Und wenn ich die Augen schliesse, sehe ich noch deutlich die betenden Hände und zum Segen gepaarten Finger und allerlei gebundene Heiligengebärden, grosse und kleine Glorien* [...]. *Das ist die alte Goldgrundwelt des Mittelalters, die gleissende und glimmernde* [...].

In Bezug auf Klimts Gemälde führt er wenige Sätze später aus:

[...] *eine feierlichere, religiösere Form und Farbe, eine liturgische Kunst, als hätte abermals ein reinerer Glaube ein lebendbuntes Heidentum überwunden.* [...] *dafür erhebt sich die Linie zu einer Bedeutsamkeit, die Form zu einer Charakteristik, die man monumental nennen muss.*[47]

Künstler und Kunstkritiker vereint eine dezidierte Vorliebe für eine Kunst der Vergangenheit, die eben diese formalen Eigenheiten, diesen ästhetischen Reiz aufs Beste zu offerieren scheint. Die Teilnahme an der Wiener Secession dürfte für Weiss mehr als eine gute Voraussetzung geboten haben, den Auftrag für das Hagener Krematorium auszuführen.

Monika Brunner hat in einem Aufsatz darauf hingewiesen, dass Hodler sich intensiv mit dem französischen Theoretiker und Herausgeber der Gazette des Beaux-Arts, Charles Blanc, auseinandersetzte.[48] In seiner »Grammaire des Arts du Dessin, Architecture, Sculpture, Peinture« aus dem Jahre 1867 hatte dieser dargelegt, dass grundsätzlich das Prinzip einer *unité* (Einheit) einzuhalten sei. Hodler verfolgte diese Idee, indem er durch *die Ornamentierung* [...] *den Eindruck von Einheit* herstellte. Diese wurde durch den Einsatz regelmäßiger Formen erzielt. Im Sinne dieses repetitiven Einsatzes der Formen weichen die Figuren nur da voneinander ab, wo die inhaltliche Aufladung dies erfordert. Es ist folgerichtig, dass der *accord ornemental* von Hodler für den »Tag« reklamiert wird.[49] Zu Recht akzentuiert Brunner, dass Hodler diesen Prinzipien in den neunziger Jahren schon in seinen Zeichnungen gefolgt sei.[50] Der *accord ornemental* lässt sich unmittelbar mit der zeitgenössischen Vorliebe für die Mosaiken der Spätantike und des

log Køge Art Museum of Sketches, Copenhagen 1996, S. 89–121, zu Amiet S. 92.

46 Siehe Maria Andaloro, Bisanzio e il Novecento, in: Giovanni Morello (Hg.), Splendori di Bisanzio. Testimonianze e riflessi d'arte e cultura bizantina nelle chiese d'Italia, Mailand 1990, S. 55–67, hier S. 55.

47 Hevesi, Sezession (wie Anm. 44), Text vom 15.11.1903, S. 447–448. Siehe auch Bullen, Byzantium (wie Anm. 23), S. 49–53, der ebenfalls aus diesem Text, allerdings nur die Anfangspassage, zitiert.

48 Monika Brunner, Vom Naturvorbild zum Ornament. Formalisierung als Gestaltungsprinzip bei Ferdinand Hodler, in: Oskar Bätschmann/Matthias Frehner/Hans-Jörg Heusser (Hg.), Ferdinand Hodler. Die Forschung – Die Anfänge – Die Arbeit – Der Erfolg – Der Kontext, Zürich 2009, S. 121–134.

49 Zitiert bei Brunner, Naturvorbild (wie Anm. 48), S. 123.

50 Brunner, Naturvorbild (wie Anm. 48), S. 130.

Mittelalters in Zusammenhang bringen. Die Konzentration auf formalästhetische Strukturen erlaubt eine durchweg positive Sicht auf eine Kunst, die als Flächenkunst wahrgenommen wurde.[51] Georges-Albert Aurier, ein französischer Kritiker, hatte 1891 die Reduktion auf die Form wie in der älteren Kunst (wir ergänzen seine Beispiele um die byzantinische Kunst) für die Visualisierung symbolischer Inhalte in einem Artikel zu Gauguin diskutiert.[52] Auch andere Autoren unterstützten eine derartige Perspektive; Wilhelm Hausenstein konstatierte, am Körper habe die Linie und die Bewegung interessiert.[53]

Später sollte der Kunsthistoriker Fritz Burger in seiner Studie zu Cézanne und Hodler ebenfalls byzantinische Mosaiken ins Spiel bringen. In seiner Skizze zur Malerei der Moderne nimmt er deren Relation zur Kunst der Spätantike und des Mittelalters in besonderer Weise in den Blick. Im Begleitband mit den Fotografien finden sich zwei byzantinische Mosaiken aus Kiew und Torcello (bei Venedig), mittels derer er seine These von einer Nähe der Kunst der Moderne zu derjenigen des Mittelalters zu untermauern sucht. Für Hodler zieht er etwa das Eurythmische des Mosaiks in Kiew als konstitutiv für das Figurenverständnis heran. Hodler ziele nicht auf das Individuelle der Figur, sondern auf ihre Einbindung in ein Größeres, Gesamthaftes.[54] Wenn er an anderer Stelle ausführt, Hodlers Kunst sei transzendental, so trägt auch diese Qualität zu ihrer Attraktivität als Vorbild für ein Mosaik in einem Krematorium bei.

Diese Aussage lässt sich nicht nur ohne Einschränkung auf Weiss übertragen, vielmehr können wir sie in Hinblick auf das Medium noch unterstreichen. Die neue Aufgabe, mit der Weiss sich in Hagen konfrontiert sah, empfahl demnach in doppelter Hinsicht eine Orientierung an Ferdinand Hodlers Gemälden. Nicht nur der *accord ornemental* schlägt eine Brücke zu den Mosaiken, sondern auch die Wertschätzung von Osthaus gegenüber dem Schweizer Malerkollegen dürfte hier mit den Ausschlag gegeben haben.[55]

51 Kurze Zeit später wird Roger Fry wie auch der Bloomsbury Kreis insgesamt Byzanz und die Kunst des Mosaiks unter sehr unterschiedlichen Prämissen entdecken. Siehe dazu Siehe J. B. Bullen, Byzantinism and Modernism 1900–1914, in: Burlington Magazine 141 (1999), S. 665–675; ders., Byzantium (wie Anm. 23) S. 178–186; Christopher Reed, Bloomsbury Rooms. Modernism, subculture, and domesticity, New Haven 2004, besonders S. 65–108. Fry rezipierte dabei durchaus die Forschungen zu byzantinischen Denkmälern. Insbesondere im Œuvre von Duncan Grant und Vanessa Bell haben die Reisen zu byzantinischen Denkmälern beziehungsweise solchen, die unmittelbar in einem Austausch mit Byzanz entstanden sind, erkennbare Spuren hinterlassen.

52 Brunner, Naturvorbild (wie Anm. 48), S. 132.

53 Brunner, Naturvorbild (wie Anm. 48), S. 128.

54 Fritz Burger, Cézanne und Hodler. Einführung in die Probleme der Malerei der Gegenwart, München 1917, hier zitiert nach der 3. Auflage 1919, unter anderem S. 132. Dass den Schriften Burgers zugleich eine kritische, völkische Komponente zueigen ist, muss an dieser Stelle ausgeklammert werden. Ich beziehe mich hierzu auf die Studie von Ruth Heftrig, Fanatiker der Sachlichkeit. Richard Hamann und die Rezeption der Moderne in der universitären deutschen Kunstgeschichte 1930–1960 (Schriften zur modernen Kunsthistoriographie 7), Berlin 2014.

55 Die Diskussion, die Weiss offenkundig mit Peter Behrens über seinen Entwurf führte (siehe oben) ist uns leider in ihren präzisen Inhalten nicht überliefert. Zu überlegen wäre zudem, ob Osthaus im Zuge des an Weiss erteilten Auftrags mit diesem sich nicht über das Bildkonzept ausgetauscht hat. Für das Goethe-Zitat zumindest liegt eine derartige Vorgabe nahe (siehe unten).

Wie andernorts die Begegnung mit Mosaiken in Italien, aber auch in Griechenland oder Konstantinopel zu formalästhetischen Reflektionen geführt hat, lässt sich insbesondere bei dem englischen Kunstkritiker Roger Fry konstatieren. Als Künstler, Kunstkritiker, aber auch Gründer der Omega Workshops sorgte er im Kreis der Bloomsbury Group für eine folgenreiche Auseinandersetzung mit diesen Vor-Bildern.[56]

In ihrem Beitrag in diesem Band thematisiert Birgitt Borkopp-Restle die – für die zeitgenössische Ornamenttheorie außerordentliche folgenreiche – Diskussion um das Beispiel der orientalischen Teppiche, in denen die Unterscheidung zwischen Grund und Ornament aufgehoben ist. Diese Diskussion hat auch für die Gesamtstruktur vom Bild Konsequenzen. Im Mosaik entfällt die Differenz zwischen Grund und Figur, da es den sprichwörtlichen Grund (*per se*) nicht geben kann, das Bild setzt sich aus einzelnen Steinen zusammen. In diesem Sinne ist es geradezu ein ideales Medium für die Moderne.[57] Das Bild formiert sich erst aus den Tesserae, die Farbnuancierungen, die Abstufungen von Gewändern beispielsweise beruhen auf der Wahl einzelner in Linien gesetzter Steine, die je für sich einfarbig sind. Der darüber hinaus bestehende Effekt, dass Mosaik erst im Zusammenspiel mit dem Licht seine eigentliche Wirkung entfalten kann, wird bei dieser Perspektive allerdings nicht beachtet.

Nachklang

Kaum von uns tangiert blieb bislang die inhaltliche Ebene. Die bisherigen Angebote sind recht mager. Max Creutz, einer der ersten, der sich zu dem Hagener Krematorium äußerte, zieht sich auf Bemerkungen zum Titulus des Bildes zurück.[58] Dass das Bild einen allegorischen Inhalt zum Ausdruck bringt, ist unbestritten. Der Orantengestus der mittleren Figur ist mehrfach besetzbar. Ihm haftet durchaus eine überkonfessionelle Gültigkeit an. Der (ewige) Schlaf des Todes, die Hoffnung auf ein zukünftiges Erwachen, all das lässt sich in vielfacher Hinsicht auf diese Bildkonzeption projizieren. Man darf vermuten, dass eben diese Offenheit bewusst inszeniert worden ist. Dass dennoch mit dem Gold des Mosaiks auf Transzendenz gesetzt ist, ist ebenso wenig zu leugnen wie die Tatsache, dass die angedeutete Landschaft mit den Palmen und eingestreuten Blumen traditionell an eine Paradiesesvorstellung gekoppelt ist, wie sie in den Mosaiken in Ravenna vielfach anzutreffen ist.

Aber das Faustzitat? *Alles Vergängliche ist Gleichnis*? Einige wenige Hinweise müssen an dieser Stelle ausreichen. Das Zitat dürfte von Osthaus vorgeschlagen worden sein. In einem Vortrag über »Das Haus in seiner erzieherischen Bedeutung« von 1905 zitiert er ebenfalls

56 Siehe Anm. 51. Fry rezipierte dabei durchaus die Forschungen zu byzantinischen Denkmälern. Insbesondere im Œuvre von Duncan Grant und Vanessa Bell haben die Reisen zu Byzanz erkennbare Spuren hinterlassen. Eine grössere Studie zu diesem Phänomen wird derzeit von mir vorbereitet.

57 Es ist hier nicht der Ort, um diese Idee weiter zu verfolgen. Bullen, Byzantium (wie Anm. 23) bietet in seiner Studie einen substantiellen Einblick in diese Prozesse, ohne jedoch den Einzelfall vertiefen zu können. Das Hagener Mosaik dürfte ihm nicht bekannt sein.

58 Max Creutz, Das Krematorium von Peter Behrens in Hagen in Westfalen, in: Kunstgewerbeblatt NF 20 (1909), S. 41–44, zum Mosaik S. 43; vgl. den Abdruck in diesem Band, S. 230–232, hier S. 231.

Goethe, in diesem Fall aus dessen Gedicht »Göttlichkeit«.[59] Wenn Goethe nun in Faust II ganz am Ende den Chorus mysticus die Worte über das Vergängliche ausrufen lässt, so ist die Grablegung längst vollzogen.[60] Im ersten Akt, nachdem Faust aus seinem Heilschlaf erwacht ist, spricht er die Worte *Am farbigen Abglanz haben wir das Leben*.[61] Beide Zitate dienen gleichsam als ein Rahmen für unser Mosaik. Schon seit der Spätantike wird in den Inschriften von Mosaiken ihre Eigenheit als Abglanz, als Spiegel göttlichen Lichts zu fungieren, herausgekehrt. Das Mosaik ist das Medium, das durch das Licht erst seine eigentliche Existenz gewinnt. Mosaiken entziehen sich einer adäquaten Abbildung, da sie auf ein sich permanent wandelndes Licht angelegt sind, das über die bewusst unebene Oberfläche streifend, die eine oder andere Partie erst aus ihrem Schattendasein befreit. Mosaik ist ein vitales Medium, das erst mit und im Licht entsteht. Insbesondere die Goldmosaiken vertrauen auf dieses Prinzip. Das transzendierende Moment liegt nicht allein in seiner Goldfarbigkeit begründet, sondern vielmehr in einem im Widerschein sich in jedem Moment neu herstellenden Bild. Dass auch Weiss diesem Phänomen gegenüber nicht ignorant war, bezeugt die Sorgfalt, mit der er um die Goldpartien bemüht war. Einzig für diese ließ er sich, wie oben angesprochen, Proben von Puhl & Wagner aus Berlin schicken. Dass dennoch das Irdische der Vergänglichkeit letztlich anheim gestellt ist, offenbart sich spätestens an dieser Stelle, an diesem Ort, im Krematorium.[62]

59 Siehe Karl Ernst Osthaus, Der Wert des Hauses (1905), in: ders., Reden und Schriften (wie Anm. 22), S. 113–116, hier S. 115.

60 Johann Wolfgang Goethe, Faust. Der Tragödie zweiter Teil, 5. Akt, in: ders., dtv Gesamtausgabe, Bd. 9, Frankfurt am Main [5]1969, S. 351.

61 Goethe, Faust II (wie Anm. 60), 1. Akt, S. 142.

62 Nicht thematisiert werden kann an dieser Stelle die Rezeption des Mosaiks. Aber ein Hinweis sei erlaubt: 1909 besucht Henri Matisse seinen Sammler Osthaus. Dieser führt ihn zum Krematorium, in dem offenbar an diesem Sonntagnachmittag die Funktion des Krematoriums mit einem Sarg vorgeführt wurde. Matisse war erschrocken und bedurfte der Aufklärung, dass der zu sehende Sarg leer war (zitiert bei Hilary Spurling, Matisse. Der Meister. Eine Biographie. Bd. 2: 1909–1954, Köln 2007, S. 15–16); vgl. den Beitrag von Birgit Schulte in diesem Band. Matisse sollte sich später intensiv mit Byzanz beschäftigen. Das Mosaik in Hagen mag ihm durchaus in Erinnerung geblieben sein.

Lothar Schmitt

Peter Behrens wird modern

Jeder weiß es: Peter Behrens ist einer der bedeutendsten Künstler des frühen 20. Jahrhunderts. Bis hinab in die Faktensedimente der Konversationslexika hat sich dies als Gewissheit abgelagert. Die »Encyclopaedia Britannica« betont etwa, welch *einflussreiche Rolle* Behrens *in der Entwicklung der modernen Architektur Deutschlands* spielte, und weist darauf hin, dass er *ein Pionier im Bereich des Industriedesigns* war.[1] Der »Brockhaus« hebt hervor, dass Behrens *bahnbrechend für eine neue Gesinnung in Architektur und Kunsthandwerk gewirkt* hat, und möchte dies mit dem Hinweis bestätigen, dass in seinem Büro Le Corbusier, Walter Gropius und Ludwig Mies van der Rohe arbeiteten.[2]

Was in beiden Artikeln auffällt, sind Attribute, die eine Dynamik charakterisieren, in der Peter Behrens die Architektur und das Design in Richtung Moderne vorantreibt. Er trägt zu ihrer »Entwicklung« bei und verbucht dabei als »Pionier« »bahnbrechende« Erfolge. In dieser Akzentsetzung schwingt zwischen den Zeilen aber auch die Einsicht mit, dass Behrens nur den Weg zur Moderne geebnet habe, während erst die nachfolgende Generation das Ziel erreichte. Deshalb weist der Brockhaus auf die Mitarbeiter von Behrens hin, um anzudeuten, dass es Le Corbusier, Gropius und Mies waren, die das von Behrens begonnene Werk vollendeten.

Wenn es darum geht, den Beitrag, den Behrens zur Entwicklung der Moderne geleistet hat, genauer zu benennen, dann sind es vor allem die Werke, die er für die Allgemeine Elektricitäts-Gesellschaft entworfen hat. Iain Boyd Whyte, der im »Dictionary of Art« verhaltenere Töne anschlägt als die beiden anderen Lexika, würdigt in diesem Sinne vor allem die Bedeutung von Behrens' AEG-Bauten, in denen er *die Tradition des preußischen Klassizismus mit den Anforderungen industrieller Fertigung versöhnte*. Die »berühmte« AEG-Turbinenhalle im Berliner Ortsteil Moabit (1909) hält er für *eine der kanonischen Stellungnahmen der Architektur des 20. Jahrhunderts*.[3]

Aber die Einschränkung des Blicks auf Behrens' Beitrag zur Industriearchitektur geht zulasten seines Gesamtwerks und wurde durch benennbare Vorläufer in der Geschichtsschreibung vorgegeben. Insbesondere Sigfried Giedion (1888–1968) hat in »Space, Time and Architecture«[4]

1 The New Encyclopaedia Britannica, 15. Ausgabe, Chicago u. a. 2007, Bd. 2, S. 51: *architect noted for his influential role in the development of modern architecture in Germany. In addition he was a pioneer in the field of industrial design.*

2 Brockhaus Enzyklopädie in 30 Bänden, 21. Auflage, Mannheim 2006, Bd. 3, S. 504.

3 Iain Boyd Whyte, »Behrens, Peter«, in: Jane Turner (Hg.), The Dictionary of Art, 34 Bde., London u. a. 1996, Bd. 3, S. 511–514, S. 511 (*he reconciled the Prussian Classicist tradition with the demands of industrial fabrication*) und S. 512 (*the celebrated turbine factory* [...] *one of the canonical statements of 20th century architecture*). Zu den AEG-Bauten von Behrens siehe vor allem Tilmann Buddensieg u. a. (Hg.), Industriekultur. Peter Behrens und die AEG 1907–1914, Berlin [4]1993.

4 Sigfried Giedion, Space, time and architecture. The growth of a new tradition, Cambridge (MA) u. a. 1946, S. 386.

diese Fokussierung geprägt. Nach seiner Meinung *verkörpert Behrens die deutsche Architektur am Beginn des 20. Jahrhunderts*. Doch ist im unmittelbaren Anschluss bei ihm lediglich davon die Rede, dass er *schnell berühmt geworden ist, weil er die Fabrikanlage als architektonische Aufgabenstellung* erfasst hat. Und kurz darauf folgt eine weitere Aussage, die wir bereits kennen: Giedion nennt Mies, Gropius und Le Corbusier als Mitarbeiter von Behrens.

Schon die Zusammenstellung der kleinen Auswahl von Passagen aus Lexika und Standardwerken, in denen Peter Behrens erwähnt wird, deutet an, in welch starkem Maße die Einordnung von Leben und Werk des Architekten auf historiographischen Versatzstücken beruht. Solche Versatzstücke sind Relikte aus älteren Argumentationssträngen, die ihrerseits bereits darauf abzielten, Behrens in die Kunst- und Architekturgeschichte einzubetten, ihm also seinen Platz im Gefüge historischer Verläufe zuzuweisen. Es handelt sich dabei um einen aktiv betriebenen Prozess, der keineswegs immer wissenschaftlichen Objektivitätskriterien gehorcht hat. Insbesondere das in Konzepten des 19. Jahrhunderts postulierte Ideal einer Geschichtswissenschaft, die den Lauf der Dinge mit interesseloser Distanz beobachtet und mit kühler Rationalität analysiert, wird durch die früh einsetzende Historiographie der Moderne unterlaufen. Denn Sigfried Giedion und andere Mitstreiter waren ausgebildete Historiker, die mit den Prinzipien und Anwendungsweisen des eigenen Fachs vertraut waren. Deshalb wussten sie um die besondere Macht, die in ihren Händen lag: Sie konnten der im Entstehen begriffenen Kultur ihrer eigenen Zeit Bedeutung für die Geschichte zu-schreiben. Peter Behrens ist in dieser neu geschriebenen Geschichte ein Hauptdarsteller. Im starken Gegensatz zur gleichzeitigen Kritik an der Kunst und Architektur der unmittelbar vorausgegangenen Jahrzehnte wird er zum Vermittler zwischen den kulturellen Zielen einer älteren Generation, die noch mit den besten Traditionen des 19. Jahrhunderts in Verbindung stehe, und einer nachfolgenden Generation, die den entscheidenden Schritt in eine neue Zeit wage. In diesem Zusammenhang erklärt sich auch die Konzentration auf die Fabrikbauten von Behrens. Denn mit ihnen gelinge ihm, so die verbreitete Meinung, eine erste Antwort auf das drängende Problem, die Effekte einer zunehmend industrialisierten Ökonomie auf die Gesellschaft mit dem Wunsch nach kultureller Reform zu versöhnen.

Aber es gibt auch andere, interne Faktoren, die dazu beigetragen haben, die Rolle von Peter Behrens als Vorläufer der Moderne und seine Bedeutung als Architekt der AEG-Industriebauten zu betonen. Denn innerhalb der frühen Historiographie der Moderne steht ein Autor an besonders wichtiger Stelle – Nikolaus Pevsner (1902–1983). In seinen »Pioneers of the Modern Movement« (1936) wird Behrens gegen Ende des Buchs über mehrere Seiten hinweg gewürdigt (Abb. 1).[5] Pevsner betrachtet Behrens keineswegs mit Scheuklappen, die alles jenseits seiner Pionierleistung für die Moderne und seiner Entwürfe für die Industrie ausblenden würden, im Gegenteil: Das Gelände der Westdeutschen Kunstausstellung in Oldenburg, das Behrens 1905 gestaltete, sowie deren Verbindungen zu Joseph Maria Olbrichs älterer »Secession« in Wien und dessen Ausstellungsgebäude auf der Darmstädter Mathildenhöhe werden recht ausführlich erwähnt (Abb. 2). Dann aber schwenkt auch Pevsners Blick auf die Industriebauten, die Behrens für die AEG entwarf. Für Pevsner hat diese Verengung der Perspektive jedoch rhetorische Gründe. Denn auf den nachfolgenden Schlussseiten rückt Walter Gropius als Kulminationspunkt des ganzen Buchs ins Visier. Dabei gilt es, Gropius mit den Fagus-Werken in Alfeld (1911) als seinem Erstlingswerk und der Musterfabrik auf der Kölner Werkbund-Ausstellung von 1914

5 Nikolaus Pevsner, Pioneers of the Modern Movement. From William Morris to Walter Gropius, London 1936, S. 192–197.

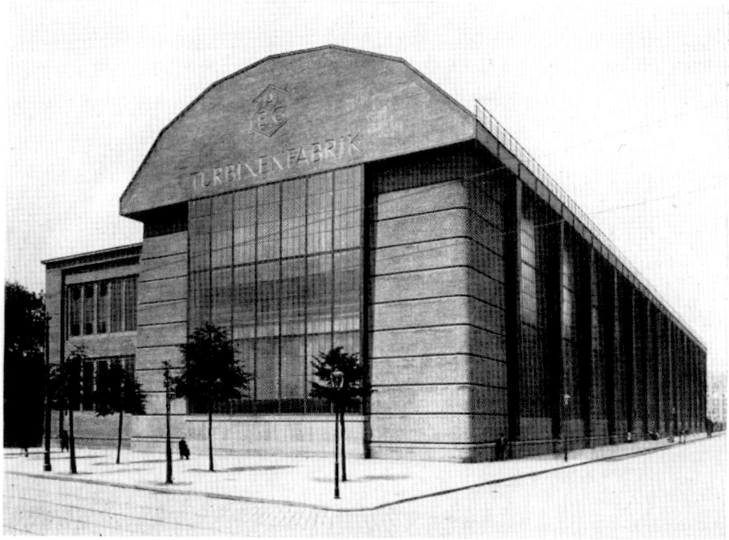

74. Behrens: Factory, Huttenstrasse, Berlin 1909

74). The steel frame is clearly exhibited, wide, perfectly spaced glass panes replace the walls on the side, while at the corners stone is used to emphasise the weight and strength of the colossal pile. This design has nothing in common with the usual run-up factory of that time. Even more clearly than in American grain-elevators, the imaginative possibilities of industrial architecture are visualised. The result is a pure work of art, so finely balanced that the huge dimensions are scarcely realised, unless one looks at the people in the street for comparison. The two-storeyed aisle on the left has the flat roof and the row of windows which we find in all the most advanced works of that time.

195

Abb. 1: *Ansicht der AEG-Turbinenhalle (1909) von Peter Behrens, aus: Nikolaus Pevsner, Pioneers of the Modern Movement, 1936.*

zum legitimen Nachfolger zu küren, der den Staffelstab der Moderne von Behrens übernimmt und ins Ziel trägt. Der Untertitel »From William Morris to Walter Gropius«, den Pevsner für seine »Pioneers of the Modern Movement« wählte, legt diese Begründung nahe. Und tatsächlich steht am Ende des Bandes[6] ein hymnischer Vergleich der Fagus-Werke mit der Sainte-Chapelle in Paris und der Kathedrale von Beauvais, Meisterwerken gotischer Sakralbaukunst, die Pevsner nicht als historischen Bezugspunkt, sondern als überzeitlichen Vergleichsmaßstab dafür betrachtet, inwiefern es Gropius gelungen ist, ein ebensolches Meisterwerk zu errichten, das dem Charakter der gegenwärtigen Zeit entspricht.

Es gibt innerhalb der von Pevsner vorgetragenen Argumentation gute Gründe, warum Behrens mit seinen Werken hinter diesen epochalen Geltungsanspruch zurücktreten muss. Die ihm zugedachte Rolle ist es vielmehr, mit seinen beachtlichen Industriebauten für die AEG eine angemessene Folie zu liefern, vor der die überragende Architektur von Gropius umso mehr zur Geltung kommt. Doch diese Art der historischen Darstellung operiert jenseits wissenschaftlicher Empirie. Es überrascht deshalb nicht, dass Reyner Banham (1922–1988) im Zuge seiner Kritik am Geschichtsmodell seines Lehrers Pevsner auch die hohe Bedeutung der Industriebauten von Peter Behrens in Frage gestellt hat.[7] Im Vergleich zu Werken anderer Architekten beurteilt er diejenigen von Gropius und Behrens als konventionell. Er spricht in Anbetracht der AEG-Fabriken von »massive Pseudo-Classicism« und »Schinkelism«, hebt die dauerhaft gleichbleibende Bezugnahme der Gebäudehüllen auf griechische Tempel hervor und bescheinigt Behrens einzig, eine für Zeitgenossen akzeptable architektonische Form für industriell bedingte Funktionen gefunden zu haben. Auch Banham nennt Gropius, Mies und Le Corbusier als Assistenten von Behrens, aber er sieht dessen Einfluss, den er in einer klassizistischen Tendenz festmacht, die je unterschiedlich auf die drei Nachfolger abfärbte, mit einer gewissen Skepsis.

Banhams Kritik an Pevsner ist als zeitbedingtes Phänomen einer tiefer verwurzelten Kritik am Konzept der Nachkriegsmoderne aufzufassen. Andererseits haben Pevsner und Giedion als Repräsentanten einer ersten Generation von wissenschaftlich geschulten Autoren, die sich um eine Historiographie der Moderne bemühten, einen wesentlichen Beitrag zur Kunstgeschichte geleistet. Anderen Forschern, darunter Emil Kaufmann (1891–1953), ist die Synthese von Geschichte und Gegenwart zunächst weniger geglückt.[8] Weiteren Studien, darunter Adolf Behnes (1885–1948) Nachweis von Anregungen romanischer Vorbilder aus der Toskana, die Behrens für das Hagener Krematorium und den AEG-Pavillon auf der Berliner Schiffbau-Ausstellung von 1908 verarbeitete, bleiben den konventionellen Zielsetzungen kunsthistorischer Forschung so sehr verhaftet, dass sie zum Verständnis zeitgenössischer Entwicklungen wenig beitragen.

Umso aufschlussreicher ist es deshalb, nach alternativen Wegen Ausschau zu halten, auf denen sich Autoren der modernen Architektur genähert haben. Eine besonders interessante Position nimmt dabei die erste Monographie ein, die Peter Behrens bereits 1913 gewidmet

6 Ebenda, S. 206–207.

7 Reyner Banham, Theory and Design in the First Machine Age, London 1960, S. 83–84.

8 Emil Kaufmann löst zum Beispiel das im Titel seiner Studie zur Revolutionsarchitektur (Von Ledoux bis Le Corbusier. Ursprung und Entwicklung der autonomen Architektur, Wien 1933) genannte Versprechen einer Verbindung der Architektur des späten 18. Jahrhunderts mit derjenigen der eigenen Gegenwart kaum ein. Nur auf wenigen angehängten Schlussseiten wird tatsächlich ein Bogen von Ledoux bis Le Corbusier geschlagen.

73. Behrens: Exhibition Building, Oldenburg. 1905

'Sezession' of 1898. In Behrens's building, one of his first mature works, the florid cupola and the curved cornice have disappeared. The centre-piece and the outer pavilions have roofs of pyramidal form—a motive derived from Olbrich's Exhibition Building at Darmstadt (1901; *fig.* 67 on the right)—the rest of the building has flat roofs. Walls without windows are decorated with delicate lines forming oblong panels and squares. Again we are reminded of Perret's contemporary ornament. The porch of Behrens's building has been left completely bare, just two square posts and a square lintel.

This indicates the direction in which Behrens was to develop during the years that followed. His principal buildings before the war, he designed for the A.E.G., one of the big German electrical combines, the managing director of which, P. Jordan, had appointed him their architect and adviser. In 1909 the turbine factory was built, perhaps the most beautiful industrial building ever erected up to that time (*fig.*

194

Abb. 2: *Blick auf die Westdeutsche Kunstaustellung in Oldenburg (1905) von Peter Behrens, aus: Nikolaus Pevsner, Pioneers of the Modern Movement, 1936.*

PETER BEHRENS

VON

FRITZ HOEBER

MIT

ZWEIHUNDERTFÜNFZIG ABBILDUNGEN

UND

EINEM PORTRÄT DES KÜNSTLERS

VON

MAX LIEBERMANN

1 · 9 1 · 3

GEORG MÜLLER UND EUGEN RENTSCH MÜNCHEN

Abb. 3: *Fritz Hoeber, Peter Behrens, 1913, Titelblatt.*

wurde, weil es ein Kunsthistoriker – Fritz Hoeber (1885–1921) – war, der sie schrieb (Abb. 3).[9]

Bücher über aktuelle Architekten gab es auch zuvor schon. Besonders einflussreich war etwa das Portfolio, mit dem der Berliner Wasmuth-Verlag 1910 das Schaffen von Frank Lloyd Wright in ganz Europa bekannt gemacht hat.[10] Aber der Band, der sich Peter Behrens widmet, erhebt einen grundlegend anderen Anspruch: Er ist keine Sammlung von Bauten und Entwürfen, sondern eine gewichtige Abhandlung, die Leben und Werk des Künstlers akribisch erläutert. Ein Blick auf die Besprechung des Hagener Krematoriums zeigt: Hoeber präsentiert die Bauten in Grundrissen, Entwürfen und Ansichten, geht auf den Kontext des Ortes und die Funktionen ein, beschreibt das Äußere und Innere der Architektur, erläutert ihre Maßstäblichkeit und Materialität, nennt Werkzusammenhänge und äußert Werturteile.[11] Fußnoten und Anhänge runden dass Bild einer verlässlichen Fachlektüre ab, die genauso gut von ehrwürdigen Baumeistern längst vergangener Tage wie Filippo Brunelleschi oder Gianlorenzo Bernini handeln könnte – nur ist der Gegenstand von Hoebers Untersuchung, Peter Behrens, quicklebendig. Die Art der publizistischen Repräsentation suggeriert hingegen, dass Behrens in der gleichen Liga um Erfolg ringt wie seine berühmten Berufsgenossen aus alter Zeit.

Fritz Hoeber hatte 1906 in Straßburg promoviert und anschließend sogar für kurze Zeit ein Architekturstudium in Angriff genommen. Die Entscheidung, sich zum Architekten ausbilden zu lassen, zeigt, wie sehr Hoeber am Bauen interessiert war. Auch seine Dissertation setzt sich intensiv mit architektonischer Praxis auseinander.[12] Hoebers Arbeitsweise, die weniger historisch als systematisch vorgeht, beruht auf einem methodischen Leitgedanken, der für seine Beschäftigung mit Peter Behrens wichtige Anregungen geliefert haben muss. Denn sie strebt

9 Fritz Hoeber, Peter Behrens (Moderne Architekten 1), München 1913.

10 Frank Lloyd Wright, Ausgeführte Bauten und Entwürfe, Berlin 1910.

11 Hoeber, Behrens (wie Anm. 9), S. 62–66.

12 Fritz Hoeber, Orientierende Vorstudien zur Systematik der Architekturproportionen auf historischer Grundlage. Ein kulturwissenschaftlicher Versuch nebst einer Zusammenstellung von zehn Thesen über architektonische Proportionskunst, Frankfurt am Main 1906; die Dissertation enthält am Schluss Hoebers Lebenslauf.

Abb. 4: *Fritz Hoeber, Peter Behrens, 1913, Verlagsanzeige.*

eine Synthese von Proportionslehren in der Architektur an. Den eigentlichen Betrachtungszeitraum, der immerhin schon von der Antike bis zur Renaissance reicht, erweitert Hoeber im Text mehrfach bis ins 19. Jahrhundert und sogar darüber hinaus, wenn er etwa auf Karl Friedrich Schinkel und Alfred Messel zu sprechen kommt.[13] Anders als der Dissertation fällt Hoebers Buch über Behrens aber eine Aufgabe zu, die von der kunsthistorischen Forschung damals noch kaum ins Auge gefasst wurde.

Denn es ist zugleich der erste Band einer Schriftenreihe mit dem Titel »Moderne Architekten«, als deren Herausgeber Fritz Hoeber firmiert. Die Reihe ist nie über den ersten Band hinaus gediehen, aber das Vorwort skizziert ihr Ziel, das Stilgefühl der Zeit anschaulich zu machen. Eine Verlagsanzeige am Ende des Behrens-Buches nennt zudem das geplante Programm der Reihe (Abb. 4). Und was dort unter dem einenden Titel »Moderne Architekten« versammelt wird, ist ein Kanon, der überraschende Schwerpunkte setzt: Mit Theodor Fischer, Alfred Messel und Otto Wagner wird die Vätergeneration in den Kunstzentren München, Berlin und Wien aufgerufen.[14] Fischer gehörte zusammen mit Behrens zu den Gründungsmitgliedern des Deutschen Werkbunds, Messel fand mit dem Warenhaus Wertheim eine viel beachtete Lösung für diese neue Bauaufgabe, Wagner schloss sich im Alter den fortschrittlichen Bemühungen seiner jüngeren Mitarbeiter aus dem Kreis der Wiener Secession, darunter der schon genannte Olbrich, an und verfasste eine theoretische Schrift, deren Titel, »Moderne Architektur«,[15] Hoebers Reihe sogar als Anregung gedient haben könnte. Mit David Gilly, seinem Sohn Friedrich und Schinkel, den Hoeber offenbar sehr verehrte,[16] wird hingegen die Tradition des preußischen Klassizismus beschworen. Und eine Affinität zur Antike kann man auch dem Werk Adolf von Hildebrands nicht absprechen.[17]

Mit diesem Programm der Reihe wird also eine Moderne nach eigenständigen Vorstellungen Hoebers konstruiert, die zwar Verbindungen zum heutigen Epochenverständnis besitzt, aber auch durchaus abweichende Akzente wählt. Dahinter steht offenkundig eine Idee von Moderne, die ins Spiel gebracht wird, um im Zeitgeschehen Partei für eine Allianz aus Altem und Neuem, aus Vergangenem und Gegenwärtigem zu ergreifen. Und als erster in dieser Reihe von »Modernen Architekten« steht Peter Behrens. Über Fritz Hoeber, der früh verstarb, ist nur wenig bekannt, doch darf vermutet werden, dass nicht er allein dieses Unternehmen vorantrieb. Immerhin publizierte er im Werkbund-Jahrbuch von 1914 Seite an Seite mit Beh-

13 Hoeber, Systematik der Architekturproportionen (wie Anm. 12), S. 124 und 151.

14 Hoebers Konzept einer Architektur der Moderne lässt sich teils aus einer seiner späten Schriften (Fritz Hoeber, Das Kulturproblem der modernen Baukunst, in: Zeitschrift für Ästhetik und allgemeine Kunstwissenschaft, 13 [1919], S. 1–26) herleiten, wo (unter anderem S. 7–8 und S. 18) die Akteure und Zentren in vergleichbarer Weise genannt werden.

15 Otto Wagner, Moderne Architektur. Seinen Schülern ein Führer auf diesem Kunstgebiete, Wien 1895.

16 Hoeber, Systematik der Architekturproportionen (wie Anm. 12), S. 124 und 151 nennt ihn jeweils den »göttlichen« Schinkel.

17 Auf Hildebrands theoretisches Werk (Das Problem der Form in der bildenden Kunst, Straßburg 1893) beruft sich Hoeber in seiner Dissertation mehrfach. Von den projektierten Büchern der Verlagsanzeige ist später lediglich das über Schinkel geschrieben und an anderem Ort veröffentlicht worden (August Grisebach, Carl Friedrich Schinkel, Leipzig 1924).

MODERNE ARCHITEKTEN

HERAUSGEGEBEN VON FRITZ HOEBER

ERSTER BAND

Herrn Doktor Theodor Wiegand
in verehrungsvoller Gesinnung
Peter Behrens
Neubabelsberg 20. VIII. 13.

Abb. 5: *Peter Behrens, Widmung an Theodor Wiegand, 1913.*

rens.[18] Der Architekt verschenkte Hoebers Band im eigenen Namen als Widmungsexemplar an einen seiner wichtigsten Bauherren, den Archäologen Theodor Wiegand (Abb. 5).[19] Deshalb ist es vielleicht nicht ganz abwegig anzunehmen, dass Behrens selbst einen gewissen Anteil am Zustandekommen von Hoebers Buch hatte.

Was Hoeber mit seiner Publikation gelungen ist, blieb in der Behrens-Literatur für lange Zeit einzigartig. Die nächste große Monographie, 1928 von Paul Joseph Cremers (1897–1941) vorgelegt, tritt zwar mit professionellem literarischen Niveau auf, fällt aber in der Werkanalyse

18 Fritz Hoeber, Stadtbau und Verkehr, in: Jahrbuch des deutschen Werkbundes 1914, S. 11–17; auf den vorausgehenden Seiten (S. 7–10) findet sich dort der Beitrag »Einfluss von Zeit- und Raumausnutzung auf moderne Formentwicklung« von Peter Behrens.

19 Abgebildet in: Klaus Rheidt und Barbara Anna Lutz (Hg.), Peter Behrens, Theodor Wiegand und die Villa in Dahlem, Mainz 2004, S. 3.

hinter Hoebers Ansatz zurück.[20] Cremers, der Germanistik studiert hatte und als Bühnenautor reüssierte, ging seine Aufgabe nicht als Forscher, sondern als Feuilletonist an. Aber aus dem Fundus der Kunst- und Architekturkritik speisen sich letztlich alle Bemühungen, das Leben und Werk von Peter Behrens in die Kunstgeschichtsschreibung zu transponieren. Um diesen wichtigen Prozess nachzuzeichnen, sollen einige journalistische Texte betrachtet werden, die sich Behrens und seinen Bauten widmeten, sobald sich erste Erfolge einstellten.

Aufschlussreiche Beispiele dafür liefern einige Besprechungen, die dem Haus Behrens in Darmstadt gewidmet wurden. In diesem aufstrebenden Kunstzentrum, das Großherzog Ernst Ludwig von Hessen und bei Rhein aus dem Boden stampfte, erregte Behrens mit kunstgewerblichen Entwürfen Aufsehen. Ernst Ludwig, ein Enkel von Queen Victoria, nahm sich seinen Großvater Prince Albert zum Vorbild. Der Prinzgemahl hatte als Förderer von Kunst und Gewerbe seine eigene Position, das Ansehen der britischen Krone und die wirtschaftliche Vormachtstellung des Landes gefestigt. Etwas Derartiges schwebte wohl auch Ernst Ludwig vor, und so betrieb er nach Leibeskräften die Ansiedlung von Künstlern in seinem Duodezfürstentum. Als einer der ersten wurde Behrens zum Mitglied der Darmstädter Kolonie auf der Mathildenhöhe berufen. Der prominenteste unter den dortigen Künstlern war jedoch nicht Behrens, sondern Joseph Maria Olbrich. Er entwarf in Darmstadt fast alle Wohnhäuser für die Künstler der Kolonie. Nur Behrens wollte einen ersten eigenen Bau errichten, ließ sich sein Domizil ein Mehrfaches der anderen kosten und kam damit beim Publikum an.

Nicht zuletzt deshalb schrieb der Publizist Karl Scheffler (1869–1951) über ihn. Nach seiner Meinung vertritt Behrens keine Kunst, die darauf zielt, mit analytischem Geist alles zweifelnd zu hinterfragen.[21] Stattdessen zeichne sich der Architekt durch eine tief empfindende Seele aus, die tatkräftig und lebensbejahend an eine gestaltbare bessere Welt glaube. Scheffler ist gegenüber Behrens durchaus kritisch: Er behauptet, dem Künstler fehle es an »hinreißender Genialität«.[22] Einzigartig sei jedoch seine maßvolle Selbstbeschränkung. Was ihm an Können fehle, mache Behrens durch Disziplin wett.

Eine weitere Besonderheit von Behrens sei, dass sein Werk den vom Künstler vertretenen Lebensentwurf verkörpere.[23] Dieser Entwurf sei eine mit Pathos vorgetragene Kunstreligion. Im Gefolge von Friedrich Nietzsche, den Scheffler als »Propheten von Sils Maria«[24] bezeichnet, wolle Behrens dem Menschen der Zukunft eine Heimstatt errichten. In diesem Sinne blicke Behrens nicht mitleidig auf die gegenwärtigen Verhältnisse, sondern gestalte mit »dionysischer« Lebensfreude und in »dithyrambischen« Formen eine neue Welt, die Ausdruck eines »stahlharten Hellenismus« sei.[25]

Da Behrens dieses Kunstprogramm lebe, spiegle es sich auch in seinem Darmstädter Haus: Dort herrschen nach Scheffler keine »Winkelgedanken«, ist kein Raum für »Erkercharakter« und Gemütlichkeit.[26] Stattdessen sei das Haus auf der Höhe ein Versprechen an die Menschen, die unten in den Gassen der Großstädte ihren kümmerlichen Alltag fristen, ohne den Glauben

20 Paul Joseph Cremers, Peter Behrens. Sein Werk von 1909 bis zur Gegenwart, Essen 1928.
21 Karl Scheffler, Peter Behrens, in: Die Kunst. Monatshefte für freie und angewandte Kunst, 6 (1902), S. 1–48, hier S. 11–13.
22 Ebenda, S. 15.
23 Ebenda, S. 25 f.
24 Ebenda, S. 41.
25 Ebenda, S. 21 f. und 24.
26 Ebenda, S. 26.

daran verloren zu haben, dass Schönheit Wahrheit sei, und deshalb am Zukunftswerk tätig Anteil nehmen. Ihnen zum Zeichen habe eine Herrschernatur einem künftigen frohen und starken Menschengeschlecht das Haus errichtet.[27]

Bei all dem, was Scheffler hier über das Haus und das von Behrens in Darmstadt entwickelte Konzept für ein Theater schreibt, muss die unmittelbare Anschauung zwangsläufig zu kurz kommen. Denn die hochfliegenden Gedanken, die Scheffler entfaltet, nehmen das Werk von Behrens lediglich als Startrampe, werden jedoch nicht aus dessen Analyse entwickelt. Geradezu grotesk wirken deshalb die begleitenden Fotografien, die den Text illustrieren, indem sie das Haus und sein Mobiliar zeigen. Mehrfach werden die Worte, mit denen Scheffler dem »Propheten« Behrens huldigt, von den Bildern sabotiert, die unter anderem das Bettzeug eines örtlichen Ausstattungsgeschäfts zeigen (Abb. 6).[28]

Eine vergleichbare Diskrepanz zeichnet auch die umfangreiche Besprechung aus, die der Historiker Kurt Breysig (1866–1940) dem Darmstädter Domizil gewidmet hat: Während Breysig von Gral und Parzival schwärmt, zeigen die Illustrationen das Türklinken-Sortiment des Haus Behrens (Abb. 7).[29] Auch Breysig ist, man ahnt es schon, ein Anhänger von Nietzsche, den er als »Baumeister schimmernder Gedankenpaläste«[30] zum Ahnen einer neuen Zeit macht. Während es in den unmittelbar vorangegangenen Jahrzehnten nicht gelungen sei, »reine« und angewandte Kunst zu einen, würden sich in manchen Vertretern einer jüngeren Generation Anzeichen dafür zeigen, das Leben wieder zu einem Kunstwerk umzugestalten.[31] Unter Hoffnungsträgern wie Henry van de Velde ragt Peter Behrens nach Breysigs Meinung hervor, weil sich in dessen Ideen und Leben »Kunst- und Kulturgedanken« verbinden. Auf diese Weise habe Behrens mit seinem Wohnhaus ein Werk errichtet, in dem alles von seinem Geist ersonnen worden sei, und damit womöglich einen Baustein für ein »beginnendes Zeitalter« bereitgestellt.[32]

Anders als Scheffler erkennt Breysig im Schaffen von Behrens aber kein neues Hellenentum. Er glaubt vielmehr eine gotische Formensprache im Darmstädter Haus zu sehen.[33] Sie gemahne an die nationale Befreiung vom Joch künstlerischer Fremdbestimmung, die das Mittelalter errungen habe. Zudem sei das Mittelalter die erste Epoche, in der es gelungen sei, die hohe Kunst und die Alltagswelt – Haus, »Gerät« und »Gewand« – in Einklang mit der Lebensführung zu gestalten. Diese Leistung sei überdies zu einer Zeit vollbracht worden, die einem Ideal der Weiblichkeit huldigte. Darauf sollten sich nach Breysigs Meinung die Frauen der Gegenwart besinnen, anstatt in Männerdomänen vordringen zu wollen.[34] Sie mögen, wünscht sich Breysig, mit dem Reich der Häuslichkeit und all seinen edlen kunstgewerblichen Objekten vorlieb nehmen, die ihnen ein ritterlicher Mannskerl wie Behrens zu Füssen gelegt habe.

In einer Schlusswendung setzt Breysig den Zusammenhang zwischen Gegenwart und Mittelalter in Parallele zu einem Bezug zwischen Gegenwart und Zukunft: Die Kunst der Jetztzeit sei Keim von etwas Künftigem, das dereinst ebenso geschätzt werden möge wie die Kunst der

27 Ebenda, S. 48.
28 Ebenda, S. 38.
29 Kurt Breysig, Das Haus Peter Behrens. Mit einem Versuch über Kunst und Leben, in: Deutsche Kunst und Dekoration 9 (1901/1902), S. 135–150, hier S. 142 f.
30 Ebenda, S. 143.
31 Ebenda, S. 143.
32 Ebenda, S. 144.
33 Ebenda, S. 141.
34 Ebenda, S. 150.

PETER BEHRENS

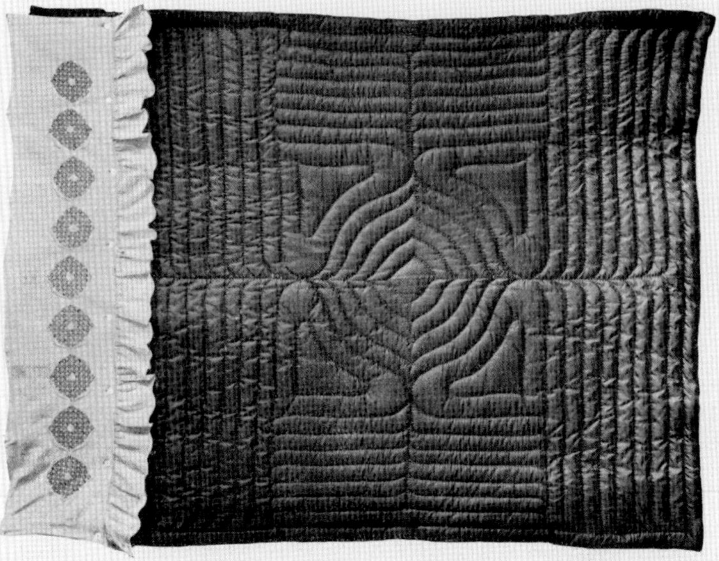

Bettbezug • Ausgeführt von Diefenbach-Römer, Darmstadt

lassen. Welch fortschreitende Sehnsucht muß nicht in der Generation leben, wenn der Künstler den Priester ablöst und der Menschheit Heil verkündet. Der langsamen Vorwärtsbewegung des religiösen Instinktes geht der Plan von Behrens schnell voran; aus der Frage wird die That, unternommen mit dem suggestiven Eifer lauterer Ueberzeugungskraft.

Wir vergleichen das Versprechen mit unsern Forderungen und suchen zu erkennen, unter welchen Bedingungen ihnen in solchem festlichen Raum Genüge gethan werden kann.

Neben den Lebensstoffen, die, zu Symbolen gesteigert, von der Kunst dem Kreis der Andächtigen gezeigt werden, verlangen wir ein höheres Symbol der ewigen Mysterien, damit der religiöse Einklang der Gemüter hergestellt werde. Ein Kultus ohne Sakramente, vor denen das Volk anbetend niederkniet, ist ein eleusinischer Sonderkultus für eine Brüderschaft philosophischer Geister. Der Mensch, selbst der bewußte einer großen Epoche, will nicht nur musikalisch angeregt und aufgeregt sein, sondern auch überzeugt werden. Er kommt nicht so sehr als Genußfreudiger, denn als Fragender. Das Schicksal, das ihn auf allen Wegen drohend anglotzt, will er religiös erklärt oder es künstlerisch in typischen Beispielen dargestellt wissen, damit er es im Großen und Kleinen besiegen lerne. Schönheiten! o ja, die Menschheit ist hungrig darnach; aber noch mehr verlangt sie nach dem befreienden Wort, das den Sinn des Sphinxrätsels löst, das will sagen: zu lösen scheint. Nicht Wissen will sie, sondern innere Wahrheiten, Illusionen, die Selbstbejahung hervorrufen und als Wahrheiten gefühlt werden. Diese sind dem Künstler so nötig wie dem Laien. Das Hervorbringen des großen Symbols der Göttlichkeit ist der Kunst allein nicht möglich und die stilisierende Symbolisierung der Lebenserscheinungen bedingt, wenn sie nicht bald der toten Allegorie verfallen soll, ein unendliches Realitätsbewußtsein. Dieses aber kann sich nur dann frei künstlerisch entfalten, wenn die religiösen Probleme, die wie eine Sorge lasten, dem Schaffenden von der Seele genommen sind. Um kräftig tief ins Leben zu tauchen und die Erscheinungs-

38

Abb. 6: *Seite des Aufsatzes von Karl Scheffler, aus: Die Kunst. Monatshefte für freie und angewandte Kunst, 6 (1902).*

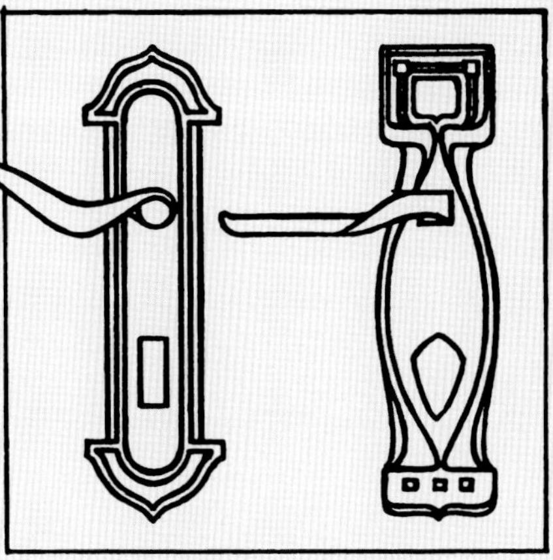

Thür-Beschläge aus Bronze.

Märchen-Licht zwischen den Arkaden und Triforien des Münsters flutet. Wie die zehntausend Verse und die hundert Abenteuer des Parzival-Sanges von dem milden Rätselglanz des Graal überschimmert sind, so leuchtet über all der kindlich treuen Schilderkunst der Gotik ihre hohe Form, ihre große Linie und so war auch das Leben dieser Menschen durchdrungen von dem hohen Zwang gewollter Schönheit. — Mehr als eines der Jahrhunderte, die seit jenem herb-zarten Frühling germanischer Kultur dahingerollt sind, hat den Schatz zu erhalten, zu mehren und vielleicht allzuoft durch neues Geschmeide zu ersetzen versucht. Niemals aber ist eine Lebenshaltung geschaffen worden, die so von Grund auf neu und so einheitlich geschlossen gewesen war. Die Vermählung der Gotik mit antikem Geiste, die das Quattrocento vollzog, war ein Bund von unerhörtem Liebreiz und die Werke der Kunst, die als seine Kinder das Licht der Welt sahen, bethören uns noch heute den Sinn mit ihrer seltsamen, zwiespältigen Schönheit. Die Renaissance war eine Wiedergeburt des Hellenismus, aber auch ein Wiedersterben des Germanentums in der Kunst und trotz aller ihrer lockenden Süße reizt sie uns Heutige weniger, als irgend eines der Geschlechter seit Rafaels Tagen. Barock und Rokoko haben, so sehr sie auch Erben waren, einen glänzenden Vorzug vor den späteren Zeiten, sie umspannten die Menschen ihres Alters wieder mit einer einzigen Linie, sie zwangen Kunst und Leben wieder zu einer großen Einheit zusammen. Und so wehe uns auch die Flachheit und Uninnerlichkeit vieler ihrer Leistungen thun mag, die ernsthafte Feierlichkeit und das nur tragisch aufgeregte Pathos des Barock, die leichtfertig tändelnde Anmut und die silberhelle Fröhlichkeit des Rokoko haben ihren Jahrhunderten eine Pose, ein Profil gegeben, die sie kenntlicher und auch im höchsten Kunstsinn wirksamer machen, als viele reichere, aber auch zerfahrenere Zeiten. Der Naturalist Rousseau, der Revolutionär der Staaten und der Geister, hat diese Linie, diese Form zerstört, aber er hat auch fast jeder Linie, jeder Form in Kunst und Leben den Krieg erklären wollen. Noch war es zu früh, der Klassizismus, der dem Eiferer auf dem Fuße folgte, hat noch einmal das Feldgeschrei Tod der Kultur zum Schweigen gebracht und wenigstens in dem Frankreich der ersten Republik, des ersten Kaisertums hat er sein Szepter vom Thron der Kunst wieder weit hinein ins Land des Lebens geschwungen. Sein siegreicher Statthalter David hat den Franzosen dieser Jahrzehnte nicht allein Bilder und Bildwerke, Dramen und Bauten nach seinem Sinne vorgeschrieben, er hat ihnen auch Kleid und Festschmuck, Gerät und Hauszier aufgenötigt. Aber nur kurze Jahre währte der Traum, die Romantik verdrängte die antikisierende Kunst, die erste Renaissance des Germanentums siegt über die letzte der Antike. Freilich auch sie wollte zuerst nur hohe Kunst und jene Männer, die in San Isidoro ihre nazarenisch-germanischen Pläne schmiedeten, wollten nicht nur Kunst schaffen, sondern auch Kunst leben. Und vielleicht ist es ihnen an dem eigenen Ich besser gelungen, als an ihren Werken, die doch nur halbe Erfolge waren. Die meisten ihrer Mitstreiter aber wandelten sich aus Kämpen einer reinen Fantasie- und Formenkunst in Wegebereiter der Wirklichkeitsschilderung um: tief in den Boden der frühen Romantik sind die fruchtbarsten Keime des Realismus eingesenkt.

Das neunzehnte Jahrhundert als das Zeitalter der Stoffkunst war von allen, über die in unserem Weltalter der Blick rückwärts schweifen kann, das kunstloseste. Es hat

Abb. 7: *Seite des Aufsatzes von Kurt Breysig, aus: Deutsche Kunst und Dekoration, 9 (1901/1902).*

Gotik von den heutigen Menschen.[35] Ein Epochenbewusstsein kennt also auch Breysig, aber es ist weit vom gängigen Verständnis entfernt, was die Moderne ausmacht.

Die gleichförmige Art, in der sowohl Kurt Breysig als auch Karl Scheffler das Werk von Behrens mit Kategorien der Philosophie Nietzsches zu erfassen versuchen, ist verständlich. Denn Behrens teilte die Nietzsche-Begeisterung seiner Zeit. Auf der ersten »Esposizione Internazionale d'Arte Decorativa Moderna«, die 1902 in Turin stattfand, war in dem von Behrens entworfenen »Hamburger Vestibül« ein von ihm gestalteter Künstlereinband für Nietzsches »Also sprach Zarathustra« als prominentes Exponat ausgestellt.[36] Aber damit ist der schwärmerische Duktus der beiden Besprechungen des Darmstädter Hauses, in dem an den anschaulichen Gegebenheiten der Architektur und ihrer Ausstattung vorbei geschrieben wird, nicht hinlänglich erklärt.

Scheffler, der in seinem Bericht über das Darmstädter Haus mahnte, dass Pathos anfällig für leere Phrasen sei,[37] erkannte damals nicht die unfreiwillige Selbstironie, die in der Nietzsche-Attitüde seiner eigenen Manier allenthalben gegenwärtig ist. Einige Jahre später hat er jedoch seinen einstigen Hang zu floskelhaftem Pseudoidealismus öffentlich bedauert. Erst im Rückblick erkannte er, dass die »Sehnsucht nach einem Pathos« Zeichen einer Realitätsflucht sei.[38] Berücksichtigt man die Wirkung von Schefflers Einsicht, die ihm später half, einen neuen Weg in der Betrachtung von moderner Architektur einzuschlagen, wird die Tragweite der Veränderungen deutlich, die auch in Texten anderer Autoren erkennbar sind, die in den Folgejahren über Behrens schrieben.

Ein wichtiges Beispiel für diesen Wandel ist Franz Mannheimers Besprechung der AEG-Bauten im Werkbund-Jahrbuch von 1913 (Abb. 8).[39] Er schickt seiner Betrachtung der Fabriken, die Peter Behrens für die Allgemeine Elektricitäts-Gesellschaft entworfen hatte, eine Skizze der historischen Vorstufen für den Bau von Industrieanlagen voran, in denen von einer Auseinandersetzung mit Fragen architektonischer Gestaltung noch nichts zu spüren war.[40] Erst in jüngster Zeit habe sich die Kunst der technisch geprägten Alltagswelt so weit genähert, dass eine »Industriekunst« entstehen konnte, die von Zweckmäßigkeit und Sachlichkeit bestimmt werde.[41] Zugleich habe die Industrie begonnen, ihre allzu große Beschränkung auf ökonomische Überlegungen zu überwinden. Diese Entwicklungen, in denen Peter Behrens und die AEG ihrer Zeit vorangeschritten seien, bringe den Firmen jedoch durchaus Vorteile, obwohl sich diese *ziffernmäßig freilich weit schwerer buchen*[42] lassen als Gewinnsteigerungen oder Lohnkürzungen. Fabriken der neuen Art seien nicht nur schöner, sondern auch besser als die altmodischen Produktionsstätten vergangener Tage.

35 Ebenda, S. 150.
36 Dazu unter anderem Alan Windsor, Peter Behrens. Architect and Designer, London 1981, S. 50–52.
37 Scheffler, Behrens (wie Anm. 21), S. 15.
38 Karl Scheffler, Der Deutsche und seine Kunst. Eine notgedrungene Streitschrift, München 1907, S. 28; siehe dazu Jörg Schilling, »Distanz halten«. Das Hamburger Bismarckdenkmal und die Monumentalität der Moderne, Göttingen 2006, S. 230–231.
39 Franz Mannheimer, A. E. G.-Bauten, in: Jahrbuch des deutschen Werkbundes 1913, S. 33–42. Über Mannheimer, der damals Mitglied des Deutschen Werkbunds war, fehlen verlässliche Lebensdaten.
40 Mannheimer, A. E. G.-Bauten (wie Anm. 39), S. 33.
41 Ebenda, S. 34.
42 Ebenda, S. 35.

A. E. G.-BAUTEN

VON FRANZ MANNHEIMER

1

IN jenen leidenschaftlichen Klagen und Anklagen, die Fourier wider das »Zeitalter der Zivilisation«, wie er es nennt – das Zeitalter der maschinellen Arbeit, des Handelsgeistes und des sozialen Chaos – richtet, hat er das Wort von den Fabriken als den industriellen Bagnos geprägt. Ein Menschenalter später beschreibt sein Schüler Considérant den Zustand der Werkstätten. Er findet sie unsauber, feucht, schlecht gelüftet und von widerwärtigem Aussehen. In vielen ist der Betrieb so gefährlich, daß die Arbeiter von vornherein wissen, daß sie ein Alter von dreißig Jahren nicht erreichen werden. Ist es wunderbar, fährt er fort, wenn sie unter solchen Bedingungen sich gegen die Arbeit sträuben? Anziehende Seiten werden sie an ihr erst finden, wenn man saubere und gesunde Arbeitsräume errichtet, die in ihrer Art sogar schön sind, durch die Luft und Licht frei hindurchfluten und in denen ihr Körper vor jedem Schaden bewahrt bleibt.

Es war die Sturmzeit des Kapitalismus mit ihren Werkstätten, die kein Stift festgehalten hat, die wir uns, gespenstischen Chorführern gleich, hinter den noch grausigeren Arbeitervierteln namentlich britischer Städte, denken müssen, aus der heraus diese Forderung geboren wurde. Ihre Verwirklichung wurde vorbereitet zum Teil durch die Fabrikgesetze, zum Teil durch eine vernünftigere Kalkulation, die außer mit Maschinen auch mit Menschen besser wirtschaften lehrte. Nicht zum geringen Teil haben ferner der technische Fortschritt selbst, die zunehmende Vermannigfaltigung, Präzision und Komplizierung der Prozesse, sich reinlichere, geräumigere und besser angeordnete Fabrikräume erzwungen. Die Fabriken wuchsen nun zu kleinen Städten mit Bahnen und Leitungen, mit großen Arbeitshallen, mit Speiseräumen und eigenen Arbeiterkolonien vor ihren Toren. Aber auch so noch blieb ihre Seele barbarisch. Architektur, Kunst, die selbst in das Mühselige und Alltägliche ein leises Band überzeitlicher Freude webt, war an ihrem Aufbau nicht beteiligt. Wenn es nicht die frostigen Hallen waren, in denen sich jene innere Unfertigkeit der Industrie verriet, dann gewiß, auch dem flüchtigsten Blick er=

3 Jahrbuch II

33

Abb. 8: *Franz Mannheimers Aufsatz über die AEG-Bauten, aus: Jahrbuch des Deutschen Werkbundes 1913.*

Peter Behrens war es nun, der dies mit der Turbinenhalle an der Huttenstraße, seinem architektonischen Erstlingswerk als künstlerischer Berater der AEG, unter Beweis gestellt habe. Dieser Bau markiert, so Mannheimer, den Beginn einer Ära: Die Halle steht *so neu wie am Tage ihrer Vollendung*.[43] Behrens habe ihre Gestalt aus den Vorgaben hergeleitet, riesige Laufkräne zu beherbergen, die enorme Lasten bewegen müssen. Aus diesem Diktat der Notwendigkeiten heraus habe der Architekt mit fortschrittlichen Materialen – Eisen, Glas, Beton – gearbeitet, um die funktionalen Anforderungen virtuos zu erfüllen. So »überrascht« zum Beispiel die gleichmäßige Helligkeit im Innern. Aber Behrens habe den Materialien auch wirkungsvolle gestalterische Reize abgetrotzt: Da ist von »lebhaften« Licht- und Schattenwirkungen oder von »wohltuenden« Abstufungen in der Farbwahl die Rede, mit denen ein »wuchtiger«, »lebensfroher« und »kühner« Bau als »Manifest der jungen Industriekunst« errichtet worden sei.[44]

Was Mannheimer im Unterschied zu den älteren Besprechungen des Darmstädter Hauses zunächst beiseite lässt, sind Beschwörungen historischer Vergleichsbauten und übersteigerte Pathosformeln. Beides wird im weiteren Verlauf des Textes zwar nachgeholt, aber dies geschieht so reduziert, dass es scheint, als solle damit nur eine literarische Konvention erfüllt werden. Und so zieht Mannheimer zum Ende des Textes doch noch das rhetorische Tempo an, indem er die aus »stahlblauen Eisenklinkern« errichteten Pfeiler der AEG-Kleinmotorenfabrik als Symbol des unbeugsamen Willens »mühebeladener Geschlechter« deutet, denen die Errichtung gotischer Kathedralen genauso zu verdanken sei wie die Tempel von Paestum und die Steinkreise von Stonehenge.[45] Und die auftrumpfende Schlusswendung verfängt sich im grammatikalischen Gestrüpp einer nur schwer deutbaren Aussage, in der versichert wird, die AEG-Bauten von Behrens seien Zeichen dafür, wie *wirklichkeitssatte Mächtigkeiten* zu *dauernden, raumbildhaften Ideen* [...] *emporgeformt werden können*.[46]

Auf Theaterdonner hat also auch Franz Mannheimer im entscheidenden Moment nicht verzichten wollen. Eine neue Perspektive in die literarische Darstellung moderner Architektur kam von anderer Seite. Ausgerechnet Walter Gropius gelang es zur gleichen Zeit, eine deutlich nüchternere Zugangsweise zu gewinnen, die nicht aus historisch-theoretischen Erwägungen gespeist wird. Im gleichen Werkbund-Jahrbuch wie Mannheimer hat Gropius 1913 seine Überlegungen zur Industriebaukunst veröffentlicht (Abb. 9).[47]

Er betrachtet zunächst die Erzeugnisse der Industrie, für die es im internationalen Wettbewerb nicht mehr genüge, allein mit technischen und ökonomischen Qualitäten zu überzeugen. Neben Leistung und Preis entscheide mittlerweile auch die Ästhetik eines Produkts über dessen Erfolg. Es reiche jedoch nicht aus, wenn ein Fabrikant einen Künstler dafür bezahle, attraktive Hüllen für seine Waren zu liefern. Stattdessen solle aus einer intensiven Zusammenarbeit zwischen »Künstler, Kaufmann und Techniker« der Vorzug zurückgewonnen werden, den früher der Sachverstand des Handwerkers vereinte. Nur so könne die industrielle Fabrikation ihr Ziel erreichen, einen vollwertigen Ersatz für manuelle Fertigung anzubieten.[48] Aus diesen Vorannahmen leitet Gropius vergleichbare Prinzipien für den Bau von Fabrikationsstätten ab. Hier gilt

43 Ebenda, S. 35.
44 Ebenda, S. 36 f.
45 Ebenda, S. 40.
46 Ebenda, S. 42.
47 Walter Gropius, Die Entwicklung moderner Industriebaukunst, in: Jahrbuch des deutschen Werkbundes 1913, S. 17–22.
48 Ebenda, S. 17 f.

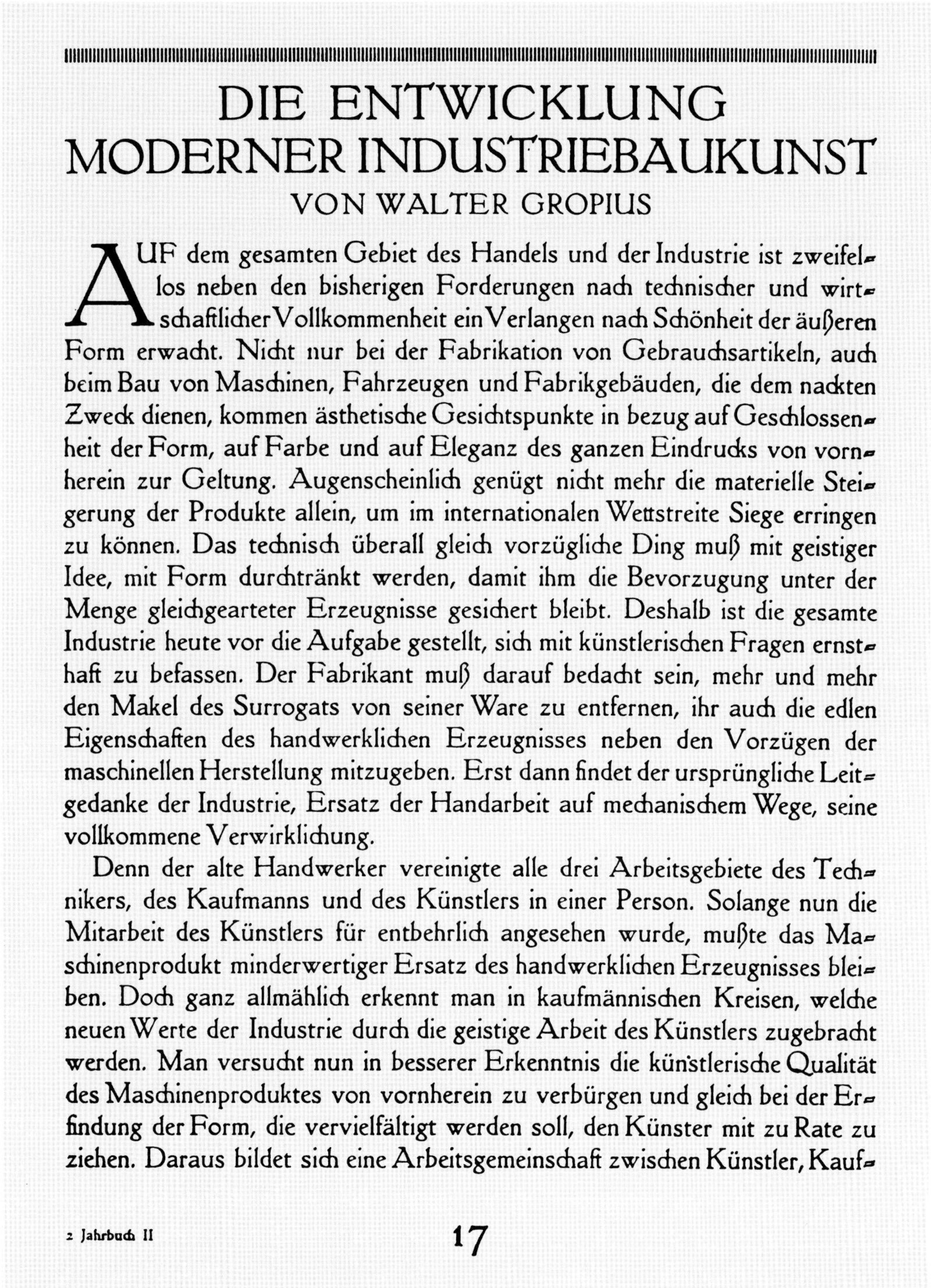

DIE ENTWICKLUNG MODERNER INDUSTRIEBAUKUNST

VON WALTER GROPIUS

AUF dem gesamten Gebiet des Handels und der Industrie ist zweifellos neben den bisherigen Forderungen nach technischer und wirtschaftlicher Vollkommenheit ein Verlangen nach Schönheit der äußeren Form erwacht. Nicht nur bei der Fabrikation von Gebrauchsartikeln, auch beim Bau von Maschinen, Fahrzeugen und Fabrikgebäuden, die dem nackten Zweck dienen, kommen ästhetische Gesichtspunkte in bezug auf Geschlossenheit der Form, auf Farbe und auf Eleganz des ganzen Eindrucks von vornherein zur Geltung. Augenscheinlich genügt nicht mehr die materielle Steigerung der Produkte allein, um im internationalen Wettstreite Siege erringen zu können. Das technisch überall gleich vorzügliche Ding muß mit geistiger Idee, mit Form durchtränkt werden, damit ihm die Bevorzugung unter der Menge gleichgearteter Erzeugnisse gesichert bleibt. Deshalb ist die gesamte Industrie heute vor die Aufgabe gestellt, sich mit künstlerischen Fragen ernsthaft zu befassen. Der Fabrikant muß darauf bedacht sein, mehr und mehr den Makel des Surrogats von seiner Ware zu entfernen, ihr auch die edlen Eigenschaften des handwerklichen Erzeugnisses neben den Vorzügen der maschinellen Herstellung mitzugeben. Erst dann findet der ursprüngliche Leitgedanke der Industrie, Ersatz der Handarbeit auf mechanischem Wege, seine vollkommene Verwirklichung.

Denn der alte Handwerker vereinigte alle drei Arbeitsgebiete des Technikers, des Kaufmanns und des Künstlers in einer Person. Solange nun die Mitarbeit des Künstlers für entbehrlich angesehen wurde, mußte das Maschinenprodukt minderwertiger Ersatz des handwerklichen Erzeugnisses bleiben. Doch ganz allmählich erkennt man in kaufmännischen Kreisen, welche neuen Werte der Industrie durch die geistige Arbeit des Künstlers zugebracht werden. Man versucht nun in besserer Erkenntnis die künstlerische Qualität des Maschinenproduktes von vornherein zu verbürgen und gleich bei der Erfindung der Form, die vervielfältigt werden soll, den Künster mit zu Rate zu ziehen. Daraus bildet sich eine Arbeitsgemeinschaft zwischen Künstler, Kauf-

2 Jahrbuch II

17

Abb. 9: *Walter Gropius' Aufsatz über moderne Industriebaukunst, aus: Jahrbuch des Deutschen Werkbundes 1913.*

nach seiner Meinung das gleiche: Eine Fabrik müsse von einem Architekten gestaltet werden, aber dieser dürfe ihr nicht einfach eine schmückende Fassade vorblenden. Vielmehr sei es erforderlich, dass Bauherr und Architekt von Beginn an eine gemeinsame Lösung erarbeiten, damit eine solche Fabrik perfekt auf die Produktionsabläufe in ihrem Innern abgestimmt wird und nach außen glaubwürdig für die Firma werben kann.[49]

Gropius kommt ebenfalls nicht ohne Überredungskunst aus. Wenn er etwa über die bisherige Praxis der Industriearchitektur spricht, spart er nicht mit kritischen Tönen. Da ist zum Beispiel von der »sentimentalen, aus älteren Stilen erborgten Maske«, von »Mummenschanz« und »billigen« Scheinlösungen die Rede.[50] Solche Vorwürfe führen dazu, dass ältere Industriebauten im Handstreich diskreditiert werden. Auch die Behauptung, dass eine originelle, von historischen Vorbildern freie Architektur mehr »werbende Kraft« entfalte als Reklameschilder, *die in aufdringlicher Überhäufung das gelangweilte Auge nur noch mehr abstumpfen*, ist in erster Linie als Schimpftirade zu verstehen. Diese Art der Darstellung wirkt bis in die Behauptung hinein, dass Arbeiter in »wohlproportionierten« Fabriken effizienter und zufriedener zu Werk gehen als in »öden, häßlichen Industriekasernen«.[51] Zu guter Letzt verweist Gropius wie alle anderen Autoren mit Emphase auf die Leistungen, die Peter Behrens in Verbindung mit der AEG erbracht hat. »Baugebilde von wahrhaft klassischer Gebärde« und »Denkmäler von Adel und Kraft« seien daraus hervorgegangen. Mit Eloquenz operiert also auch der Text von Gropius. Aber sie erfüllt bei ihm einen anderen Zweck als bei Autoren wie Kurt Breysig. Für Gropius ist das persönliche Engagement als Autor Maßstab seiner Tätigkeit als Architekt.

Deshalb weicht die Argumentation seiner Schlusswendung von allen bisherigen Texten ab. Denn Gropius denkt weiter: Er begnügt sich nicht damit, den erreichten Stand der Dinge zu loben, sondern entwickelt neue Forderungen für eine zukünftige Architektur. Überragende Vorbildlichkeit besitzt nach seiner Meinung die Industriearchitektur der USA. Die »Majestät« amerikanischer Getreidesilos etwa sei Ergebnis einer pragmatischen Herangehensweise an die Funktion einer solchen Bauaufgabe (Abb. 10). Deshalb solle man sich auch in Europa künftig von *historischen Sehnsüchten und anderen Bedenken intellektueller Art* freimachen.[52]

Ausgerechnet Walter Gropius, dem Nikolaus Pevsner eine so prominente Rolle zudachte und der sich als Praktiker intensiv mit den Anforderungen zeitgemäßen Bauens beschäftigte, liefert hier wesentliche Kriterien zum Verständnis der epochalen Bedeutung von Industriearchitektur. Zwar würdigt er Behrens, doch bleibt er nicht bei dieser Perspektive stehen. Er erkennt, dass die amerikanische Industriearchitektur deshalb so wichtig ist, weil sie aus dem Kontinuum der europäischen Kulturgeschichte ausschert. Das historiographische Modell einer modernen Architektur wurde dadurch zwar zunächst untergraben, doch holten die Ereignisse die Moderne ein. Pevsner wurde ebenso wie Gropius aus dem nationalsozialistischen Deutschland vertrieben. Kein Wunder also, dass der Historiker im Architekten einen Garanten für den Fortbestand der Moderne erkannte, die damals noch nicht Geschichte war, sondern für viele Hoffnung auf eine bessere Zukunft bedeutete.

In das historiographische Modell, das sich bei Mannheimer und Gropius am Beispiel der AEG-Bauten abzeichnet, ist das Hagener Krematorium nur schwer einzuordnen. Denn was

49 Ebenda, S. 19 f.
50 Ebenda, S. 20.
51 Ebenda, S. 20.
52 Ebenda, S. 21 f.

Abb. 10: *Getreidespeicher in Chicago,*
aus: Erich Mendelsohn, Amerika. Bilderbuch eines Architekten, Berlin 1926, Tafel 40.

an der Industriearchitektur geschätzt wird, lässt sich auf einen sakral überformten Ort ritueller Trauer kaum übertragen. Hinzu kommt aber auch, dass der Bau in einem durchaus kontroversen zeitgenössischen Wahrnehmungsfeld errichtet wurde. Denn die Feuerbestattung musste sich gegen religiöse Vorbehalte und gesellschaftliche Tabuisierung erst durchsetzen.

Vielleicht hat Max Creutz (1876–1932), der dem Bau eine Besprechung widmete, deshalb eine überraschend distanzierte Haltung eingenommen.[53] Als Creutz, damals Direktor des Kölner Kunstgewerbe-Museums, 1909 eine ausführliche Rezension des Krematoriums publizierte, etablierte sich Peter Behrens gerade in Berlin. Die dortige AEG-Turbinenhalle, deren Errichtung unmittelbar bevorstand, hat Creutz als »Tempel der Arbeit« ganz unbekümmert den unverwirklichten Plänen für den Darmstädter »Musiktempel«[54] und die evangelische Kirche in Hagen-Wehringhausen beigesellt.[55] In seinem Text findet Creutz ein ergreifendes Bild für die Einbettung des Krematoriums in die Landschaft von Delstern.[56] Der *dunkle* Weg aus der *düs-*

53 Max Creutz, Das Krematorium von Peter Behrens in Hagen in Westfalen, in: Kunstgewerbeblatt 20 (1909), S. 41–45; vgl. den Abdruck in diesem Band, S. 230–232.
54 Gemeint ist vermutlich der Plan zu einem Theater, den Behrens während seiner Darmstädter Zeit entwickelte und publizierte: Feste des Lebens. Eine Betrachtung des Theaters als höchsten Kultursymbols, Leipzig 1900.
55 Creutz, Krematorium (wie Anm. 53), S. 41 f.
56 Ebenda, S. 41.

teren Stadt, der an *toten Äckern* und *entlaubten Wäldern* zur *dunklen Höhe* hinauf führt, ist nicht etwa ein unvorteilhaftes Porträt von Hagen und dem Volmetal, sondern die natursymbolische Evokation des Sterbens als Übertritt ins Reich des Todes. An dessen Schwelle habe Peter Behrens seinen »Tempel« errichtet.

Über den Bau selbst sagt Creutz jedoch erstaunlich wenig. Bisweilen erwähnt er ein Detail wie die schwarzen Pfeiler an der Eingangsfront[57] oder lobt ein Element wie den Schornstein[58], der sich aus dunkler Erdenschwere zu lichter Höhe erhebt. Über solch vereinzelte Aussagen hinaus findet einzig die Ornamentik der Marmorverkleidung seine volle Aufmerksamkeit. Ihren Rapport fasst er als Zeichen der Unendlichkeit auf, sie selbst ist nach Meinung von Creutz zeitgemäßer Ausdruck einer modernen Welt.[59] Diese Überlegungen führen vom Bau und seiner Aufgabe weg, legen den Akzent auf die Fassade. Die in Marmorinkrustation ausgeführte Ornamentik war ein Merkmal, das Behrens zwar in den Vorjahren intensiv beschäftigt hatte, das er später jedoch nicht mehr verwendete und das außerdem bald darauf vom Krematorium entfernt wurde.

Auch andere zeitgenössische Publikationen, die sich dem Krematorium widmeten, haben seinen einzigartigen Charakter kaum erfasst.[60] Die Historiographen der Moderne, die sich in der Folge zu Wort meldeten, ließen den Hagener Bau ohnehin außer Acht, weil sie Peter Behrens bereits eine Rolle zugedacht hatten: Er war Vorreiter der zweckrationalen Industriearchitektur. Dass er aber gerade in den Jahren seiner Tätigkeit für die AEG sehr um eine Synthese zeittypischer Formen, die aus den funktionalen und konstruktiven Erfordernissen eines Baus abgeleitet waren, mit Verweisen auf weit in die Vergangenheit zurück reichenden Exempeln der Baukunst bemüht war, die seine Pavillons und Montagehallen ebenso wie die St. Petersburger Botschaft mit frühmittelalterlichen, antiken oder klassizistischen Archetypen überblendeten, stellt sich quer zum geradlinigen Verlauf der Moderne. Um dem Werk von Behrens gerecht zu werden, gilt es jedoch, dass ganze Spektrum seiner gestalterischen Lösungen zu berücksichtigen. Nur so gewinnt man an seinem Beispiel ein besseres Verständnis der Geschichte, deren Vielfalt erst zu Fragen anregt.

57 Ebenda, S. 41.
58 Ebenda, S. 44.
59 Ebenda, S. 42–44. Vgl. hierzu auch den Beitrag von Birgitt Borkopp-Restle in diesem Band.
60 U. a. Adolf Behne, Peter Behrens und die toskanische Architektur des 12. Jahrhunderts, in: Kunstgewerbeblatt, 23 (1912), S. 45–50.

Jörg Probst

Karl Ernst Osthaus und die Fotografie

Zur Bildgeschichte des Krematoriums von Peter Behrens in Hagen

Ruinieren und Fotografieren

Als Gegenstück zu künstlichen Ruinen wird die Fotografie nur selten diskutiert. Der Vergleich eines bewusst beschädigten oder schon als Fragment errichteten Bauwerkes mit einem durch die Fotokamera erzeugten Bild scheint die offenkundigen Unterschiede zwischen den Medien Fotografie und Architektur allzu sehr zu ignorieren. Vergleiche dieser Art müssen daher zunächst mutwillig wirken. Doch es gibt wohl kaum eine Idee, die deutlicher hervortreten lässt, dass Fotografien nicht lediglich Abbildungen von etwas darstellen und die Kamera nicht nur Dokumente von Ereignissen, Personen oder Monumenten produziert. Lichtbilder sind vielmehr auch in der Art, wie sie etwas zur Darstellung bringen, festhalten und visualisieren, selbst als Monumente in eigener Sache anzusehen und darin Gegenstand einer Fotogeschichte mit den ihr eigenen Phänomenen, Energien und Ideen.

Die Überlegungen von Susan Sontag, Fotografien seien das moderne Gegenstück zu dem älteren architekturgeschichtlichen Genre der künstlichen Ruine, sind ein eigenwilliger Hinweis auf diese Selbständigkeit der Fotogeschichte und des Fotografischen. *Der Fotograf ist wohl oder übel damit befaßt, die Realität zu antiquieren*, heißt es in dem sehr bekannten Essay »On Photography« von Susan Sontag 1977 über diese Objekte der Melancholie. *Jedes Foto*, lautet es an dieser Stelle weiter, *wird sofort zur Antiquität*. Und weiter über die Macht dieser Bilder, etwas durch fotografische Fixierung endlich und vergänglich erscheinen zu lassen: *Das Foto ist ein modernes Gegenstück zu einem typisch romantischen Genre der Baukunst: der künstlichen Ruine, die den historischen Charakter der Landschaft unterstreichen und der Natur Suggestionskraft verleihen soll – die Suggestion der Vergangenheit.*[1]

Dieser gewagte Vergleich reicht sogar noch über die nur metaphorische Entsprechung von Fotografie und Ruine hinaus. Dass Lichtbilder wie alle anderen materiellen Güter auch dem Zahn der Zeit verfallen und durch chemische Prozesse, nachlässige Behandlung oder unsachgemäße Lagerung ruiniert werden können, ließ Sontag eine durchaus prägnante Ästhetik des Fotografischen unter Einbeziehung von Beschädigungen formulieren. *Wenn Fotografien Beulen bekommen, fleckig werden, zerknittert oder verblasst sind, läßt ihre Wirkung auf uns nicht nach – sie wird dadurch oft sogar erhöht.* Und schließlich: *In dieser Hinsicht wie auch in manch anderer ist die Kunst des Fotografierens mit der Baukunst verwandt, deren Werke im Laufe der Zeit ebenso unweigerlich eine Aufwertung erfahren: Viele Bauwerke, nicht nur der Parthenon, wirken möglicherweise als Ruinen reizvoller.*[2]

1 Susan Sontag, Über Fotografie (1977), München 1989, S. 78.
2 Ebenda, S. 78.

Abb. 1: *Bildindex der Kunst und Architektur/Bildarchiv Foto Marburg, Screenshot, 2011.*

Zeitlose Klarheit

Zeitgenössische Fotografien des von Peter Behrens errichteten Krematoriums in Hagen sind noch in diesem weiteren bildgeschichtlichen Sinne besonders interessante Objekte, weil sie den kanonisch gewordenen Bemerkungen, wie denen Susan Sontags über Sinn und Sinnlichkeit des Fotografischen, in allem widersprechen und doch eine ähnlich komplexe, wenn auch gänzlich anders gerichtete, unmittelbare Verbindung von Fotografie und Baukunst, Architektur und Lichtbild vermitteln (Abb. 1). Schon der erste Blick auf diese 1907 entstandenen Aufnahmen lässt Zweifel daran aufkommen, ob Bilder dieser Art durch partielle Zerstörungen und optische Beeinträchtigungen wie Beulen oder Knicke tatsächlich an Attraktivität gewinnen würden, wie es Susan Sontag suggeriert hatte. Diese vor über hundert Jahren im Auftrag von Karl Ernst Osthaus, dem ideellen Bauherren des Hagener Krematoriums, entstandenen und heute zur Sammlung des Bildarchivs Foto Marburg gehörigen Fotografien strahlen stattdessen eine Kühle und Klarheit aus, die jeden Gedanken an die Reize oder überhaupt die Möglichkeit der Fragmentierung und Ruinierung unterbindet.

Vor allem jene Aufnahme, die das Hagener Bauwerk in größerem Abstand zeigt und dadurch auch einen Eindruck von seiner Wirkung in der Landschaft vermittelt, besticht durch ihre Kargheit (Tafel A). Schon der Bildaufbau ist von einer Strenge, die der Ansicht etwas Unnahbares, Absolutes und Vollendetes verleiht. Der Fotograf dieser Aufnahme, Dr. Franz Stoedtner vom Berliner »Institut für wissenschaftliche Projektion« oder einer seiner Mitarbeiter, bewegte sich seinerzeit mit großer Sorgfalt über das recht unwegsame Gelände, um das Kamerastativ vorteilhaft und für genau diese Aufnahme platzieren zu können. Über den wie ein Acker aufgewühl-

Abb. 2: *Peter Behrens, Hagen, Krematorium, Aufnahme um 1907.*

ten Boden der Böschung hinweg ist das Gebäude erhöht und aus leichter Untersicht zu sehen. Aus dieser Perspektive war auch ein kunstvolles bildkompositorisches Spiel mit dem bewegten Höhenzug des Waldes im Hintergrund oder dem schwungvollen Bogen der gemauerten Rampe vor dem Krematorium zu erzielen. Das Bauwerk ist bewusst in den Schnittpunkt dieser Bögen und Horizontlinien gerückt und dadurch energisch zur Hauptsache des Bildes einer Landschaft gemacht worden; diese scheint von dem Krematorium dominiert zu werden.

Verfolgt man diese bildästhetischen Spuren weiter und fragt nach den Formen und Mitteln, die das Hagener Krematorium in den Fotografien von 1907 Walhalla-artig inszenieren, wird man rasch auf einen Aspekt aufmerksam, der zumindest Näheres über den Zeitpunkt dieser Aufnahmen erhellt. Vermutlich entstanden die Bilder bald nach dem vorläufigen Abschluss der Außenarbeiten an dem Gebäude; der Fototermin ist kurz nach Abbruch der Gerüste und der Säuberung der Baustelle angesetzt worden, und es sollte eine beinahe jungfräuliche, noch vor der Einweihung des Komplexes entstandene Fotografie erzielt werden – das Gelände ist vollkommen frei von überflüssigen und den Gesamteindruck beeinträchtigenden Einzelheiten. Bis auf kaum merkliche Details wie einen Lattenzaun, der provisorisch gegen die Wange der Haupttreppe gelehnt ist, oder vereinzelt liegen gebliebene Mauerstücke und Bausteine im Schatten der Böschungsmauer oder auf den Rampen lässt nichts auf Bautätigkeiten an diesem Ort schließen. Durch das Fehlen jeglichen zufälligen Beiwerkes, das sich so gerne in Fotografien hinein drängt, bleibt für den Betrachter dieses Bildes sogar offen, ob das Bauwerk überhaupt in der Nähe einer bewohnten Gegend steht. Voll und ganz konzentriert auf das Gebäude, vermittelt die Fotografie in ihrer Strenge und Reinheit auch einen Eindruck von Zeitlosigkeit, den nicht zuletzt Lebewesen nur stören würden. Auch oder vor allem Menschen sind davon abgehalten worden, sich mit ins Bild zu bringen und dadurch die Klarheit dieser Abbildung zu beeinträchtigen.

Die ästhetische Eigenständigkeit der erhabenen Reduziertheit dieser einen Fotografie wird nicht zuletzt im Vergleich mit einer anderen, etwa zeitgleich entstandenen, aber sehr viel stimmungsvolleren Aufnahme des Krematoriums (Abb. 2) ersichtlich. In dieser Darstellung ist dem Bauwerk durch nachträgliche Retuschen eine Art Aura oder Glorie verliehen worden. Der am Krematorium vorbeiführende Weg erscheint dadurch überhöht als Lebensweg, der auf den Treppenstufen sein Ende findet und sich in dem gleißenden Lichtschein wie in einer Himmelspforte verliert. Symbolistische Inszenierungen wie diese sind mit Arnold Böcklins sehr wirkungsmächtigem Gemälde »Die Toteninsel« (mehrere Varianten, 1880–1886) verwandt, in dem der Tod ebenfalls als Endpunkt und Höhepunkt des Lebensweges imaginiert wurde. Es ist denkbar – und weiteren Recherchen vorbehalten – dass diese für die sogenannte »Künstlerische Fotografie« um 1900 typische Ästhetik die zeitgenössischen Vorstellungen von Pietät eher traf und daher das öffentliche Erscheinungsbild des Hagener Krematoriums in den Medien letztlich stärker bestimmte als die strenge Klarheit der Stoedtner-Aufnahme von 1907.[3]

Leitbilder

Um als Leitbilder einer bestimmten Idee von Fotografie und auch Architektur gelten zu können, müssten die eigentümlichen Aufnahmen des Hagener Krematoriums zweifellos über sich hinausweisen und auch für andere Gattungen der Architektur exemplarischen Charakter beanspruchen können. In ihrer erhabenen Strenge ist die von Franz Stoedtner 1907 geschaffene Fotografie ebenso wie das Bauwerk von Peter Behrens selbst gewiss unvereinbar mit jener Schönheit der Vergänglichkeit, die Susan Sontag zufolge durch die Fotografie produziert wird und die auch die Architektur verbessert, wenn diese verfällt. Aber ist die eindringliche, reduzierte Klarheit dieser Bilder nicht lediglich Teil jener Pietät, die sich für die Dokumentation eines Totenhauses immer schon gehört? Repräsentiert die Kargheit und pathetische Kälte der zeitgenössischen Aufnahmen des Krematoriums in Hagen nicht vor allem ein ästhetisches Dekorum, das überflüssige Details für Fotografien solcher Andachtsorte einfach als zu spielerisch verbietet? In ihrer Reduktion und Konzentriertheit entsprechen die Bilder der Würde dieses Ortes. Es regt zu Nachfragen an, ob die Wiederkehr dieses für Dokumentationen von Kultbauten durchaus angemessenen Designs der strengen Reduziertheit und würdigen Beschränkung auch in Abbildungen von Gebäuden jenseits der Pietät und ohne höhere rituelle oder zeremonielle Funktionen zum Tragen kommt. Als Beispiele einer Architekturfotografie, deren asketische Feierlichkeit grundsätzlich zur Visualisierung eines Krematoriums passte, gleichzeitig aber auch auf alle anderen Baugattungen und Genres übertragbar war, sind die frühen Fotografien des in Hagen errichteten Bauwerkes weiterführende Denkbilder der Foto- und Architekturgeschichte.

Kaum eine Quelle ist für diese Fragen repräsentativer Architekturdokumentation ergiebiger als die Materialien zur Ausstellung »Moderne Baukunst«, die Karl Ernst Osthaus von 1911 bis 1913 als groß angelegte Wanderschau durch Europa und die USA geschickt hatte. Dass im Vorwort des Mäzens und Kulturreformers zum Katalog dieser Ausstellung neben ausführlichen

3 Freundlicher Hinweis von Eva Rapp-Frick in der Diskussion dieses Vortrags während der Tagung vom 1.–2. Juli 2011 in Hagen.

Abb. 3: *Henry van de Velde, Hagen, Hohenhof (1906–1908), Fotografie: Dr. Franz Stoedtner, um 1910.*

Erläuterungen des kuratorischen Konzepts und architekturpolitischer Aspekte Bemerkungen zu den Fotografien mit keinem Wort zu finden sind, ist rückblickend besonders überraschend. Das Fehlen fototheoretischer Betrachtungen in diesem Text oder in gesonderter monographischer Form täuscht leicht darüber hinweg, mit welchem Engagement Osthaus um die Fotografie als das geeignetste Mittel zur Popularisierung avantgardistischer Architektur bemüht war. So kann die Ausstellung »Moderne Baukunst« als ein Hauptwerk jener Institution angesehen werden, die Osthaus erst kurz vor Beginn der Vorbereitungen zu dieser herausragenden Fotopräsentation 1910 eingerichtet hatte – der von ihm so genannten »Photographien- und Diapositivzentrale« des seinerseits ebenfalls erst 1909 ins Leben gerufenen »Deutschen Museums für Kunst in Handel und Gewerbe« in Hagen.

Welche monumentale Aufgabe der »Photographien- und Diapositivzentrale« im Rahmen der weitreichenden kunst- und kulturpolitischen Projekte von Karl Ernst Osthaus zukam, erhellt nicht zuletzt die Dichte, mit der die Gründungen dieser Institutionen ergänzend aufeinander folgten oder sich sogar parallel zueinander vollzogen. Bilder, so lässt sich die von Osthaus gesuchte enge Verbindung von Museum und Bildarchiv interpretieren, leisten mehr als nur die Dokumentation eines neuartigen und revolutionären Bauwerkes, sondern vermögen dessen Ideen und Ästhetik durch technische Reproduzierbarkeit und mediale Vernetzung in Form von Fotografien in Zeitschriften, Publikationen oder Ausstellungen auch durchzusetzen. Bildpolitische Steuerungen dieser Art müssen einen ganz entscheidenden Anteil an der Kanonisierung moderner Kunst um 1900 genommen haben. Diesbezügliche Fragen werden als Grundlagen zur umfassenderen Erforschung des Verhältnisses von Kunst, Kunstwissenschaft, Mediengeschichte und Kanonbildung am Bildarchiv Foto Marburg derzeit bearbeitet. Indiz für die in Hagen organisierte Etablierung der Moderne durch geeignete und gezielt platzierte Fotoreproduktionen ist auch, dass sich die moderne Baukunst sozusagen gleichzeitig oder sogar in Wechselwirkung mit jenen von Osthaus gegründeten Instituten entfaltete. Das enge produktive Wechselspiel von Fotografie und Architekturgeschichte, Bauideen und technischem Bild wird deutlich, wenn man sich mit Blick auf die von Osthaus angestrebte Parallele von künstlerischer Genesis und Historisierung die ebenso schlichten wie weitreichenden Worte eines der Leiter

Abb. 4: *August Endell, Berlin, Trabrennbahn Mariendorf (1911/12), Fotografie: Dr. Franz Stoedtner, 1912.*

der Hagener Bildstelle von 1912 in Erinnerung ruft: *Die Lichtbilder- und Photographiezentrale*, heißt es in dem zeitgenössischen Bericht von Fritz Meyer-Schönbrunn, *ist damit beschäftigt, die wichtigsten modernen Gebäude und Gewerbeerzeugnisse des In- und Auslandes unter Leitung der Beamten des Museums aufzunehmen.*[4] Anders als die zum Beispiel vom Germanischen Nationalmuseum in Nürnberg retrospektiv zusammengetragenen historischen Objekte mussten die in Hagen zu sammelnden Bauten und Bilder also auch erst einmal geschaffen werden. Es ist kaum vorstellbar, dass die mediale Präsenz von Gegenwartskunst in Form bestimmter Fotografien auf diesen Prozess der Entwicklung der Moderne ohne Einfluss geblieben sein soll.

Die im Auftrag der Hagener »Photographien- und Diapositivzentrale« produzierten und archivierten Bilder wie die 1907 entstandenen und in diese Sammlung später überführten Aufnahmen des Krematoriums von Peter Behrens zielen auf einen über die kunsthistorische Archivierung weit hinaus weisenden Anspruch des Museums für Kunst in Handel und Gewerbe: Es ging darum, moderne Architektur unmittelbar in ihrer Entstehung auch zu lenken. Dafür geeignete Bildstrategien werden exemplarisch in den vergleichsweise frühen Fotografien des Krematoriums sichtbar und können von hier aus auch auf die Darstellung von Bauwerken gänzlich anderer Art im Hagener Bildarchiv abgestrahlt haben. Das Krematorium und alle anderen im Stil dieser »Vorlagen« dokumentierten Gebäude waren dem Betrachter in möglichst idealer, das heißt durch störendes Beiwerk unbeeinträchtigter Monumentalität als modern und zeitgemäß modellhaft vor Augen zu führen. Schon die Häufigkeit von Reproduktionen des Krematoriums in der Aus-

4 Sabine Röder, Propaganda für ein neues Bauen. Die »Photographie- und Diapositivzentrale« des Deutschen Museums für Kunst in Handel und Gewerbe, in: Moderne Baukunst 1900–1914. Die Photosammlung des Deutschen Museums für Kunst in Handel und Gewerbe, Ausstellungskatalog Krefeld/Hagen 1993, S. 8–17, hier S. 12.

stellung »Modernes Bauen« – sie wurde in enger Zusammenarbeit des Osthaus Museums Hagen mit dem Bildarchiv Foto Marburg in Person von Sabine Röder und Brigitte Walbe 1993 aufwendig rekonstruiert – legt eine besondere Beachtung und exemplarische Wirksamkeit auch der Fotografien des Krematoriums im Rahmen der Kulturarbeit der Institutionen in Hagen nahe.

Abb. 5: *28 Days Later (Regie: Danny Boyle, 2002), Standfoto (Foto: Archiv).*

Nicht in einer oder zwei, wie in den überwiegenden Fällen der Exponate, sondern in stattlichen vier Aufnahmen ist das Krematorium von Peter Behrens in der Ausstellung »Modernes Bauen« markant vertreten gewesen. Außen- und Innenansichten geben einen umfassenden Eindruck dieses Bauwerkes, das von Karl Ernst Osthaus in einer viel zitierten kritischen Bilanz des »Hagener Baujahres 1907« als *eines der wichtigsten Monumente unserer Zeit überhaupt* bezeichnet[5] und entsprechend in der Schau präsentiert wurde. Nur die Chemische Fabrik von Hans Poelzig in Posen und der von Henry van de Velde errichtete »Hohenhof«, der Wohnsitz der Familie Osthaus in Hagen, sind in »Modernes Bauen« häufiger abgebildet worden (Abb. 3). Als eine Art »Urgestein« des Hagener Bildarchivs bieten sich die Dokumentationen des Krematoriums von Peter Behrens daher zur Erklärung der Bildästhetik der »Photographien- und Diapositivzentrale« von Karl Ernst Osthaus an – und lassen gerade dadurch Fragen offen.

Immer wieder erschreckt die Nähe der im Karl Ernst Osthaus-Archiv zu findenden Bilder von Sportplätzen, Arbeitersiedlungen, Fabriken oder Familienhäusern zu den Fotografien des Hagener Krematoriums von 1907 und zu der Art, wie in diesen pietätvollen Bildern Monumentalität erzeugt worden ist. Der Bildvergleich müsste sich schon seinerzeit in der Ausstellung »Modernes Bauen«, die alle diese Dokumentationen unterschiedlicher Bauaufgaben gemeinsam präsentierte, aufgedrängt haben. War das völlige Fehlen von Details, die auf Geselligkeit schließen lassen, in den Fotografien des Kultgebäudes von Peter Behrens noch erklärbar, wirkt diese Leere und sonntägliche Ruhe in Bildern von Produktionsstätten wie den berühmten, von Walter Gropius 1911–1914 errichteten Fagus-Werken eher befremdlich. Auch Villen wie das 1907/08 errichtete Haus Freudenberg von Hermann Muthesius und das ebenfalls 1908 fertiggestellte Haus Heinrich Eduard Osthaus von Fritz Schumacher oder die 1911/12 von August Endell erbaute Trabrennbahn in Berlin-Mariendorf erscheinen in den Fotografien wie Museumsstücke, die nicht berührt werden dürfen, weil sie im Stil der Aufnahmen des Hagener Krematoriums festgehalten worden sind – in der Optik von Seuchenfolgen-Thrillern (Abb. 4, 5).

5 Karl Ernst Osthaus, Kritische Betrachtungen über das Hagener Baujahr 1907 (1908), in: Rainer Stamm (Hg.), Karl Ernst Osthaus. Reden und Schriften. Folkwang – Werkbund – Arbeitsrat, Köln 2002, S. 116–123, hier S. 117.

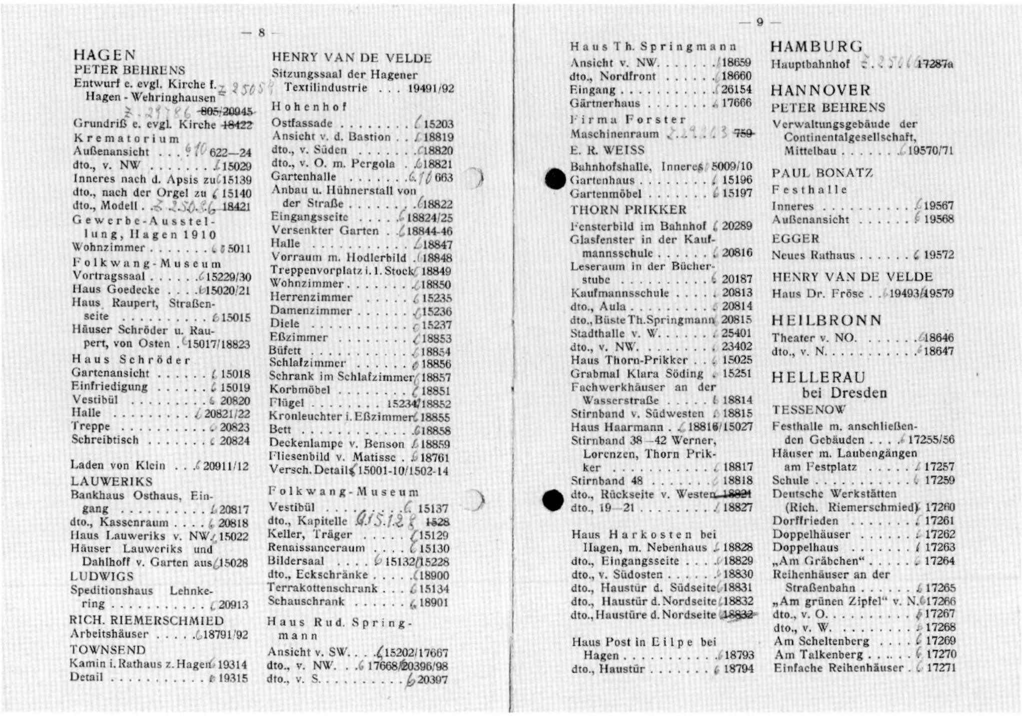

— 8 —

HAGEN
PETER BEHRENS
Entwurf e. evgl. Kirche f. Hagen - Wehringhausen 805/20945
Grundriß e. evgl. Kirche 18422
Krematorium
Außenansicht . . . 622—24
dto., v. NW 15029
Inneres nach d. Apsis zu 15139
dto., nach der Orgel zu 15140
dto., Modell . . 18421
Gewerbe-Ausstellung, Hagen 1910
Wohnzimmer 5011
Folkwang-Museum
Vortragssaal 15229/30
Haus Goedecke 15020/21
Haus Raupert, Straßenseite 15015
Häuser Schröder u. Raupert, von Osten . 15017/18823
Haus Schröder
Gartenansicht 15018
Einfriedigung 15019
Vestibül 20820
Halle 20821/22
Treppe 20823
Schreibtisch 20824

Laden von Klein . . . 20911/12
LAUWERIKS
Bankhaus Osthaus, Eingang 20817
dto., Kassenraum 20818
Haus Lauweriks v. NW. 15022
Häuser Lauweriks und Dahlhoff v. Garten aus 15028
LUDWIGS
Speditionshaus Lehnkering 20913
RICH. RIEMERSCHMIED
Arbeitshäuser 18791/92
TOWNSEND
Kamin i. Rathaus z. Hagen 19314
Detail 19315

HENRY VAN DE VELDE
Sitzungssaal der Hagener Textilindustrie . . . 19491/92
Hohenhof
Ostfassade 15203
Ansicht v. d. Bastion . . 18819
dto., v. Süden 18820
dto., v. O. m. Pergola . . 18821
Gartenhalle 663
Anbau u. Hühnerstall von der Straße 18822
Eingangsseite 18824/25
Versenkter Garten . . 18844-46
Halle 18847
Vorraum m. Hodlerbild . 18848
Treppenvorplatz i. 1. Stock 18849
Wohnzimmer 18850
Herrenzimmer 15235
Damenzimmer 15236
Diele 15237
Eßzimmer 18853
Büfett 18854
Schlafzimmer 18856
Schrank im Schlafzimmer 18857
Korbmöbel 18851
Flügel 15234/18852
Kronleuchter i. Eßzimmer 18855
Bett 18858
Deckenlampe v. Benson 18859
Fliesenbild v. Matisse . . 18761
Versch. Details 15001-10/1502-14

Folkwang-Museum
Vestibül 15137
dto., Kapitelle 1528
Keller, Träger 15129
Renaissanceraum 15130
Bildersaal 15132/15228
dto., Eckschränke 18900
Terrakottenschrank . . . 15134
Schauschrank 18901

Haus Rud. Springmann
Ansicht v. SW. . . . 15202/17667
dto., v. NW. . . 17668/20396/98
dto., v. S. 20397

— 9 —

Haus Th. Springmann
Ansicht v. NW. 18659
dto., Nordfront 18660
Eingang 26154
Gärtnerhaus 17666
Firma Forster
Maschinenraum 759
E. R. WEISS
Bahnhofshalle, Inneres 5009/10
Gartenhaus 15196
Gartenmöbel 15197
THORN PRIKKER
Fensterbild im Bahnhof 20289
Glasfenster in der Kaufmannsschule 20816
Leseraum in der Bücherstube 20187
Kaufmannsschule 20813
dto., Aula 20814
dto., Büste Th. Springmann 20815
Stadthalle v. W. 25401
dto., v. NW. 23402
Haus Thorn-Prikker . . . 15025
Grabmal Klara Söding . 15251
Fachwerkhäuser an der Wasserstraße 18814
Stirnband v. Südwesten 18815
Haus Haarmann . . 18816/15027
Stirnband 38—42 Werner, Lorenzen, Thorn Prikker 18817
Stirnband 48 18818
dto., Rückseite v. Westen 18821
dto., 19—21 18827

Haus Harkosten bei Hagen, m. Nebenhaus 18828
dto., Eingangsseite 18829
dto., v. Südosten 18830
dto., Haustür d. Südseite 18831
dto., Haustür d. Nordseite 18832
dto., Haustüre d. Nordseite 18832

Haus Post in Eilpe bei Hagen 18793
dto., Haustür 18794

HAMBURG
Hauptbahnhof 17287a

HANNOVER
PETER BEHRENS
Verwaltungsgebäude der Continentalgesellschaft, Mittelbau 19570/71

PAUL BONATZ
Festhalle
Inneres 19567
Außenansicht 19568
EGGER
Neues Rathaus 19572

HENRY VAN DE VELDE
Haus Dr. Fröse . . 19493/19579

HEILBRONN
Theater v. NO. 18646
dto., v. N. 18647

HELLERAU bei Dresden
TESSENOW
Festhalle m. anschließenden Gebäuden 17255/56
Häuser m. Laubengängen am Festplatz 17257
Schule 17259
Deutsche Werkstätten (Rich. Riemerschmied) 17260
Dorffrieden 17261
Doppelhäuser 17262
Doppelhaus 17263
„Am Gräbchen" 17264
Reihenhäuser an der Straßenbahn 17265
„Am grünen Zipfel" v. N. 17266
dto., v. O. 17267
dto., v. W. 17268
Am Scheltenberg 17269
Am Talkenberg 17270
Einfache Reihenhäuser . . 17271

Abb. 6: *Bildkatalog, Verlag Gustav Müller, 1929.*

Monumentale Objektivität

Zu stark wirkt die in den Fotografien des Hagener Krematoriums präfigurierte asketische Kargheit als Monumentalisierung auch in den Bildern eigentlich stark belebter, funktionaler Gebäude wie Fabriken oder Stadtpalais nach, als dass diese Art der Fotografie ausschließlich als Mittel zum Zweck zu verstehen wäre. Über den naheliegenden Aspekt hinaus, Bauwerke als Studienobjekte zeigen zu wollen und daher aus didaktischen Gründen auf nur ablenkende und daher überflüssige Details zu verzichten, liegt in dieser Form auch ein Selbstzweck. Die Annäherungen an die auch ideologischen Implikationen dieses fotografischen Stils sind wissenschaftsgeschichtlich so lohnend, weil seine Spuren von Hagen ausgehend immer wieder auch in solchen Bildsammlungen zu finden ist, die sich nicht explizit einem so »propagandistischen« Anliegen wie die »Photographien- und Diapositivzentrale« von Karl Ernst Osthaus verschrieben hatten und dennoch mehr oder weniger reflektiert einer ähnlichen Ästhetik folgten. Es kann nicht mehr als ein Gedankenexperiment sein, auch für diese Stil-Linien der kunstwissenschaftlichen Dokumentation im 20. Jahrhundert die frühen Fotografien des Hagener Krematoriums von Franz Stoedtner als eine Art genetischen Code anzunehmen. Jedenfalls tauchen diese Aufnahmen in Archiven in Berlin, München und Marburg immer wieder auf und könnten sich als roter Faden anbieten, die Entwicklung repräsentativer Architekturdokumentationen und deren Begründungen durch die letzten hundert Jahre hindurch nachzuvollziehen.

So gelangten bedeutende kunsthistorische Teilbestände des Karl Ernst Osthaus-Archivs nach dem Tode seines Namensgebers, dem Ende der Arbeit der Hagener Bildstelle und dem Konkurs des Folkwang-Verlages 1923 in den Besitz des Münchener Gustav-Müller-Verlags, zwischenzeitlich auch des Verlages Benno Filser, und prägten das visuelle Erscheinungsbild der Publikationen dieser Häuser (Abb. 6). Parallel dazu waren die Bilder des Hagener Krematoriums aber auch über die Kataloge des einflussreichen Berliner »Instituts für wissenschaftliche Projektion« zu beziehen. Dessen Gründer war Franz Stoedtner, der vertraglich zur Nutzung der von ihm für Karl Ernst Osthaus angefertigten Fotografien berechtigt war (Abb. 7 und 8). Die Teilbestände aus München und Berlin wurden 1933 beziehungsweise 1977 durch Ankäufe im Bildarchiv Foto Marburg vereint und haben in dieser Gründung von Richard Hamann, der schon sehr früh von den Vorleistungen Franz Stoedtners und Karl Ernst Osthaus' ideell profitierte, weitergewirkt (Abb. 9 und 10). Die erhabene Sachlichkeit und Strenge in den Dokumentationen des Krematoriums in Hagen ist in mehreren kunsthistorischen Bildarchiven des 20. Jahrhunderts ästhetisch richtungsweisend wirksam geworden – auch oder gerade in wissenschaftlichen Institutionen, die sich gegen Ästhetisierungen wandten und sich von der Fotografie ein möglichst nüchternes, das heißt objektives Bild versprachen und um dieses »reinen« Bildes willen beeinträchtigendes Beiwerk wie Autos und vor allem Einwohner aus ihren Architekturaufnahmen fernzuhalten bemüht waren (Abb. 11).[6]

Abb. 7: *Bildkatalog, Verlag Dr. Franz Stoedtner, 1914.*

6 Vor allem der bedeutende Architekturhistoriker Heinrich Klotz (1935–1999) hat sich wieder und wieder gegen eine solche monumentalisierende, das Bauobjekt aus seinem Kontext isolierende repräsentative Architekturdokumentation gewandt; vgl. dazu Jörg Probst, In bunt und schräg. Heinrich Klotz als Autorenfotograf, in: Julia Brandes (Hg.), Die Macht der Architektur. Der Kunst-

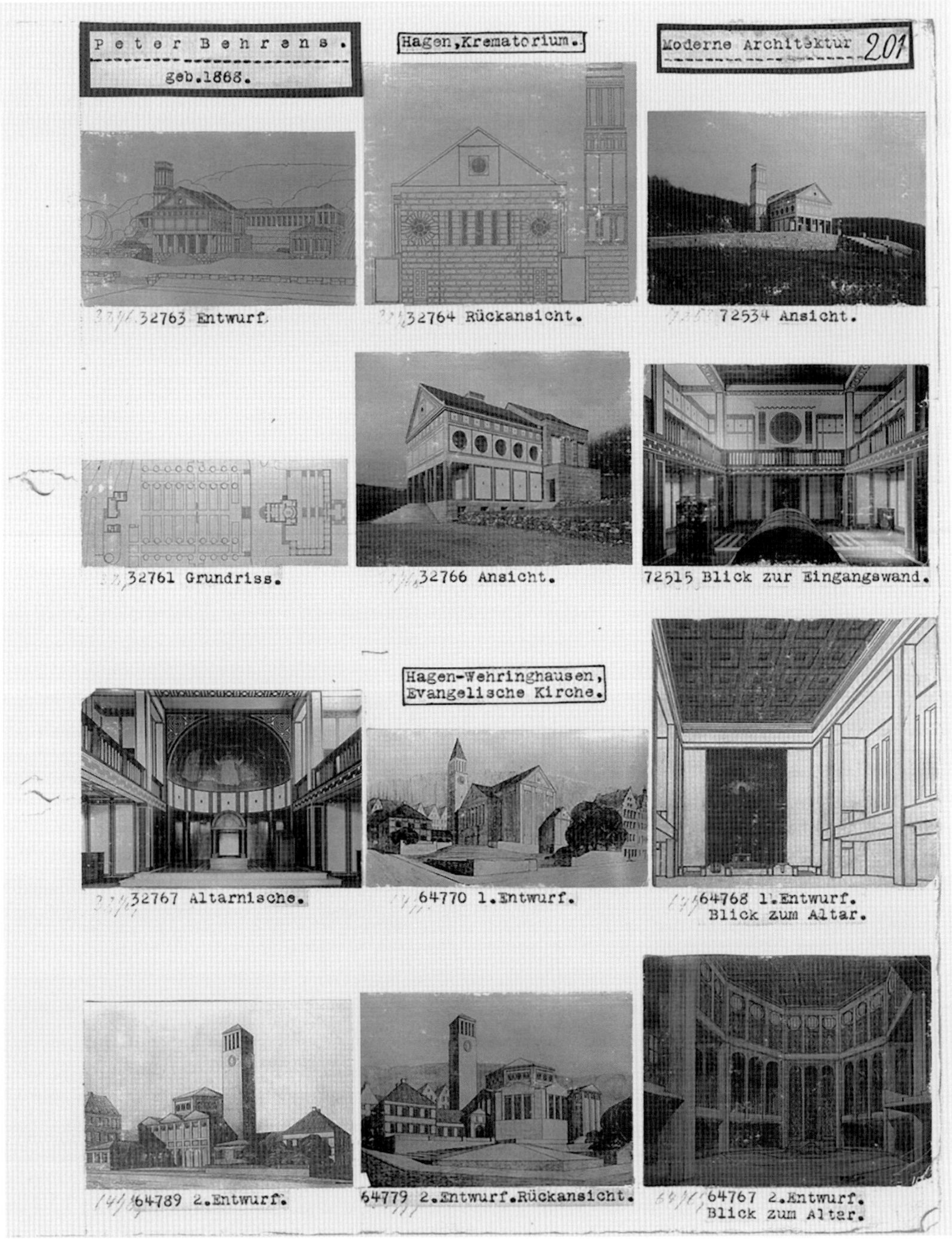

Abb. 8: *Bildkatalog (Klebeband), Verlag Dr. Franz Stoedtner.*

Abb. 9: *Bildkatalog-Kontakte (Karl-Ernst-Osthaus-Archiv), Foto Marburg.*

K a t a l o g p l a t t e n — Blatt 30

Platte :	Nr. 3337 Stralsung II	25017, 25021, 25022, 25023, 25019, 25020, 25024, 25025, 25026, 25027, 25029, 25028, 25030, 25031, 25036, 25032, 25034, 25033, 25035, 25037, 25038, 25039, 25048, 25049,
Platte :	Nr. 3338 Stralsung III	25040, 25044, 25042, 25043, 25041, 25045, 25047, 25050, 25046, 25051, 25052, 25053, 25054, 25055, 25056, 25057, 25059, 25058, 25060, 25061, 25062, 25063,
Platte :	Nr. 3339 Chorin, Prenzlau, Neubrandenburg	25064, 25065, 25067, 25066, 25068, 25069, 25070, 25071, 25072, 25073, 25074, 25075, 25071a, 25076, 25077, 25080, 25078, 25079, 25081, 25083, 25082, 25084, 25085, 25086,
Platte :	Nr: 3340 Bielefeld - Dortmund	20207, 20206, 20210, 20209, 20208, 20211, 20212, 20214, 20213, 20215, 20188, 20254, 20256, 20255, 20258, 20257, 20262, 20263, 20264, 20265, 20259, 20260, 20261,
Platte :	Nr. 3341 Billerbeck - Schwelm	25398, 25400, 25399, 25376, 23781, 23779, 25377, 23776, 25378, 23777, 23780, 23775, 25384, 25385, 25383, 25386, 25391, 25387, 25389, 25388, 25390, 18839, 18838, 25397,
Platte :	Nr. 3342 Hagen I	18814, 15205, 18828, 18830, 18829, 18831, 18833, 18793, 18832, 18794, 18813, 5009, 5010, 623, 15029, 623, 15139, 15140, 17668, 17667, 20397, 17666,
Platte :	Nr. 3343 Hagen II	15194, 15195, 20289, 20816m 20829, 17285, 15249, 15250, 5001, 625, 5002, 5000, 15224, 15223, 15163, 15162, 794, 792, 793,
Platte :	Nr. 3344 Hagen III	15017, 15015, 15016, 18823, 15020, 15021, 15018, 20824, 15019, 20820, 20821, 20822, 20823, 796, 15206, 18826, 15026, 18827, 18816, 15207, 18815,
Platte :	Nr. 3345 Hagen IV	18818, 15027, 18817, 15025, 20913, 759, 20912, 20817, 20818, 20911, 6845, 20187, 20819, 18792, 18791, 19491, 5011, 20945, 805, 621,
Platte :	Nr. 3346 Herford - Schwelm	20190m, 20189, 20191, 20192, 20193, 20194, 20195, 20196, 20197, 20198, 20201, 20200, 20199, 20202, 20203, 20204, 20205, 25103, 25102, 25104, 18836, 18834, 18835, 18837,
Platte :	Nr. 3347 Minden	20218, 20216, 20228, 20219, 20217, 20227, 20224, 20221, 20222, 20220, 20223, 20226, 20239, 20225, 20235, 20236, 20237, 20232, 20240, 20241, 20244, 20243, 20238,
Platte :	Nr. 3348 Minden - Münster	20234, 20242, 20231, 20229, 20230, 20233, 20245, 20246, 20252, 20250, 20249, 20247, 20248, 20251, 20253, 19992, 19995, 19997, 19993, 19996, 19994, 20001, 20000,

Abb. 10: *Bildkatalog (Karl-Ernst-Osthaus-Archiv), Foto Marburg.*

Bildwelten

Abb. 10: *Kontakt-Abzug, Foto Marburg.*

Die neuesten Aufnahmen des von Peter Behrens in Hagen errichteten Krematoriums aus dem Jahr 2011 (siehe Tafelteil) scheinen die 1907 mit den Aufnahmen von Franz Stoedtner begonnene Linie fortzusetzen. Die Fotografen Christian Stein und Thomas Scheidt vom Bildarchiv Foto Marburg folgten darin den Richtlinien einer auf Stimmungshaftigkeit oder erzählerische Effekte verzichtenden, nüchtern reduzierten, »wissenschaftlichen Fotografie«, die wenig später als die Hagener Bilder Franz Stoedtners durch Richard Hamann vertreten wurden und die über alle politischen, ästhetischen und technologischen Umbrüche der letzten hundert Jahre hinweg bis heute in Marburg bewahrt werden. Die Bilder dieser Kampagne sind gleichwohl keine bloßen Reproduktionen der Tradition, sondern befragen diese auch. Als Hinterfragungen mittels der Kamera resultieren diese Fotografien aus dem neuen Selbstverständnis des Hauses, nicht länger ausschließlich Serviceeinrichtung, sondern nunmehr auch Forschungsinstitution zu sein. Diese Erweiterung macht Kooperationen zwischen Wissenschaftlern und Fotowerkstatt, Theorie und Praxis möglich. Sie führten im Fall der erneuerten Fotografien des Krematoriums in Hagen zu Denkbildern über die Denkbilder von 1907 und die damit verbundenen Grundlagen des Bildarchivs.

Scheidt und Stein suchten unter anderem jene Blickwinkel und Perspektiven noch einmal auf, aus denen Stoedtner seinerzeit das Hagener Krematorium fotografiert hatte und die seitdem das Bild dieses Bauwerkes prägten. Die 1907 und 2011 aus ein und demselben Blickwinkel aufgenommenen Bilder des Krematoriums haben einen wissenschaftsgeschichtlich und ideengeschichtlich eindrucksvollen Bildvergleich möglich werden lassen. Das Experiment der beiden Fotografen führte vor Augen, dass die bis dahin einzigen bei Foto Marburg erhältlichen, Jahrzehnte alten Schwarz-Weiß-Aufnahmen des Gebäudes einen nach und nach völlig verzerrten, durch Veränderungen des Baus und seiner Umgebung immer weniger zutreffenden und zuletzt vollkommen virtuell gewordenen Eindruck geliefert hatten (Abb. 12). Keine der von Stoedtner fotografierten Ansichten war noch sinnvoll rekonstruierbar. Sie gehören buchstäblich zur Bildgeschichte des Hagener Komplexes. Die Wucherungen der Natur in der Umgebung

historiker Heinrich Klotz (1935–1999) als Fotograf und seine Diathek (Neue ideengeschichtliche Politikforschung – NiP, 2), Marburg 2011, S. 64–86.

des Bauwerkes haben das Krematorium schwer fotografierbar werden lassen und beinahe unsichtbar gemacht.

Mit diesem Ergebnis war der Versuch auch auf die Bildwelt zu beziehen, die der Bau von Peter Behrens als Gesamtkunstwerk selbst anzustreben scheint und die sich in der feierlich erhabenen Strenge der frühen Dokumentationen des Krematoriums noch bewahrt. Die spielerische fotografische Annäherung von Christian Stein und Thomas Scheidt an diese ästhetische Idee und das Ergebnis ihrer Unwiederholbarkeit variierte auch die Überlegung Susan Sontags, dass Fotografien wie Ruinen sind. Medienkritik und die Skepsis gegenüber jeglicher Form der Ästhetisierung ergänzen sich in diesem Punkt, weil es sich in dem einen wie dem anderen Fall um Fixierung als eine Art Entleibung handelt. Es bedarf nicht erst der Kamera, um die Realität zu antiquieren. Ruiniert wird die Welt schon dadurch, dass man sie als Bild begreift.

Abb. 12: *Rekonstruktionsversuch der Fotografie des Krematoriums in Hagen von Dr. Franz Stoedtner (vgl. Tafel A), Fotografie: Christian Stein, Thomas Scheidt (Foto Marburg), 2011.*

Bilddokumentation

Historische Aufnahmen

Tafel A

Tafel B

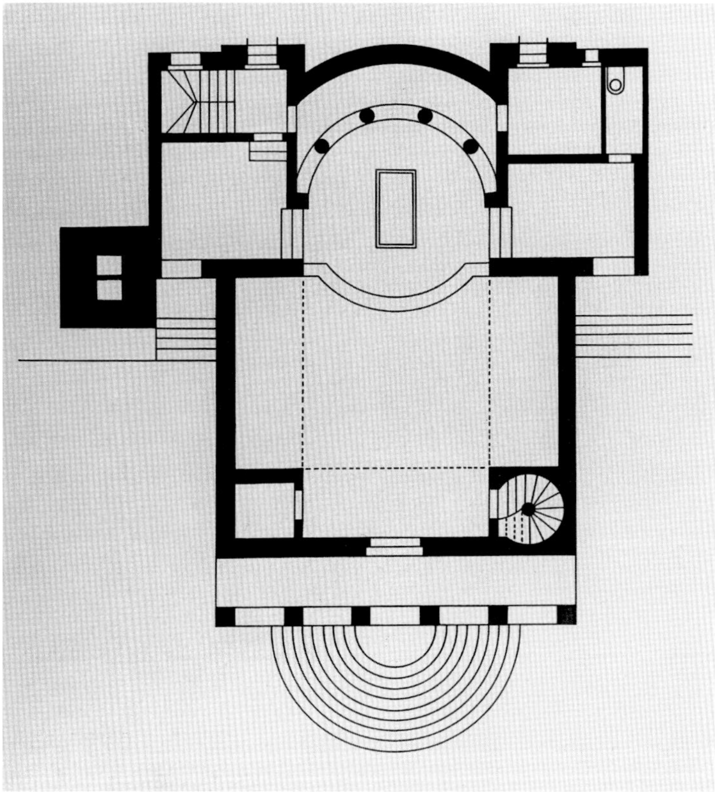

Tafel C

Tafel D

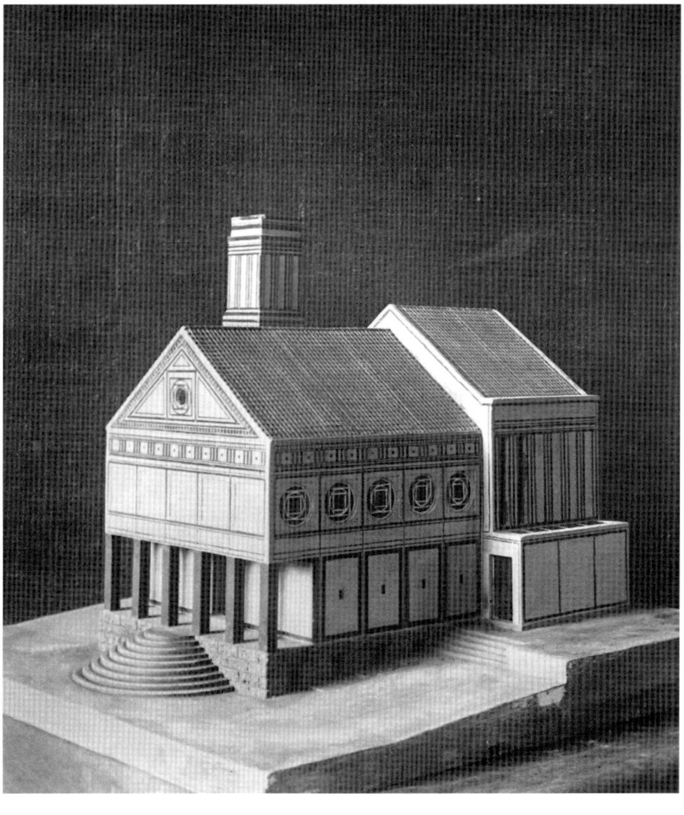

Tafel E

Tafel F

Tafel G

Tafel H

Max Creutz

Das Krematorium von Peter Behrens für Hagen in Westfalen

Ein dunkler Weg führt aus der düstern Stadt. Aus rußigen Essen zieht ein Schwaden über tote Äcker in entlaubte Wälder. Durch einen Hohlweg steigen wir empor zu dunklen Höhen, die in starrer Ruhe uns erwarten. Alles Kleinliche, Irdische schwindet. Die Natur in ihrer ewigen Größe nimmt uns auf. Dann stehen wir vor dem neuen Werke, das plötzlich vor uns auftaucht in dieser fremden seltsamen Landschaft, wie ihr letzter eigenster Ausdruck. Die Höhen heben es empor mit dunklen Armen. Wie Wellen ziehen sie heran und fliehen in ferne Weiten. Und aus fernen Weiten findet die Natur sich wieder in ihrer Ruhe, ihrer Größe und Unendlichkeit. Alles Irdisch-Greifbare ist in diesem Werke überwunden, alles Sinnliche und Erdenschwere. Wir stehen an der Schwelle des dunklen Reiches, wo alles Irdische zurückbleibt. Wie der Abglanz einer fremden Welt steigen die Marmorwände empor, auf schwarzen Pfeilern der Oberbau und Giebel, auf dunklen Marmorstreifen nach der Tiefe hin. Wie auf den bergischen Häusern heben die schwarzen Streifen sich vom weißen Grunde, und es ist, wie wenn sich der Tempel zu diesen Hütten gefunden in alter Zugehörigkeit. Selten wurde so der Sinn der Natur erfaßt in seiner Unendlichkeit. Die dunklen Streifen und Kreise reihen sich aneinander zu unendlichen Reihen, sie treiben und drängen sich in fortlaufender Kraft über den Rahmen hinaus in den Raum und die Weite. Es ist wie ein Fluten der Wellen, die unfaßbar dem Auge immer wieder schwinden im ungreifbaren Raumlosen.

Selten nur gibt es ein Bauwerk, das seiner Bestimmung so restlos entspricht, den letzten Übergang des Menschlichen so verkörpert wie das Hagener Krematorium von Peter Behrens. Selten wird ein Werk mit der Umgebung in dieser Einheit zusammenfließen. Peter Behrens ist der Künstler, der uns das Jenseitige, Glänzende am besten verkörpert, der uns vom Albernen, Kleinlichen, Menschlichen hinwegzieht. Behrens hat einen glänzenden Entwurf zu einer Kirche geschaffen, der leider nicht zur Ausführung kam. Seine Aufgabe wäre es, einen Tempel der Musik zu bauen. Jetzt wird er in Berlin einen Tempel der Arbeit für ein so weitschauendes Unternehmen, wie die Allgemeine Elektricitäts-Gesellschaft, errichten. Leider ist er damit dem Rhein und dem westlichen Industriebezirke, wo die eigentlichen Wurzeln seiner Kraft liegen, entrissen. Nur von Wenigen ist erkannt worden, was der Künstler für den Westen bedeutet hätte. Und vielleicht ist es für die Vielen nicht leicht, den Weg zu Peter Behrens zu finden. Man würde ihn finden, wenn man zum Hagener Krematorium hinaufwandert.

Was Peter Behrens vor allem auszeichnet, ist die Schöpfung eines unbegrenzten Raumempfindens. Die unendliche Musterung der Webekunst des frühen Mittelalters, die ornamentale Anschauung der Spätantike mit ihrem mustergleichen Grunde haben in der Flächenkunst etwas Verwandtes mit dieser Art, die Behrens jetzt mit letzter Konsequenz auf die Raumgestaltung übertragen hat. Er verbindet die Flächenkunst unendlicher Muster zu einer neuen Architektur. Er schafft in neuer Tektonik Organismen, die stets ein Teil eines großen Unendlichen sind. Man muß an die alten bestehenden Raumeindrücke der antiken Tempel, des Aachener Domes, der romanischen Kirchen, der gotischen Kathedralen, dann an das neue Raumempfinden der antikisierenden Renaissance, an die Gartenanlagen Frankreichs denken, um zu verstehen, was hier Neues erreicht ist. Es war nicht neu, einen Raum architektonisch derart zu umschließen und umzugliedern, daß man den Raum als durchgeistigte Luft empfand. Behrens geht über den abgeschlossenen Raum hinaus, er fügt ihn als einen Teil dem großen Unendlichen ein. Im Aufbau seiner Werke entsteht bis in alle Einzelheiten der aneinandergereihten Ornamente eine Anweisung auf die Unendlichkeit. Daher auch das Flächenartige seiner Kunst, die allem plastisch Schwerfälligen, für sich und nicht in Beziehung zum Räumlichen Existierenden abhold ist. Wie auf persischen Teppichen, wo wir einen Teil des Musters mit dem Auge erfassen und die Phantasie sich hineinspinnt in den Rhythmus der Blüten und Ranken, die in einer fremden Abstraktheit die Seele gefangen halten wie in einer neuen seltsam geheimnisvollen Welt, so folgen wir auch Behrens in die neue Welt seiner Tektonik und Ornamentik, die den Geist unwillkürlich fortzieht in den Raum und die Weite. Das Schwerfällige alles Körperlichen bleibt von seinen Werken zurück, und der Geist zieht in ein fernes Land. Im Krematorium ist durch die Bestimmung des Gebäudes das eigentliche Wesen seiner Kunst erschöpfend verdeutlicht. Wir stehen hier an der Schwelle des dunklen Reiches, wo alles Sinnliche, Irdische, Diesseitige schwindet. In ewiger Ruhe steigt die Apsis empor, von dunklen Säulen getragen, auf goldenem Grunde symbolische Gestalten in wunderbarer Farbenpracht, das Mosaik von E. R. Weiß. Hier wird der Blick gefangen. Hier findet alle Bewegung Erlösung und letzte Ruhe. Hier lebt in allem Unwirklichen Erfüllung und sinnenfrohe Farbigkeit. Und aus dem Goldgrunde lösen sich die Worte, die den Sinn verdeutlichen: *Alles Vergängliche ist nur ein Gleichnis.* «

Peter Behrens hat uns in seiner Kunst Sinn und Wesen unserer Zeit und ihre Forderung am klarsten verdeutlicht, und er scheint hier wesentlich im Zusammenhange mit seiner Kunst die neuen Beziehungen des modernen Menschen zur Welt und den Dingen seiner Umgebung zu charakterisieren. Durch die modernen Verkehrsmittel ist uns die Möglichkeit einer schnellen Fortbewegung der eignen Existenz gegeben. Wir bewegen uns auf modernen Fahrzeugen, die, fast wie ein Teil unserer selbst, ein modernes Zentaurentum geschaffen haben. Die alte Schwerfälligkeit und die Enge des Horizontes ist überwunden. Eine größere Intensität des Verkehrs und größere Forderungen der Erledigung bringen ein schnelleres Tempo in die Menschheit. Dieses Moment wirkt vorerst zwar noch unmerklich, jedoch allmählich mit unfehlbarer Sicherheit rein optisch auf unsere Anschauung ein. Für den Blick verwischt sich das Plastische der naheliegenden Erscheinung, und es entsteht eine mehr impressionistische Art der Erledigung, vor allem in künstlerischen Dingen. Die Fähigkeit der plastischen Wiedergabe verschwindet, womit überhaupt der allgemeine Tiefstand der plastischen Kunst und ihre malerische Zersetzung zusammenhängt. Das Auge sieht die Welt überlegen bildartig an – in eine Fläche gerückt. Damit aber sehen wir wieder die großen Zusammenhänge der Dinge. Das Einzelne verschwindet in der unendlichen Aneinanderreihung der Motive. Dieses Moment des modernen Lebens ist von Behrens erkannt worden. Er wurde aufmerksam auf die Beweglichkeit der Ornamentmotive, auf das Fluktuierende und Lebendige. Es ist nicht mehr das Ornament selbst in seiner Linienführung, das Plastische der antiken Akanthusornamentik, das die Entwicklung immer beherrschte, sondern die Reihung gleicher Motive und damit die Luft selbst, die vor der Fläche beweglich wird. Der Impressionismus ist durch Behrens auf die Ornamentik übertragen und damit ein fruchtbares Moment der Weiterentwicklung geschaffen. Das Grund-Mustermotiv kam in unserer Zeit zur Herrschaft. Der Grund wird mit dem Muster identisch und schafft so das eigenartig Fluktuierende, Bewegliche seiner Flächendekoration. Schon einmal in der spätantiken orientalischen Gewebeornamentik in dem Aneinanderreihen von Kreisen und Zwickelmotiven, dann in gleicher Weise in der gesamten orientalisch-arabischen und persischen Flächendekoration wurde dieses Prinzip der unendlichen Musterung erkannt und zur Anwendung gebracht, nur mit dem Unterschiede, das die alte Kunst innerhalb eines abschließenden Rahmens die Motive vereinigt, während Behrens jeden Rahmen sprengt und die Musterung ins Unendliche fortspinnt. Durch die Kontraste des mustergleichen Grundes erreicht der Künstler diese neue Wirkung einer eigentlich modernen Anschauung. Man beobachte, wie wirkungsvoll diese Kontraste im Innern des Krematoriums, gleichzeitig als Akzente der Trauerstimmung, den Blick gefangen halten, wie die glänzendste Leistung des Bauwerkes, der Schornstein, aus dunkleren Kontrasten sich nach der Höhe hin allmählich auflichtet. Und doch war es möglich, daß dieser Turm oder Schornstein in den »guten« Entwürfen eines anderen Baumeisters in Form einer mittelalterlichen Burgzinne vorgeschlagen wurde und Beifall fand. In seiner Weiterentwicklung schreitet Peter Behrens hier auf einem Wege neuer und glücklicher Möglichkeiten. Die starken Kontraste seiner Kunst variiert er in feinsinniger Farbigkeit, so beim Umschlag dieser Zeitschrift in der lebendigen Wirkung ihrer Ornamentik.

Hagen ist in den letzten Jahren aus einer gleichgültigen Stadt immer mehr zu einer Sehenswürdigkeit geworden. Karl Ernst Osthaus, der Schöpfer des Folkwang-Museums, hat hier durch wenige Werke großer Künstler unendlich viel erreicht, viel, wenn man weiß, wie schwierig es ist, eine einfache, ehrliche Anschauung durchzusetzen.

Köln am Rhein, 7. Nov. 1908
(in: Kunstgewerbeblatt NF 20 [1909], S. 41–45)